# *Aprender a aprender* como meta de la Educación Superior

# *Aprender a aprender*
## como meta de la Educación Superior

Desde la comprensión de cómo aprende el alumno universitario a la promoción del aprendizaje autorregulado

### Ida Lucía Morchio (Coordinadora)

Hilda Difabio de Anglat
Analía Del Río Bayarri
Gabriela Inés González
Viviana Garzuzi
Lidia Diblasi
Mariela Lourdes González
María Estefanía Giorda
Ailín Alarcón
Griselda Beatriz García
Laura Berlanga

Aprender a aprender como meta de la Educación Superior : desde la comprensión de cómo aprende el alumno universitario a la promoción del aprendizaje autorregulado / Ida Lucía Morchio ... [et.al.] ; coordinado por Ida Lucía Morchio. - 1a ed. - Ciudad Autónoma de Buenos Aires : Teseo, 2015.
414 p. ; 20x13 cm.
ISBN 978-987-723-038-3
1. Educación Superior. 2. Aprendizaje. I. Morchio, Ida Lucía II. Morchio, Ida Lucía, coord.
CDD 378.007

© UNCUYO, 2015

© Editorial Teseo, 2015

Imagen de tapa: (CC) Jeff Turner, "My Shadows", 2008 (Flickr)

Buenos Aires, Argentina

ISBN 978-987-723-038-3

Editorial Teseo

Hecho el depósito que previene la ley 11.723

Para sugerencias o comentarios acerca del contenido de esta obra, escríbanos a: **info@editorialteseo.com**

**www.editorialteseo.com**

# Índice

Prólogo ..................................................................9

Introducción........................................................13

Agradecimientos..................................................27

Acerca de las autoras ..........................................29

**Capítulo 1 - Aprender en la universidad**
*Ida Lucía Morchio, Hilda Difabio de Anglat*........................35

**Capítulo 2 - Concepciones de aprender en alumnos universitarios de cinco carreras**
*Ida Lucía Morchio, Analía Del Rio Bayarri*..........................81

**Capítulo 3 - Procesos que realiza el estudiante universitario para aprender**
*Gabriela Inés González*........................................121

**Capítulo 4 - El desarrollo de estrategias de aprendizaje en la trayectoria académica universitaria**
*Viviana Garzuzi*..................................................171

**Capítulo 5 - Relación entre permanencia, autopercepción de competencia para aprender y atribuciones causales en estudiantes universitarios**
*Lidia Diblasi, Ida Lucía Morchio* ........................................... 219

**Capítulo 6 - Autopercepción de competencia para aprender y características de personalidad en estudiantes universitarios**
*Ida Lucía Morchio, Hilda Difabio de Anglat, Mariela Lourdes González* ...................................................... 267

**Capítulo 7 - Las voces de los docentes sobre el aprender en la universidad**
*Gabriela Inés González, María Estefanía Giorda, Ailín Alarcón* ............................................................................. 285

**Capítulo 8 - Opiniones y experiencias de los alumnos con discapacidad respecto del aprender en la universidad: factores personales y contextuales**
*Griselda Beatriz García, Analía Del Río Bayarri* ................. 313

**Capítulo 9 - Factores que condicionan la puesta en práctica del aprender**
*Ida Lucía Morchio, Hilda Difabio de Anglat, Laura Berlanga* ..................................................................... 345

**Bibliografía general** .............................................................. 385

# Prólogo

La primera reacción que he sentido al recibir la invitación a prologar este libro fue un *"wow"* de sorpresa, agradecimiento y alegría. Ese conjunto de emociones se genera desde tres fuentes.

En primer lugar, se trata de una obra que se centra en los procesos de aprendizaje en la universidad, a partir de las creencias y de las acciones que los estudiantes activan en diferentes tramos de su formación. Por ello, mi *agradecimiento* a esta invitación, pues es un gusto prologar un libro que aborda, un área a la que he dedicado 25 años de docencia e investigación. En estas más de dos décadas, me he centrado en conocer y reflexionar acerca de los procesos de aprendizaje y enseñanza en el territorio de Iberoamérica; de allí que me permito decir que conozco la complejidad que comporta el aprender, el enseñar y el investigar en este contexto. Asimismo, reconozco la relevancia de que podamos ofrecer evidencia empírica que contribuya al conocimiento, la reflexión y el mejoramiento de tales procesos. Un honor que las autoras consideren mi opinión en la suma de su esfuerzo colectivo.

En segundo término, quiero expresarles a los lectores que tienen ante sí el resultado de un tremendo esfuerzo colectivo de un grupo de académicas latinoamericanas. Ello me genera una inmensa *alegría*. Porque se trata de una delicada y sutil mirada desde el pensamiento femenino que tanto está presente en nuestras facultades, pero que no siempre tiene el reconocimiento y el sitial que merece como "voz" autorizada en lo académico. Desde mi punto de vista, una de las tareas que aún tenemos pendientes en agenda política y educativa es que el género no sea una condición que supedite opciones, posiciones y liderazgo en las diferentes esferas del contexto macroeconómico, y menos aun en la academia.

En tercer lugar, esta invitación genera en mí *sorpresa*. Que este grupo de académicas, con una línea consolidada de investigación desde 2007 "al sur del otro lado del charco", me inviten a prologar esta obra en mi rol de académico forjado en el hemisferio norte, ¡que ricura! Sé que las autoras conocen mi -orgulloso- origen venezolano, y mi interés por comprender y aportar la mejor de las reflexiones acerca de los procesos de aprendizaje, enseñanza e investigación en el territorio de Latinoamérica, en particular. En suma, agradezco esta alegre sorpresa.

En esta tarea de prologar, al recibir los primeros capítulos, de inmediato los "devoré", y así con el resto de la obra, la cual me sugirió comentarios, reflexiones y un rico diálogo con el texto. Una lectura inicial que me llevó por terrenos conocidos, pero también por nuevas miradas a situaciones similares y desafíos a la forma como comprendo el aprender en la universidad. El resumen es que ha sido un viaje placentero del cual me quedan muchas reflexiones. Por ello, invito a los lectores a que activen sus emociones en conjunto con sus cogniciones, creencias y habilidad de autorregulación, para "navegar" en un terreno complejo de la mano de las autoras.

La obra en su conjunto aborda la relevancia del "aprender a aprender" en el contexto de la universidad. En particular, las autoras destacan como una de sus principales preocupaciones, que un 40% de los estudiantes universitarios, proporción que en otros casos se eleva hasta el 60%, no supera con éxito el primer año de carrera, una etapa que sabemos genera fuertes fricciones entre las formas de aprender en la escuela y en la secundaria versus los retos que plantea la Educación Superior. Los resultados de innumerables estudios, desde mediados de la década de 1980, demuestran un claro énfasis en la memorización, la regulación externa y la orientación extrínseca como motores del (no) aprendizaje en la mayoría de los niveles educativos. En tal sentido, en las -pocas- asignaturas de la universidad en las que se "exige" un proceso de comprensión, reflexión y aportación creativa, los estudiantes se hallan totalmente "perdidos" y sin herramientas para afrontar tales desafíos, y en muchas ocasiones sin ni siquiera habilidades para "plantar cara" a ese tipo de exigencias. Por ello, no dudamos que el aprender a aprender debe ser el paradigma dominante desde los primeros años de educación como competencia básica, y de allí uno de los valores de esta obra.

En el espíritu de este libro, también, existe una aproximación epistémica que toma en consideración un conjunto de factores personales, contextuales, situacionales, culturales, entre otros, con la finalidad de contribuir a la comprensión, la explicación, la predicción y, sobre todo, al mejoramiento de los procesos de aprendizaje y enseñanza en la universidad. En palabras de sus autoras, una serie de factores que "ponen sobre la mesa la 'compleja' red que se teje alrededor del aprender (o no)".

Finalmente, además del aprender a aprender y de la consideración de una serie de factores que coadyuvan (o no) a dicho proceso, las autoras hacen referencia al aprender "en funcionamiento", lo que significa la conjunción de concepciones y experiencias en líneas congruentes o disonantes. Una interesante aproximación que cada día toma más fuerza en el análisis de los procesos de aprendizaje, enseñanza e investigación; si bien aún es escasa la producción científica que al respecto se realiza en el territorio de Latinoamérica.

Una obra que aborda diferentes dominios específicos, que nos introduce en los pensamientos y experiencias de estudiantes del tramo inicial y final de la carrera, e incluso, en algunos casos, de estudiantes con "diversidad funcional" que reclaman una universidad y una sociedad inclusiva. Se trata de una diferenciación entre estudiantes que dicen aprender fácilmente versus aquellos que dicen aprender con alguna dificultad (interesante idea). Por ello, nos encontramos un conjunto de capítulos que deben ser base para la reflexión de gestores de la Educación Superior, estudiantes de Ciencias de la Educación, investigadores noveles y consolidados, así como de todos aquellos que se planteen como unidad de análisis y de intervención el espacio de la Educación Superior.

Un libro que nace en una coyuntura político-económica de cambios en la universidad latinoamericana; por ello, no debe dejar de ser leído por quienes se desempeñan o aspiran a desempeñarse en el espacio latinoamericano de Educación Superior y que creen, apuestan y desean que las generaciones actuales y futuras se "instalen" en el aprender a aprender a lo largo de la vida. En suma, la obra representa un llamado a la necesidad del desarrollo de un ciudadano crítico, autorregulado y creativo.

*J. Reinaldo Martínez-Fernández*

*Doctor en Psicología Cognitiva,*
*profesor e investigador en Psicología de la Educación,*
*Universitat Autònoma de Barcelona, España*

*Sabadell, a finales de enero de 2015*

## Introducción

Durante muchos años la universidad ha formalizado su función en torno de tres pilares: *la docencia, la investigación* y *la extensión*, a los que hoy se hace necesario incorporar un cuarto pilar, *el aprendizaje*.

¿Qué nos lleva a pensar así? Por un lado, promover la calidad de los aprendizajes constituye una de las metas de la Educación Superior. Pozo y Monereo (2000) postulan que si se eligiera "un mantra" que guiara la educación del siglo XXI, el más aceptado sería que tiene que estar dirigida a que los alumnos *aprendan a aprender*, de lo cual se sigue la necesidad de organizar la enseñanza en torno del aprendizaje.

Por otro lado, el giro de un ingreso con criterio selectivo a una política de inclusión trae aparejado, al mayor número de ingresantes, una población estudiantil heterogénea en sus condiciones de base para afrontar la trayectoria académica. Sin embargo, este incremento de la matrícula no se traduce en una mayor proporción de egresados. Por ejemplo, en Argentina, el incremento sostenido de ingresantes alcanzó en el año 2000 la tasa bruta de Educación Superior del 51,48%, mientras que la tasa de egreso descendió, del 8% en 1982 al 4% en el 2000 (Cambours de Donini *et al.*, s/f).

Tal desproporción preocupa a las instituciones, que monitorean la situación y buscan estrategias para revertir o "reducir" el problema. Con la mirada en los *resultados*, calculan porcentajes de aprobados/desaprobados;

promovidos/recursantes; estudiantes que egresaron, se retrasaron o abandonaron la carrera.

Estos resultados, que desde la estadística se refieren al alumno como una categoría *abstracta,* se originan en una persona *real* que se inscribió, ingresó (o no), rindió materias (o no lo hizo), las aprobó (o no)..., en un joven con expectativas, logros y frustraciones. Ocho de cada diez estudiantes que egresan del nivel secundario esperan continuar estudios en el nivel superior; no obstante, sólo el 60% de los ingresantes a la universidad se reinscribe en segundo año (Cambours de Donini *et al.,* s/f).

Se han realizado numerosas investigaciones que procuran explicar la deserción/retención, el rendimiento académico y la calidad de los aprendizajes desde diferentes perspectivas: condiciones de base del alumno (sexo, escuela de procedencia, edad...), aspectos personal-psicológicos (motivación, autopercepción de eficacia, atribuciones causales, creencias, cuestiones vocacionales, procesos y estrategias de aprendizaje, autoestima...), aspectos contextuales del ámbito familiar (nivel educativo de los padres, nivel de ingresos, aspiraciones...), laborales (necesidad de trabajar), económicos (gastos que supone la carrera y recursos disponibles...) y pedagógico-académicos (profesores, normativa institucional, particularidades de cada campo epistémico...).

Separar aspectos, distinguir perspectivas, responde a la lógica de la investigación, pero no implica desconexión entre ellos. Prevalecen los estudios de carácter integrador, en los que se cruzan variables que ponen en relación la mirada de diferentes campos disciplinares -entre los más frecuentes, Psicología Educacional, Sociología, Didáctica y Gestión Institucional-. Al mismo tiempo, el entramado de factores es *situado,* es decir, adquiere connotaciones particulares en función de la carrera, de la universidad y del campo disciplinar.

Retomando el planteo inicial, dada la preocupación por la permanencia en la universidad, por la calidad de los aprendizajes, por la preparación de los futuros profesionales, por el desarrollo de la autonomía y la competencia para seguir aprendiendo como lo requiere la sociedad del conocimiento, *resulta necesario y relevante constituir el aprender en objeto de estudio.*

Desde un ángulo psicoeducativo nos preguntamos a qué se debe que pocos alumnos avancen regularmente y que muchos abandonen, y lo hacemos procurando comprender, desde lo que el mismo estudiante informa, en qué se diferencian, *en la práctica*, quienes se consideran aprendices competentes y quienes creen que aprenden con alguna dificultad, en qué difiere el modo en que organizan unos y otros la puesta en práctica del aprender.

En este escenario se inscribe la línea de investigación *Aprender en la universidad*, que se inició en 2007 (Morchio, 2007; Morchio *et al.*, 2007, 2009, 2011) y se encuentra en desarrollo (Morchio *et al.*, 2013-2015), con el aval de la Secretaría de Ciencia, Técnica y Posgrado de la Universidad Nacional de Cuyo (UNCuyo, Mendoza, Argentina).

En consecuencia, en este libro se presenta un conocimiento con sustento empírico construido a partir de resultados reunidos en forma ininterrumpida durante siete años. El propósito que guía nuestros estudios es identificar aspectos favorecedores y obstaculizadores del aprender en la universidad -que suelen pasar inadvertidos-, y constituirlos en insumos para promover acciones de autorregulación, de mediación pedagógica y de orientación.

La expectativa es detallar *claves operativas* para orientar el *aprender a aprender* como instancia mediacional que contribuya a que los estudiantes avancen en la carrera que eligieron y lleguen al egreso.

El centro de atención es el *aprender en funcionamiento* en tanto variable que impacta sobre la efectividad del trayecto formativo, el que abordamos desde la experiencia de los estudiantes que lo recorren y de los profesores que interactúan con ellos. En la universidad, entre la clase y el examen, queda un espacio en el cual se asume que el alumno aprende; por años se ha supuesto que el ingresante *ya y siempre* sabe aprender y que el profesor sabe cómo aprende el alumno.

Recuperamos la *percepción de los estudiantes* en tanto protagonistas directos de su aprendizaje, esto es, en qué radican, a los ojos del alumno, sus aciertos y errores, sus logros y dificultades, como punto de partida para comprender el aprender en tanto experiencia *vivida* y *situada*.

Hemos estudiado las características del aprender en quienes consideran que aprenden fácilmente y en quienes creen que lo hacen con alguna dificultad (autopercepción de competencia para aprender).

Esta estrategia permite, en un sentido, delinear un perfil *genuino* del comportamiento del estudiante y, en otro sentido, puntualizar elementos que muestran una incidencia positiva/negativa, como núcleos para avanzar en la autorregulación de la conducta como aprendiz, con la mirada puesta en un comportamiento estratégico.

Considerando la relación entre toma de conciencia de la propia conducta, autorregulación y toma de decisiones (metacognición), se tiende un puente entre la investigación y una problemática *vigente* en el campo de la educación.

No perdemos de vista que la confianza en la capacidad de quien aprende de intervenir en sus procesos no sólo está condicionada por la toma de conciencia, sino que requiere la disposición a *trabajar sobre ellos*, esto significa revisarlos, regularlos, generar nuevas estrategias para hacerlos más efectivos. La condición para llevar esto a la práctica es que el estudiante esté decidido a invertir el esfuerzo que requiere mejorar su competencia para aprender y se comprometa con el avance hacia las metas que se ha propuesto. En cambio, el alumno que tiende a *no complicarse la vida*, difícilmente se beneficiará de estos planteos.

## A qué nos referimos cuando decimos "aprender"

Conceptualizamos el aprender como un proceso interno que exige la experiencia de interacción con el mundo, con los otros y con uno mismo, al tiempo que se enmarca en la unicidad del desarrollo personal, otorgándole una dirección y un sello distintivo.

Desde esta perspectiva, entendemos al estudiante universitario como *agente activo*, capaz de tomar conciencia de los procesos que realiza para aprender y de modificar su conducta en función de su percepción sobre sí mismo, sobre su situación académica y sobre la relación entre ambas. A la vez, tenemos presente que el aprender, en la práctica, conjuga elementos cognitivos, afectivo-motivacionales, situacionales, contextuales, culturales, que interactúan de modo que los cambios en uno de ellos repercute en mayor o menor medida en el conjunto.

Subyacen a nuestra perspectiva, entre otros, postulados básicos del enfoque cognitivista, de la Psicología Positiva (Casullo, 2008) y de la Psicología Humanística (Maslow, 1980; Rogers, 1982), conjugados con nuestra experiencia de muchos años en interacción con alumnos universitarios.

## De qué trata este libro

Como anticipamos, el tema central es *el aprender*, abordado en una dimensión *dinámica* -aprender en funcionamiento-, *vivida* -desde la subjetividad del estudiante- y *situada*, con el propósito de observar en qué se distinguen, por una parte, quienes se consideran aprendices competentes y quienes perciben que tienen dificultad para aprender, y por otra, quienes están al inicio y quienes están en el último año de cursado de la carrera.

En las investigaciones que constituyen la *materia prima* de este libro han participado 501 estudiantes de Ciencias de la Educación, Ciencia Política y Administración Pública,[1] Trabajo Social, Medicina (UNCuyo, Argentina) y Pedagogía (UFRJ, Brasil), 21 alumnos con discapacidad que cursan carreras en la UNCuyo y 16 profesores de Ciencias de la Educación (UNCuyo).

El aprender se aborda a partir de dos grandes dimensiones que, desde la bibliografía y desde nuestra experiencia en Educación Superior, condicionan la conducta del estudiante: las *Concepciones* y las *Experiencias*. Respecto de la primera dimensión, indagar qué piensa el alumno *cuando dice aprender* es relevante porque, en dependencia de sus teorías implícitas, organizará su conducta como aprendiz. En relación con la segunda, recuperar las *experiencias directas* referidas al aprender *en acción* es la estrategia que hemos elegido para distinguir conductas que resultan funcionales de las que no lo son. En este sentido, la dimensión *Experiencias* incluye los procesos y las estrategias que emplea el estudiante, las explicaciones que da de los resultados que obtiene, las características de personalidad que considera distintivas de su modo de ser y actuar como aprendiz, y algunos factores contextuales que no hacen al proceso mismo de aprender, pero que inciden en él y en la tarea académica.

---

[1] En adelante, se hará referencia a la carrera Ciencia Política y Administración Pública abreviándola como Ciencia Política. Se toma esta decisión para evitar que la "y" de su denominación lleve a pensar que se trata de dos carreras en lugar de una y por razones de espacio en tablas y gráficos.

En cuanto a los profesores, se indaga su percepción respecto de los procesos y estrategias que emplean los alumnos para aprender y sus problemáticas asociadas.

En la práctica, primero se analizan los datos según la *autopercepción de competencia para aprender* estimada por el mismo estudiante. Se constituyen dos grupos -segmentos-: el de *quienes estiman que aprenden fácilmente* y el de *quienes creen que lo hacen con alguna dificultad*. Mediante este procedimiento se detectan aspectos que ponen de manifiesto el aprender en sus factores protectores y en sus riesgos, en tanto *claves* por tener en cuenta para orientar a quienes estén dispuestos a desarrollar su competencia como aprendices.

Luego, se comparan resultados en alumnos que transitan diferentes tramos de la carrera -un tramo *inicial* integrado por estudiantes de 2° año y uno *final* correspondiente a alumnos del último año-, con el propósito de observar si se muestran indicadores que sugieran avances respecto del *aprender a aprender*.

Finalmente, se estudian los elementos comunes e idiosincráticos en estudiantes que cursan diferentes carreras, lo que implica ponderar si los resultados obtenidos se circunscriben a una carrera y/o universidad en particular o pueden ser generalizados en términos del alumno con diferente autopercepción de su competencia para aprender o que se encuentra al inicio/al final del trayecto formativo.

Los instrumentos empleados para recopilar la información fueron, en estudiantes, el INCEAPU (Inventario de Concepciones y Experiencias de aprender en la universidad) (Morchio, 2007, 2014) y en profesores, una entrevista semiestructurada.

## Un corte innovador

Las investigaciones que presentamos plantean algunas notas que representan un corte innovador respecto de otros estudios afines sobre la temática. Una es el enfoque *multidimensional* con que se aborda el tema. Otra es haber recuperado lo que, según la experiencia del mismo estudiante, funciona bien, para sentar puntos de referencia claros, precisos y alcanzables que sirvan de orientación a quienes estén dispuestos a *aprender a aprender*.

Una tercera nota, que supone un posicionamiento sustancial, es que se estudia el aprender desde la mirada del alumno, pero sin perder de vista la del profesor, puesto que ambos comparten el aprendizaje como meta a la que encaminan sus esfuerzos. Poner en diálogo la percepción de los estudiantes y de los profesores respecto de los procesos para aprender en la universidad supone *articular aprendizaje y enseñanza*, los que suelen transitar por caminos paralelos.

Por último, por cuanto son pocos los estudios disponibles, reviste especial interés la exploración del perfil de alumnos con discapacidad, en la que quedan reflejadas las características específicas de su experiencia como aprendices.

En síntesis, analizar concepciones y experiencias en estudiantes que difieren en su autopercepción de competencia para aprender y tomarlo como punto de referencia para promover, en los alumnos, una actitud activa y autónoma y, en los profesores, una mediación pedagógica estratégica, es una vía potencialmente fértil para contribuir a la permanencia y al progreso en la carrera universitaria.

Nuestra contribución a la mejora de la calidad de los aprendizajes en Educacion Superior gira, entonces, en torno al análisis de diferentes variables, tanto motivacionales -autoeficacia, metas, valor en la tarea- como cognitivas, metacognitivas y volitivas. Los resultados avalados por la investigación y la experiencia en contexto, resignificados desde el propósito de iluminar la reflexión, la organización estratégica, el autocontrol, la regulación del esfuerzo, representan un aporte al quehacer de *aprender a aprender*, en cuanto tienden un puente entre esta meta del nivel universitario y el alumno que busca -y necesita- un camino claro para ponerlo en obra, tarea de la mediación docente y de la orientación educativa.

En consecuencia, complementando la investigación con la transferencia, ponemos a disposición del lector -un educador, un orientador educativo, un tutor, un estudiante universitario...- un entramado de conclusiones de base empírica que esperamos repercutan favorablemente en varias direcciones *operativas*:[2] que nutran la implementación de acciones de apoyo a alumnos con dificultad; que promuevan estrategias preventivas para evitar tales dificultades; que incentiven en el estudiante la toma de conciencia y el control de los procesos que realiza, y en el docente, una revisión de sus prácticas desde la perspectiva de quien aprende.

Respondemos así a un espacio de vacancia porque, si bien se enfatiza hoy la importancia del aprender a aprender para el desarrollo de competencias acordes con los requerimientos de diferentes ámbitos y momentos de la vida, se dispone de pocas pautas concretas que formalicen un sistema pedagógico en el que el alumno sea protagonista consciente y regulador de su propio proceso formativo.

---

[2] "Todo esfuerzo de investigación en educación tiene como último propósito llegar a un conocimiento que pueda utilizarse para la acción" (Pérez Serrano, 1994: 61).

## Estructura del libro

Los capítulos desarrollan los diferentes aspectos del *aprender en funcionamiento* que forman parte de nuestra línea de investigación: concepciones de aprender, procesos y estrategias que emplea el alumno para aprender, atribuciones causales, características de personalidad y factores que lo contextualizan.

Como fruto de un trabajo en equipo, se incluyen referencias a tareas compartidas, que implican diálogos y acuerdos sobre la marcha. A la vez, la exposición y discusión de las diferentes aristas del aprender constituido en objeto de estudio da lugar a elaboraciones y reflexiones propias de las autoras.

En cuanto a la descripción de los resultados obtenidos en alumnos, el *análisis* se enfoca en función de la autopercepción de competencia para aprender (aprendo fácilmente/aprendo con alguna dificultad), según tramo de la carrera (inicial/final), según carrera (Ciencias de la Educación, Ciencia Política, Trabajo Social, Medicina y Pedagogía) o en forma combinada. Esta complementación de perspectivas analíticas se encamina a caracterizar al alumno que se percibe a sí mismo como *fuerte* o *débil* en el rol de aprendiz, a identificar aspectos que inciden favorable y desfavorablemente, a ponderar si se muestran indicadores que sugieran que el estudiante cambia, evoluciona, se desarrolla durante el trayecto formativo, y a reconocer elementos distintivos por carrera.

En el capítulo 1, Ida Lucía Morchio e Hilda Difabio de Anglat plantean la necesidad de una Educación Superior centrada en el aprendizaje, y elaboran precisiones y reflexiones conceptuales que responden a una nueva perspectiva para conceptualizar el aprender. Asimismo, reseñan el recorrido de la línea de investigación de la que proceden los resultados que se despliegan en los capítulos siguientes, y se detienen en *el aprender en funcionamiento* -constituido en objeto de estudio-, en el modelo metodológico empleado y en las aristas innovadoras de las investigaciones realizadas.

En el capítulo 2, Ida Lucía Morchio y Analía Del Rio Bayarri abordan las concepciones de aprender. Primero, describen a qué se refieren los alumnos -que se encuentran al inicio/final de su trayectoria formativa y que cursan diferentes carreras- *cuando dicen aprender*. Luego, vuelven sobre estas concepciones propias de los estudiantes para analizarlas según las categorías teóricas propuestas por Marton y Säljö (1976) y por Pozo y Scheuer (1999) y retomadas por Martínez Fernández (2007).

En el capítulo 3, Gabriela González describe los procesos que realizan los estudiantes universitarios para aprender, señalando notas que distinguen, por un lado, a quienes se encuentran en el tramo inicial y final de diferentes carreras y, por otro, a quienes se autoperciben con diferente competencia para aprender.

En el capítulo 4, Viviana Garzuzi pasa revista a antecedentes y aspectos teóricos referidos a las estrategias de aprendizaje en el nivel superior. Desde este encuadre, describe después los resultados obtenidos en alumnos que se encuentran en diferente tramo del trayecto académico, puntualizando elementos distintivos en quienes autoinforman que aprenden fácilmente/con alguna dificultad, y recuperando en el análisis aspectos diferenciadores según carrera.

En el capítulo 5, Lidia Diblasi e Ida Lucía Morchio articulan la línea de investigación *Aprender en la universidad* con los resultados del proyecto *¿Es la universidad una institución inclusiva?* (Diblasi *et al.*, 2011), respecto de estudiantes de Trabajo Social y de Ciencia Política. Desde una perspectiva sociológica, problematizan la relación entre la permanencia en la carrera y el nivel de instrucción del padre; desde una perspectiva psicoeducativa, describen la autopercepción de competencia para aprender de alumnos que cursan los primeros años y de los que cursan los últimos años, y las explicaciones que unos y otros dan de los resultados que obtienen (atribuciones causales).

En el capítulo 6, Ida Lucía Morchio, Hilda Difabio de Anglat y Mariela Lourdes González ponen en diálogo la autopercepción de competencia para aprender con las características de personalidad, y enfocan el análisis desde tres perspectivas: según segmento, según tramo y según carrera.

En el capítulo 7, Gabriela González, Estefanía Giorda y Ailín Alarcón recuperan las voces de los docentes de Ciencias de la Educación de la UNCuyo respecto de características que distinguen los procesos para aprender que emplean los estudiantes que se encuentran al comienzo y próximos a finalizar la carrera. Señalan aspectos que según la experiencia del profesor inciden favorablemente y elementos que representan obstáculos. A partir de estos señalamientos, las autoras se preguntan en qué se asemejan y en qué difieren las percepciones de profesores y de estudiantes o, si se prefiere, qué tienen en cuenta los profesores que los alumnos no advierten, y viceversa.

En el capítulo 8, Griselda García y Analía Del Rio Bayarri plantean la situación de estudiantes universitarios con discapacidad desde la mirada de la educación inclusiva como un derecho y anticipan precisiones conceptuales que es necesario tener presentes. Luego, describen la experiencia de estudiantes con discapacidad visual, auditiva y motora que cursan carreras en la UNCuyo, y desde ese ángulo concluyen sobre aspectos compartidos y distintivos entre estudiantes universitarios con/sin discapacidad.

En el capítulo 9, Ida Lucía Morchio, Gilda Difabio de Anglat y Laura Berlanga ponderan la incidencia de diferentes factores que contextualizan *el aprender en sí mismo* -procesos y estrategias- pero que hacen su aporte para explicar qué sucede con el aprender, por ejemplo, en estudiantes *capaces* que no avanzan en la carrera o, que faltándole pocas materias para terminarla, no lo hacen.

*Ida Lucía Morchio*
Coordinadora

## Agradecimientos

A los estudiantes, cuyas respuestas fueron la base para nuestros estudios.

A los profesores que compartieron su experiencia educativa.

A las instituciones de Educación Superior que permitieron acceder a las fuentes de información.

A nuestras familias.

## ACERCA DE LAS AUTORAS

**Ida Lucía Morchio** es doctora en Educación y especialista en Docencia Universitaria por la UNCuyo. Psicopedagoga. Licenciada y profesora en Ciencias Psicopedagógicas (Universidad Católica Argentina)[1]. Profesora de Psicología de la Educación en carreras de grado y posgrado. Directora del Servicio de Apoyo Pedagógico y Orientación al Estudiante (Facultad de Filosofía y Letras,[2] UNCuyo) y directora de investigaciones avaladas por la SeCTyP, UNCuyo. Su área de investigación actual es el aprendizaje en Educación Superior. Autora de artículos, capítulos de libros y directora de libros referidos a cómo *aprenden los estudiantes universitarios* y a Orientación Vocacional y Educacional. Directora de la línea de investigación *Aprender en la universidad* (inicio en 2007 y en desarrollo), proyectos financiados por la Secretaría de Ciencia, Técnica y Posgrado[3] de la UNCuyo.

Direcciones de correo electrónico: lucymorchio@speedy.com.ar; lucy_morchio@yahoo.com.ar

**Hilda Difabio de Anglat** es doctora, licenciada y profesora en Ciencias de la Educación por la UNCuyo. Investigadora del CONICET, directora del Centro de

---

[1] En adelante: UCA.
[2] En adelante: FFyL.
[3] En adelante: SeCTyP.

Investigaciones Cuyo, Mendoza. Profesora de Metodología de la Investigación en carreras de posgrado. Miembro del G_PAFIU, grupo de investigación, docencia e intervención en Patrones de Aprendizaje y Formación Investigadora en la Universidad, red conformada por investigadores de países iberoamericanos. Autora de artículos, capítulos y libros en las siguientes líneas: comprensión de textos, pensamiento crítico, producción escrita y evaluación psicoeducacional de competencias superiores.

Direcciones de correo electrónico: centroinvestigacionescuyo@speedy.com.ar; ganglat@gmail.com

**Analía Verónica Del Rio Bayarri** es profesora en Ciencias de la Educación por la UNCuyo. Diplomada en Currículum y Prácticas Educativas en Contexto de FLACSO. Profesora de trabajos prácticos de Educación Especial (FFyL, UNCuyo). Profesora titular de Didáctica General en el nivel terciario. Asesora pedagógica de nivel medio. Su interés de investigación está enmarcado en las temáticas de discapacidad y género.

Dirección de mail: anadelrio2011@gmail.com

**Gabriela Inés González** es especialista en Docencia Universitaria, profesora y licenciada en Ciencias de la Educación por la UNCuyo. Profesora titular del Taller de Orientación y Tutoría Educativa y profesora adjunta de Psicología de la Educación y Trabajo de Campo (FFyL, UNCuyo). Asesora pedagógica de escuelas de nivel medio. *Trainner* en el Programa de Enriquecimiento Instrumental y la Propuesta de Modificabilidad Cognitiva (Feuerstein). Es investigadora en el campo de la Psicología del Aprendizaje y la Orientación Educativa. Coordinadora de la carrera de Ciencias de la Educación en General Alvear (FFyL, UNCuyo).

Dirección de correo electrónico: gabyraulba@hotmail.com; gabygonzalezbarros@gmail.com

**Viviana Garzuzi** es doctora en Educación por la UNCuyo. Licenciada y profesora en Ciencias Psicopedagógicas por la UCA. Docente de los seminarios "El estudiante de nivel superior" y "Psicología del aprendizaje en la adolescencia y juventud" en carreras de posgrado. Directora de la carrera de Psicopedagogía en la UCA, Mendoza. Coordinadora psicopedagógica de Programas de Ambientación, de Apoyo al Estudio y Orientación Educacional y Vocacional en el Nivel Medio y Superior. Asesora pedagógica. Investiga sobre aprendizaje autorregulado y estrategias en Educación Superior.

Direcciones de correo electrónico: garzuziviviana@gmail.com, vivigarzuzi@gmail.com

**Lidia Diblasi** es magister en Ciencias Sociales por FLACSO, licenciada en Sociología por la UNCuyo, docente de Metodología Cuantitativa y Estadística Aplicada en el grado y posgrado e investigadora (Facultad de Ciencias Políticas y Sociales, UNCuyo). Sus estudios recientes se refieren al ingreso, permanencia y egreso de los estudiantes de las universidades estatales, al rendimiento académico de los alumnos universitarios, a perfiles académicos de estudiantes de distintas carreras y al rol de la universidad como institución inclusiva o excluyente. Ha publicado gacetillas, capítulos de libros y cuatro libros como resultados de las investigaciones en las que ha participado desde 1985.

Dirección de correo electrónico: lidia.diblasi@speedy.com.ar

**Mariela Lourdes González** es doctora, profesora y licenciada en Ciencias de la Educación por la UNCuyo. Profesora de trabajos prácticos de Psicología de la Educación y coordinadora del ingreso de la carrera de Ciencias de la Educación (FFyL, UNCuyo). Becaria posdoctoral del CONICET. Su línea de investigación actual es la motivación académica, perspectiva temporal futura, aprendizaje autorregulado y patrones de aprendizaje en el nivel superior. Miembro del G_PAFIU, grupo de investigación, docencia e intervención en Patrones de Aprendizaje y Formación Investigadora en la Universidad, red conformada por investigadores de países iberoamericanos.

Direcciones de correo electrónico: gonzalez.mariela@conicet.gov.ar; marielalourdesgonzalez@yahoo.com.ar

**María Estefanía Giorda Ugarteche** es profesora en Ciencias de la Educación por la UNCuyo. Realizó, becada por la UNCuyo, un intercambio académico en la Universidad de Colima, México. Tutora en diferentes niveles educativos. Integrante de la Asesoría Educativa Universitaria de la Universidad Juan A. Maza. Actualmente está investigando sobre la comunicación en las prácticas pedagógicas.

Dirección de correo electrónico: estefaniagiorda@hotmail.com

**María Ailín Alarcón** es profesora en Ciencias de la Educación por la UNCuyo. Se desempeña como profesora y asesora pedagógica en escuelas de nivel medio. Realizó, becada por la UNCuyo, un intercambio académico en la Universidad Estadual Paulista, Brasil.

Dirección de correo electrónico: ailialarcon@hotmail.com

**Griselda Beatriz García** es psicopedagoga, licenciada y profesora en Ciencias Psicopedagógicas (UCA). Profesora de Educación Especial e integrante del Servicio de Apoyo Pedagógico y Orientación al Estudiante (FFyL, UNCuyo). Miembro de la Comisión Interfacultades de Inclusión de

Personas con Discapacidad en la UNCuyo. Investigadora en temáticas de discapacidad y género.
Dirección de mail: griselda2807@gmail.com

**Laura Iris Berlanga** es magister en Psicología Social y profesora en Ciencias de la Educación por la UNCuyo. Profesora de trabajos prácticos de la cátedra Taller de Orientación y Tutoría Educativa (FFyL, UNCuyo). Participa en investigaciones referidas al aprender en la universidad y al origen y evolución de los Servicios de Orientación en la provincia de Mendoza.
Dirección de correo electrónico: lauraberlanga2004@gmail.com

# Capítulo 1
## Aprender en la universidad

*Ida Lucía Morchio*
*Hilda Difabio de Anglat*

¿Qué significa aprender?, ¿en qué piensa el estudiante universitario cuando dice "aprender"?, ¿qué elementos inciden favorable y desfavorablemente en su desempeño como aprendiz?, ¿qué procesos y estrategias realiza y cómo los realiza?

Estos interrogantes nos convocan como docentes, orientadoras e investigadoras porque en nuestros días se ha instaurado una nueva cultura en Educación Superior: una cultura centrada en la calidad de los aprendizajes, en el desarrollo de competencias, en la promoción de la autonomía del estudiante. Son metas que conllevan una resignificación de la mediación pedagógica en atención a la importancia de que el alumno no sólo aprenda el *saber hecho*, disponible hoy, accesible a través del estudio de las materias que incluye el currículum de su carrera, sino que a la vez se prepare para seguir aprendiendo a lo largo de la vida, para afrontar la incertidumbre y desempeñarse como un profesional actualizado, para generar nuevas formas de conocimiento, para contribuir al desarrollo del campo del saber en el que actúa (Vermunt y Verloop, 1999).

Desde estas metas, en el presente capítulo, desarrollamos siete núcleos temáticos. En el primero, discutimos la necesidad de una Educación Superior centrada en el aprendizaje. En el segundo, con una mirada psicoeducativa, nos preguntamos qué está a nuestro alcance hacer para mejorar la calidad de los aprendizajes. En el tercero, identificamos algunas notas distintivas del aprender. En el cuarto, incorporamos una nueva perspectiva para conceptualizarlo. En el quinto, presentamos la línea de investigación sobre el *aprender en la universidad*, relatando brevemente los hitos en su desarrollo, sus objetivos e hipótesis. En el sexto, caracterizamos nuestros trabajos sobre el aprender constituido en objeto de estudio, explicitamos nuestras bases teóricas e ingresamos en las cuestiones metodológicas específicas -población, variables, instrumentos y perspectivas de análisis-. Finalmente, en el séptimo, puntualizamos aspectos innovadores de nuestro enfoque del problema y la expectativa de que los resultados obtenidos entre 2007 y 2013 -que se desarrollan en los capítulos de este libro-, contribuyan a la mejora de la calidad del aprendizaje, a través de la puesta en obra de una conducta estratégica de quien aprende y de quienes lo guían en dicho proceso.

## 1. Hacia una Educación Superior centrada en el aprendizaje

Desde la última década del siglo XX y sobre todo durante este siglo, la preocupación por el aprendizaje ha pasado a primer plano en Educación Superior. Se propone una nueva cultura educativa, entendida como el enseñar y el aprender para la autonomía (Monereo y Pozo, 2003; Pozo, 2006), con la expectativa de responder mejor a la función social de "formar profesionales capaces de gestionar conocimientos complejos y generar nuevas formas de conocimiento" (Pozo y Monereo, 2009: 11).

El postulado de que las teorías y prácticas pedagógicas deben basarse en el conocimiento sobre cómo aprenden los estudiantes ya fue planteada por Gagné (1970), por Glaser (1991) y por Shuell (1993) (en Vermunt, 1999).

Frente a este propósito cabe considerar tres elementos. Uno es que, aunque se postula la autonomía del aprendizaje de los estudiantes como fin último de la enseñanza (Monereo y Pozo, 2003) y el aprendizaje autorregulado como meta de la educación (Barbabella, 2004; Carretero, 2001; Chocarro *et al.*, 2007; Gaeta González, 2006; Morales Vallejo, 2008; Núñez *et al.*, 2006; Pintrich, 1995, 2002; Suárez Riveiro, 2006; Vermunt y Verloop, 1999; Zimmerman, 2002, entre muchos otros), aún son escasas las iniciativas que han resultado efectivas para llevarlo a la práctica.

En segundo lugar, con la democratización del ingreso a la universidad, el alumnado resulta más heterogéneo. Esta heterogeneidad ha sido estudiada desde diferentes perspectivas; entre ellas, con una mirada sociológica, en relación con el contexto de procedencia (Antoni, 2003; Ezcurra, 2011), y con una mirada educativa, en relación con los factores cognitivos, motivacionales y contextuales que inciden en el aprendizaje en la universidad (Biggs, 2008; Carlino, 2006; Martínez Fernández, 2004, 2007; Pozo *et al.*, 2009; Quintana *et al.*, 2010; Vermunt y Verloop, 1999; Vermunt y Vermetten, 2004, entre otros). Las explicaciones fundadas en campos disciplinares diferentes se intersectan en la hipótesis de que quienes ingresan sin contar con las habilidades básicas para la apropiación de contenidos con alto nivel de abstracción y complejidad quedan en *potencial* riesgo académico. Sin embargo, aún se desconoce en qué consiste la heterogeneidad respecto de otros elementos que se conjugan en el aprender y sobre los cuales *sólo quien aprende puede informar*.

El tercer elemento es "la realidad" expresada en números. Entre los informes disponibles, pueden tomarse como referencia los datos publicados por el Instituto Nacional de Estadísticas y Censos (INDEC), según los cuales, en 2011, el total de estudiantes universitarios en instituciones de gestión estatal era de 1.441.845 -307.894 nuevos inscriptos y 1.133.951 reinscriptos-, mientras que los egresados llegaron a 73.442, proporción que evidencia la deficitaria eficacia terminal de este nivel. Por otra parte, más del 58%

de los estudiantes de universidades públicas y privadas abandonan la carrera durante el primer año (Pintos, 2012).

Podría considerarse que *lograr un aprendizaje de calidad* es responsabilidad del alumno más que de la institución universitaria. Esta proposición es en parte verdadera, pues si el estudiante no adopta una actitud activa y favorable, por más que el contenido por aprender tenga significatividad lógica y psicológica y que el profesor tienda puentes entre ideas previas e ideas nuevas, difícilmente logrará un aprendizaje significativo (Ausubel, 2002). No obstante, también es cierto que la universidad se preocupa sobre todo por el enseñar y el evaluar, dejando en segundo plano los procesos mediacionales que tienen lugar entre la enseñanza y la evaluación. Esta restricción genera *entropía*, entendida como la pérdida de información de un sistema.

A partir de una impostación muy diferente del problema, cabría preguntarse: ¿hasta qué punto los alumnos que comienzan la trayectoria universitaria se encuentran *equipados* para responder a los desafíos educativos que se les presentan? ¿Advierten qué procesos deben realizar y cuál es la forma más apropiada de aprender, en función de la materia, el tema, el tiempo disponible, sus características personales, las expectativas del profesor expresadas en el programa en términos de objetivos, el modo en que serán evaluados...? ¿Qué competencias se dan por supuestas en el ingresante a la universidad, sin anticipar que este nuevo contexto de aprendizaje exige un nivel de conceptualización, organización e integración del conocimiento y una capacidad de regulación del trabajo autónomo, difícilmente obtenidos en el nivel medio? Si profundizamos en el planteo, el interrogante que subtiende los anteriores sería: ¿se aprende a ser estudiante universitario sólo por el hecho de abrirse a la experiencia o es necesario proceder en forma intencional para lograrlo?

La universidad no permanece indiferente. Se preocupa cuando analiza el porcentaje de alumnos que fracasa reiteradamente en los exámenes, que abandona la carrera durante los primeros años de cursado, que no logra la promoción al año inmediato superior, que -aun faltándole aprobar pocas materias- no llega al egreso... No sólo se preocupa, sino que se ocupa.

Por ello, se han perfilado explicaciones e iniciativas que revelan el propósito de avanzar hacia una Educación Superior centrada en el aprendizaje. Algunas de las más conocidas son la elaboración de un currículo en el que los contenidos no constituyan un fin en sí mismos sino un medio para desarrollar habilidades (Martínez Fernández, 2004, 2007) y competencias (Monereo *et al.*, 1997; Pozo y Monereo, 2000) transferibles; la alineación de la enseñanza con el aprendizaje (Biggs, 2008); la enseñanza orientada al proceso (*process-oriented*) como apoyo y guía para promover en el alumno actividades de pensamiento orientadas a la construcción, cambio y aplicación de sus conocimientos (Vermunt y Verloop, 1995); la alfabetización académica (Carlino, 2006; Padilla y Carlino, 2010; Quintana *et al.*, 2010); la personalización de estrategias cognitivas del aprendizaje, que consiste en trabajar las habilidades cognitivas a propósito de los contenidos del currículo (Amaya Guerra y Prado Maillard, 2007); el "escuchar" la opinión del alumnado respecto de componentes del encuentro didáctico que facilitan los procesos de aprendizaje (Giné Freixes, 2007); la implementación de programas de promoción de los procesos y estrategias de aprendizaje (González Cabanach *et al.*, 2007; Román-Sánchez, 2004; Rosário *et al.*, 2007) y de acciones tutoriales (Gil-Albarova *et al.*, 2008; Rubio y Martínez, 2012; Universidad Nacional de Cuyo, 2012; Vela Sánchez, 2007); entre otras.

## 2. ¿Qué está a nuestro alcance hacer para mejorar la calidad de los aprendizajes?

Si la preocupación es cómo ayudar al estudiante universitario a desarrollar la autorregulación de su conducta como aprendiz, resulta imprescindible *observar de cerca* la experiencia de aprender tal como él la vive. Conocer qué sucede *en realidad* desde la mirada de quien aprende -la información que aporta el alumno sobre el aprender en la práctica y en el contexto de su carrera- es un insumo clave para comprender a qué distancia se encuentra de los desafíos que la universidad le plantea, para precisar los núcleos problemáticos y llegar a planteos pertinentes a fin de orientar el *aprender a aprender*.

Priorizamos la capacidad del alumno de reconocer sus fortalezas -sustento de la confianza en sí mismo- e identificar sus dificultades. Éste es el primer paso para que se perciba como protagonista activo de su desarrollo como aprendiz, que piense, reflexione, controle, planifique, prevea, evalúe…, esto es, que se comprometa con el aprendizaje como meta personal, como ideal por lograr, no sólo para llegar al egreso, sino con el objeto de desempeñarse como un profesional preparado para responder a los requerimientos del siglo XXI.

El alumno puede mejorar intencionalmente su desempeño si comienza por hacer consciente su propia conducta y la evalúa, para luego actuar en consecuencia, poniendo en acción procesos cognitivos y metacognitivos, que en la medida en que se seleccionan y ejecutan en forma planificada y apropiada a la situación particular, ingresan al plano estratégico. Esto significa que, si bien es necesario "tomar conciencia", es imprescindible después "actuar en consecuencia".

En definitiva, nuestra contribución a la mejora de los aprendizajes comienza en las concepciones y experiencias de los actores, se despliega en un análisis de **éstas** que permita *comprender el aprender* y se traduce en pautas para orientar el *aprender a aprender* y el *enseñar a aprender* en la universidad.

## 3. El aprender en sus notas distintivas

Toda aproximación a la realidad lleva implícita una mirada que es conveniente explicitar; por eso, con el propósito de *comprender el aprender*, antes de *escuchar* a los protagonistas, nos detendremos en algunas notas que caracterizan la naturaleza misma del fenómeno, desde una mirada psicoeducativa:

- es un proceso activo por el cual quien aprende construye y reconstruye esquemas en función de su experiencia con el mundo y consigo mismo. La connotación de *activo* anticipa que no se trata de una recepción pasiva ni de una respuesta mecánica frente a estímulos externos, sino de una dinámica de reelaboraciones o reestructuraciones sucesivas, que trae aparejada la autoestructuración de quien aprende;
- es personal, pone en juego aspectos cognitivos, afectivos, sociales y se despliega en el contexto de una vida, condicionada por sus circunstancias;
- es un proceso en el que se sintetizan tres dimensiones: retoma experiencias previas, las enmarca en un presente y las proyecta a un futuro que a su vez retroalimenta esta dinámica;
- es un proceso interno;
- puede ser promovido y mediado socialmente; entonces, si bien el aprender se concreta en sucesos internos, estos sucesos se pueden iniciar y optimizar en la interacción con otro;

- es un sistema complejo, en el que se entrecruzan innumerables factores, de quien aprende -intrapersonales-, de quienes interactúan con él -interpersonales-, del contexto académico, social y cultural, de un modo tal que la modificación en uno de ellos repercute en el conjunto;
- puede constituirse en objeto de reflexión, el aprendiz puede darse cuenta de los procesos que realiza y de los elementos que gravitan en ellos;
- puede ser autorregulado por el aprendiz mediante procesos metacognitivos que se inician con la toma de conciencia y se proyectan a un aprendizaje estratégico;
- se energiza en la motivación, en la perspectiva de futuro, en la orientación a metas;
- supone un esfuerzo, que puede ser vivido con más o menos entusiasmo;
- es una clave para hacer efectiva la capacidad exclusivamente humana de intervenir en el propio desarrollo.

En tanto proceso interno,
- sólo puede ser llevado a la práctica por el aprendiz;
- lleva implícito atribuir un significado a la experiencia;
- se concreta en la relación sustancial entre ideas nuevas e ideas previas (pertinentes);
- en la interacción entre los nuevos conceptos y los previamente adquiridos, unos u otros (o ambos) se intermodifican, con lo cual se generan significados adicionales a los previos y se establecen nuevas relaciones;
- organiza los conceptos más comprehensivos en la cúspide de la estructura cognoscitiva, de modo tal que éstos se distingan a la vez que se relacionen con los de menor generalidad;
- exige, por un lado, un material que sea potencialmente significativo y acorde con la estructura cognoscitiva del alumno y, por otro, su predisposición a relacionar el nuevo material con las ideas de anclaje de que dispone.

Con esta mirada, el aprender supone una construcción de significados en la interacción con el mundo y consigo mismo. En la relación entre ideas previas y un nuevo material, se despliega una dinámica de interiorización, en la que el aprendiz resignifica, reorganiza y hace propio el contenido de aprendizaje. Esta dinámica le exige herramientas intelectuales pertinentes en función del contenido por aprender, las que Vermunt (1998) clasifica en: 1) *básicas* -lectura, memorización, repetición, análisis-; 2) *de procesamiento profundo* -relación, estructuración, pensamiento crítico- y 3) *de concretar* -ejemplificación, aplicación de lo aprendido-.

El modelo teórico-metodológico de Vermunt (1998, 2005, entre otros) se presenta como uno de los más completos y coherentes en vinculación con los aspectos teórico-conceptuales (Martínez Fernández y García-Ravidá, 2012) por varios motivos. Por un lado, reduce la superposición entre conceptualizaciones referidas a los componentes de aprendizaje; por el otro, pone en relación aspectos metacognitivos con estrategias para el procesamiento cognitivo que emplea el estudiante y su motivación para el estudio. En tercer lugar, está orientado a la regulación de los procesos constructivos de aprendizaje por el mismo aprendiz, en interacción con la regulación de dichos procesos desde la enseñanza. En cuarto lugar, estudia la incidencia de variables personales, contextuales y de desempeño (*performances variables*) en el aprendizaje (Vermunt, 2005).

Su enfoque pone en interacción los componentes de creencias (concepciones y motivos) con estrategias (de regulación y de procesamiento), al tiempo que estudia "las relaciones entre factores personales y contextuales relevantes, conjugados con los patrones de aprendizaje del estudiante, en un modelo comprensivo" (Vermunt 2005: 211).

## 4. Hacia una nueva perspectiva para conceptualizar el aprender

Conscientes de que definir el aprender supone un gran desafío, partimos de la propuesta de referentes reconocidos y nos aproximamos al aprender como "un proceso complejo, un proceso de procesos" (Beltrán Llera, 1998: 37), que implica la realización de determinadas actividades que deben ser adecuadas para conseguir los resultados esperados. Tenemos en cuenta también que "es una forma de interactuar con el mundo. A medida que aprendemos, cambian nuestras concepciones de los fenómenos y vemos el mundo de forma diferente" (Biggs, 2008: 31).

Tomamos distancia de su conceptualización como resultado de la transmisión del conocimiento y nos aproximamos al aprendizaje como un proceso activo, constructivo y autodirigido, en el que el aprendiz construye representaciones internas del conocimiento, las cuales cambian en función del significado que las personas asignan a sus experiencias.

Desde una perspectiva centrada en el aprendizaje en Educación Superior, Vermunt (2005: 209) lo conceptualiza como

> el desarrollo de un modo de pensar y actuar que caracteriza la cultura de una comunidad profesional. Se entiende como un proceso activo, en el que el estudiante construye, modifica y emplea modelos mentales sobre el objeto de dominio para interpretar situaciones y actuar en ellas. Por tanto, las actividades de aprendizaje adquieren un rol central. Se asume que la calidad de las actividades de aprendizaje que los estudiantes realizan, determinan en una medida importante la cantidad de los resultados de aprendizaje que logran.

Vermunt y Verloop (1999) plantean una categorización de las actividades de aprendizaje en tres órdenes: cognitivas, afectivas y metacognitivas (regulatorias). Las primeras son actividades de pensamiento que el alumno emplea para procesar el contenido, y se traducen en el conocimiento que adquiere. Las segundas remiten a emociones que surgen durante el aprendizaje, las que conducen a un estado de ánimo que puede favorecer o impedir el avance en el proceso. Las actividades de regulación metacognitiva son las que los estudiantes emplean para tomar decisiones sobre los contenidos de aprendizaje, el control externo del procesamiento, las disposiciones afectivas, la dirección del curso de sus procesos...

También Pintrich (1995) señala que los elementos clave son los conocimientos de base con que cuenta el alumno, sus habilidades de procesamiento, su autorregulación del aprendizaje y su motivación y afecto.

Resultados de base empírica le permiten a Vermunt identificar cuatro patrones de aprendizaje a partir del interjuego entre estrategias de procesamiento cognitivas y metacognitivas, estrategias de regulación, modelos mentales de aprendizaje y orientaciones de aprendizaje: 1) orientado al significado, 2) orientado a la aplicación, 3) orientado a la reproducción y 4) no orientado (Vermunt y Verloop, 1999).

Reconociendo el valor de estos aportes, y pensando en complementarlos, nos aventuramos a proponer una definición de factura propia. Entendemos el aprender como un *proceso personal, interno y activo, de transformación en el pensar, sentir y obrar, fruto de la experiencia respecto de sí mismo y de la interacción con el medio.*

La piedra de toque consiste en traer a primer plano al yo como agente, lo cual supone *insights* profundos y regulación voluntaria de la conducta. Esto conlleva el aprender en función de la deliberación, de la reflexión, de la autoevaluación, aspectos fundamentales para pensar en procesos metacognitivos que sustentan la autorregulación. El darse cuenta, la toma de conciencia, precede a la posibilidad de control y de auto*poiesis*, tercer paso de la metacognición que consiste en ir más allá de lo existente, y lograr un salto de nivel (Mayor *et al.*, 1993).

La expectativa es que el estudiante descubra y valore las posibilidades que ofrece el volver con el pensamiento sobre la experiencia de aprendizaje en una actitud de "reflexión constructiva" (a través de la cual el conocimiento se hace progresivamente más explícito para el aprendiz y, a la vez, más flexible y sujeto a control) para evaluarla y, eventualmente, reencaminarla.

En el contexto del aprender en la universidad, la metacognición abre un camino para transitar hacia la autonomía a través de la regulación de la propia conducta. En la experiencia consigo mismo, quien aprende puede volver recursivamente sobre sus procesos, actitudes, conductas, decisiones...; analizarlas, interpretarlas desde nuevas perspectivas, prever ajustes..., y así, a partir de la experiencia directa y vicaria, llevar a la práctica el tan ansiado *aprender a aprender*.

El comportamiento estratégico supone darse cuenta, analizar y controlar los propios procesos de aprendizaje y actuar sobre ellos en forma intencional, atendiendo a factores tales como las propias capacidades, las características del material por aprender, los conocimientos previos, el contexto, la motivación... En síntesis, se trata de tomar decisiones para la mejora de los procesos, de lo que se espera, a la vez, una mejora en los resultados académicos.

Aunque estas consideraciones pudieran parecer obvias, no lo son. Si bien el estudiante es quien *vive, protagoniza* el aprender, no siempre vuelve con el pensamiento sobre sus experiencias en tanto aprendiz, quizás porque no puede *ver* con claridad cómo intervenir en sus procesos, o porque tiene poca confianza en su competencia para modificarlos.

En función de una aproximación metacognitiva, quien se piensa como aprendiz puede conocer-se en la realización de procesos y estrategias, identificar sus fortalezas -para potenciarlas- y advertir sus debilidades para trabajar en ellas; evaluar-se en las actitudes y conductas que lo acercan o lo alejan de sus objetivos, en los aspectos que impulsan u obstaculizan el avance hacia las metas académicas, en lo que sería importante revisar y modificar en vistas a mejorar el desempeño en situaciones futuras.

## 5. Aprender en la universidad. Una línea de investigación en desarrollo

Considerando que el aprender es una clave de sentido para las instituciones comprometidas, por un lado, con la mejora de la calidad educativa y, por otro lado, con la confianza en la potencialidad autoconstructiva que se deriva de ubicar la metacognición como nota distintiva del aprendizaje, se sentaron las bases de una línea de investigación sobre *aprender en la universidad.*

El tema es el aprendizaje en Educación Superior, entendido como proceso personal y activo, a la vez que como un sistema complejo en el que se conjugan elementos del aprender en sí mismo y elementos que lo contextualizan. Se aborda en su puesta en práctica por un aprendiz que se desempeña en el ámbito de la universidad y de su carrera, y se accede a él desde la percepción de sus protagonistas directos, los estudiantes (matriz principal) y los profesores en tanto mediadores de los aprendizajes (matriz secundaria).

El objeto de estudio es *el aprender en funcionamiento*, y la aproximación a él se realiza a partir de las experiencias tal como son vivenciadas e informadas por sus actores.

Con un enfoque pluridimensional, interesa, por una parte, comprender qué entienden los estudiantes cuando dicen "aprender"; por otra, qué características adquieren los procesos y estrategias que emplean, cómo explican los resultados que obtienen, qué características de personalidad ligadas con el aprender identifican en sí mismos y qué factores condicionan su desempeño.

En relación con los alumnos, la información se analiza desde tres perspectivas: autopercepción de la competencia para aprender (aprendo fácilmente/con dificultad); carrera (estudiantes de Ciencia Política y Administración Pública, Medicina, Ciencias de la Educación, Trabajo Social y Pedagogía) y tramo en la trayectoria académica (tramo inicial: alumnos de los primeros años/tramo final: estudiantes de los últimos años). Con respecto a los alumnos con discapacidad, se analizan como grupo independiente por tratarse de pocos casos.

En cuanto a los profesores, interesa su percepción de los procesos y estrategias que realiza el estudiante y las características que éstos adquieren en distintos momentos del recorrido académico.

La complementación de los resultados obtenidos en tres cohortes se toma como insumo para construir una caracterización por *aspecto* -o variable en sentido amplio- en estudio. El énfasis está puesto en la identificación de elementos que distinguen entre estudiantes de diferentes segmentos, carreras y tramos para comprender la experiencia universitaria desde la mirada de sus actores y discutir si el alumno, durante el itinerario en la universidad, aprende a aprender.

El propósito es identificar aspectos que suelen pasar inadvertidos y que condicionan la efectividad del aprendizaje como *claves* para diseñar acciones que favorezcan en el estudiante la toma de conciencia y el control de los procesos que realiza, y en el profesor, una revisión de sus prácticas docentes, lo que significa articular el aprender y el enseñar.

Objetivos de la línea de investigación

El objetivo general es indagar experiencias de alumnos y profesores para comprender aspectos favorecedores y obstaculizadores del aprender en la universidad y llegar a conclusiones con sustento empírico que aporten insumos para promover acciones de autorregulación, de mediación pedagógica y de orientación.

Los objetivos específicos son:
- Reconocer la concepción de aprender que sostienen estudiantes que se encuentran en diferentes tramos y que cursan diferentes carreras a fin de observar si se muestran (o no) factores idiosincráticos.
- Identificar diferencias entre alumnos que consideran que aprenden fácilmente/con dificultad respecto de procesos, estrategias, atribuciones causales y factores que gravitan en el aprender.
- Comparar las características de personalidad que reconocen en sí mismos estudiantes con diferente autopercepción de competencia para aprender y estudiantes que se encuentran en diferente tramo de la carrera.
- Comparar el esquema de resultados obtenido en alumnos del tramo inicial y del tramo final de la trayectoria académica, a fin de ponderar el desarrollo (o no) de competencias académicas en el transcurso de la carrera.
- Comprender elementos personales y contextuales que inciden en el aprender desde la experiencia de estudiantes universitarios con discapacidad.
- Recuperar la percepción que los profesores tienen sobre los procesos y estrategias para aprender que emplean los estudiantes.
- Complementar los resultados de la línea de investigación *Aprender en la universidad* (SeCTyP 2007-2011,

Dir. L. Morchio) con los de la línea de investigación *Perfil y evolución del rendimiento académico de los estudiantes* (SeCTyP 2007-2011, Dir. L. Diblasi).

Las acciones realizadas para el logro de estos objetivos y los resultados obtenidos son el contenido de los siguientes capítulos de este libro.

Hipótesis principales

Las principales hipótesis de trabajo hacen referencia a la incidencia de la autopercepción de la competencia para aprender en los aspectos en estudio; a una mejora en el rendimiento académico de los alumnos a medida que avanzan en el cursado de la carrera; a la experiencia de los docentes, quienes advierten aspectos facilitadores y obstaculizadores no atendidos por los estudiantes; a la autopercepción de características de personalidad, y a la exploración de la situación del alumno con discapacidad:

Se muestran diferencias en las variables en estudio entre alumnos que consideran que aprenden fácilmente y quienes estiman que lo hacen con alguna dificultad.

Se advierten diferencias en las *concepciones de aprender* entre estudiantes del tramo inicial y del tramo final de la carrera.

Los alumnos que se encuentran en el tramo final de la carrera se distinguen de los alumnos del tramo inicial respecto de los *procesos y estrategias que emplean para aprender*.

El desempeño académico de los estudiantes universitarios con *discapacidad* está sujeto a factores contextuales más que a factores personales.

Se muestran diferencias respecto de *características de personalidad* (autopercepción) entre estudiantes que aprenden fácilmente/con dificultad.

Los profesores advierten problemáticas que los alumnos no tienen en cuenta, respecto de los procesos y estrategias para aprender.

Se verifica una relación significativa entre la permanencia en la carrera y la autopercepción de la competencia para aprender.

## 6. El *aprender en funcionamiento* constituido en objeto de estudio

Si bien el aprender en funcionamiento no puede desvincularse de las características personales, la historia y las circunstancias de quien aprende, es relevante constituirlo en objeto de investigación con el propósito de construir un conocimiento que haga su aporte al *aprender a aprender* durante la trayectoria académica, a la mediación estratégica de los aprendizajes y a una orientación educativa que responda a las necesidades que los mismos estudiantes señalan.

Con este propósito, definimos dos grandes ejes para estudiar el aprender en la universidad: *concepciones* y *experiencias*, con el supuesto de que las concepciones, los procesos, las estrategias, las atribuciones causales, las características de personalidad y algunos factores que contextualizan el aprender son variables pertinentes para analizarlo desde las perspectivas que anticipamos.

En nuestro análisis, atribuciones causales se abordan en tanto experiencias, dado que tienen a su base experiencias directas y vicarias. En cambio, en el modelo de Vermunt (1998, 2005) se ubican en un espacio más epistémico, y se las liga con las concepciones de aprendizaje. Este tema resulta de interés para una investigación futura.

Indagamos sobre *Concepciones* porque el alumno organiza su conducta en función de lo que considera que es aprender y de lo que prevé que deberá ser capaz de hacer para *comprobar y mostrar* que efectivamente aprendió. En esta tarea, algunos estudiantes proceden intuitivamente, mientras que otros actúan de modo estratégico. Esto significa que analizan la situación y evalúan -en función del contenido, los objetivos y los resultados esperados- cómo conviene proceder para optimizar los procesos.

Si bien en el plano teórico se postula que en consonancia con estas convicciones personales, el estudiante pone en obra procesos para asimilar un contenido de aprendizaje, retenerlo, recordarlo, expresarlo, transferirlo, aplicarlo, transformarlo..., los desarrollos de la investigación vigente subrayan la complejidad del tema y plantean nuevos constructos, en particular el de "orquestación del estudio" (Meyer, 1991, 2000), el de "congruencia y fricción entre aprendizaje y enseñanza" (Vermunt y Verloop, 1999) y el de "consonancia y disonancia en la experiencia de aprendizaje" del estudiante (Cano, 2005).

Meyer (1991) introduce el concepto de *orquestación del estudio* para referir a un enfoque de aprendizaje contextualizado que adopta un alumno o grupo de alumnos. La acción de orquestar alude a los modos diferenciales en que los estudiantes emplean sus recursos en un contexto dado; de allí su potencialidad para analizar el aprendizaje situado. Estas orquestaciones pueden ser consonantes o disonantes.

El segundo constructo se centra en el interjuego entre las actividades regulatorias del enseñar y las del aprender; en la regulación del docente se puede reconocer un *continuum* desde un fuerte control externo a un control laxo, pasando por un control compartido. La congruencia acaece cuando las estrategias de aprendizaje del alumno y las estrategias didácticas del profesor son compatibles; la fricción, en el caso opuesto. Por otra parte, los autores distinguen entre fricciones constructivas (que presentan al estudiante un desafío alcanzable y que, por ello, contribuyen a incrementar su habilidad en procesos y estrategias de aprendizaje) y destructivas (esto es, que pueden generar una disminución en tal sentido).

Cano (2005), por su parte, examina la relación entre concepciones y estrategias de aprendizaje; los resultados de su investigación muestran dos tipos de consonancia (básica y compleja) y dos tipos de disonancia (negativa y positiva) en los modos en que –en el estudiante– se vinculan la forma en que concibe el aprendizaje y las estrategias que emplea para aprender.

El segundo gran eje son las *Experiencias* que vive quien aprende. Entre ellas, tomamos en cuenta elementos que hacen al aprender en sí mismo -procesos y estrategias-, elementos que inciden directamente -concepciones, atribuciones causales, características de personalidad, salud- y elementos que los condicionan más indirectamente, por ejemplo, tener que trabajar o atender a la familia simultáneamente al cursado de la carrera, sentirse a gusto o no en la institución.

En definitiva, si la universidad aspira a promover estudiantes autónomos y estratégicos, es fundamental que *comprenda el aprender en el contexto académico* y para eso *debe* constituirlo en tema de estudio.

## 6.1. Consideraciones teóricas

La línea de investigación sobre *aprender en la universidad* se inscribe en el campo de la Psicología Educacional y se apoya, por una parte, en postulados cognitivistas/constructivistas que proveen desarrollos en temas centrales a nuestro estudio y, por otra, en la experiencia de las autoras en interacción con estudiantes universitarios en espacios de docencia, de tutoría y de orientación.

Consideramos las investigaciones de Vermunt (1998, 2005; Vermunt y Verloop, 1999), Cano (2005), Martínez Fernández (2004, 2007; Martínez Fernández y García Ravidá, 2012), Meyer (1991, 2000), Pintrich (1995, 2002), como así también los aportes de Coll, Palacios y Marchesi (2007) y los de Pozo y Monereo, en sus trabajos personales, conjuntos y con sus equipos de colaboradores (Monereo, 1993; Monereo *et al.*, 1997; Monereo y Castelló, 1997; Monereo y Pozo, 2003; Pozo, 1996; Pozo y Monereo, 2000).

Tenemos presente la preocupación por la calidad del aprendizaje (Ausubel, 2002; Biggs, 2008; Prieto Navarro *et al.*, 2008) y la hipótesis de que un bajo desempeño académico se relaciona con un desarrollo deficiente de los procesos cognitivos y estrategias metacognitivas que son necesarios para responder a los desafíos educativos en la universidad (Carlino, 2006; Martínez Fernández, 2007; Quiroga *et al.*, 2010; Zimmerman *et al.*, 2005).

Desde fines de 1990 y sobre todo en lo que va del 2000, pasan a primer plano temáticas que giran en torno del aprender. Entre ellas, centramos la atención en las representaciones mentales o concepciones de aprender (Martínez Fernández, 2007; Pozo *et al.*, 2009; Pozo y Monereo, 2000; Vermunt y Vermetten, 2004, entre otros), el aprendizaje autorregulado (Gaeta González, 2006; Garello *et al.*, 2013; González y Daura, 2012; Lanz, 2006; Núñez *et al.*, 2006; Pintrich, 1995, 2002; Vázquez, 2010; Zimmerman *et al.*, 2005, entre muchos otros), los procesos y estrategias cognitivos y metacognitivos (Difabio de Anglat, 2000; Martí, 2000; Pintrich, 2002; Rinaudo *et al.*, 2003; Román Sánchez, 1993; Vermunt, 1998, 2005; Vermunt y Verloop, 1999; Vermunt y Vermetten, 2004, entre otros), la autopercepción de eficacia (Bandura, 2004), las atribuciones causales (Bandura, 1982; Corral de Zurita, 2003; Durán-Aponte y Pujol, 2012; Gagné, 1991; González Arreaga, 1993; Miras, 2007) y las características de personalidad en relación con el desempeño en la universidad (Bakx *et al.*, 2006; Castro Solano y Casullo, 2001; Navarro Abal, 2009).

También hacen su aporte la Psicología Humanística (Maslow, 1991; Rogers, 1982) y la Psicología Positiva (Casullo, 2008). De la primera recuperamos la valoración de la experiencia vivencial, informada en nuestro caso por quien aprende y por quien enseña. De la segunda, tenemos en cuenta un enfoque de investigación que no sólo reconozca los problemas, sino que identifique también los aspectos positivos que pueden constituirse en soporte para actuar en forma preventiva sobre las situaciones preocupantes.

Por otra parte, las teorías del aprendizaje y de la enseñanza que se centran en la interpretación de lo que los estudiantes dicen realizar para aprender, se enmarcan en la investigación fenomenográfica, difundida a partir de la década de 1970, con un punto de inflexión en los estudios de Marton y Säljö (1976).

En el cruce de los enfoques teóricos con la aproximación fenomenográfica, se define el aprender en funcionamiento como objeto de estudio y se seleccionan los elementos para operativizarlo, considerando sustanciales los conceptos, imágenes, juicios que los estudiantes construyen en el contexto de su trayectoria académica como punto de partida para identificar elementos que pueden abrir hipótesis alternativas para explicar los porcentajes de abandono, sobre todo en los primeros años.

## 6.2. Paso a paso en el camino recorrido entre 2007 y 2013

El estudio precursor de la línea de investigación sobre *aprender en la universidad* se llevó a cabo durante 2000-2002, con el título *Rendimiento académico en la universidad. Variables que influyen en el fracaso académico* (Morchio *et al.*, 2002). En él trabajamos con estudiantes de Ciencias de la Educación de la Facultad de Filosofía y Letras de la

UNCuyo que hubieran desaprobado en dos o más ocasiones el examen final de materias de la carrera. La información se reunió a través de un test de aptitudes (razonamiento abstracto y verbal) y una prueba de procesos y estrategias de aprendizaje, elaborada *ad hoc* sobre un texto de Psicología Educacional. También se aplicó un cuestionario sobre factores que condicionan el desempeño académico, se realizaron grupos focales con estudiantes y entrevistas en profundidad a una muestra de profesores, constituidos en informantes clave.

Los resultados en la prueba de procesamiento de la información mostraron que la mayoría de los estudiantes evidenciaba un desempeño por debajo de lo esperado en procesos de análisis y síntesis; en cambio, se advirtió una considerable variabilidad en los percentiles en los tests de aptitudes, y los factores obstaculizadores del desempeño académico no respondían a un patrón sino a situaciones individuales en las que interactuaban elementos de diferente índole (familiar, laboral, lugar de residencia, etc.).

A la luz de los resultados, se advirtió la necesidad de actuar en forma preventiva en favor de un aprendizaje y una enseñanza estratégicos; esto es, en lugar de *comprobar* en los hechos las dificultades *a posteriori* de los fracasos en los exámenes, el equipo de investigación decidió dar un giro en dirección al *aprender a aprender*. Esta nueva mirada -que supuso actualizar las bases teóricas y metodológicas, resignificar la transferencia esperada en términos de desarrollo, prevención y orientación a estudiantes y profesores- es fundante de la línea de investigación sobre *aprender en la universidad*, que se concreta en tres proyectos concluidos y uno en ejecución.

Entre 2007 y 2009, se implementó el proyecto *Aprender en la universidad: concepciones, procesos, estrategias y factores implicados. Análisis desde la perspectiva del alumno y del profesor* (SeCTyP, 2009). En esta ocasión, se definieron los aspectos por estudiar -concepciones de aprender, indicadores de aprendizaje efectivo, condiciones académicas que favorecen el aprender, autopercepción de competencia para aprender, procesos y estrategias que emplea el estudiante, elementos facilitadores y obstaculizadores del aprender, atribuciones causales y características de personalidad asociadas-, se seleccionaron las instituciones -Universidad Nacional de Cuyo (UNCuyo) y Universidad Federal de Río de Janeiro (UFRJ)- y las carreras -Ciencia Política, Medicina, Trabajo Social, Ciencias de la Educación y Pedagogía- y se construyó el instrumento para recabar la información.

La fase de análisis manifestó la amplitud y complejidad del fenómeno estudiado, por lo que se dispuso replicar la investigación, de diseño transversal, en nuevas cohortes, a fin de ampliar el campo muestral, poner a prueba el esquema de resultados y enriquecer el tratamiento de las variables. Se consideró la vía pertinente para fortalecer el sustento de las conclusiones y para neutralizar el riesgo que supone elaborar inferencias por carrera a partir de muestras pequeñas.

Por ello, en 2009-2011, a través del estudio *Factores personales y contextuales que se conjugan en el aprender en la universidad. Análisis desde la percepción de sus protagonistas (UNCuyo y UFRJ) y desde archivos documentales (UNCuyo)*, se trabajó con una segunda cohorte. Este estudio es, en un sentido, continuación del anterior porque se mantienen: el esquema de variables, la aproximación a través de la percepción de estudiantes y de profesores de las mismas instituciones, el instrumento para recoger la información y los procedimientos de análisis. En otro sentido, es innovador porque se incorporan estudiantes con discapacidad que cursan carreras en la UNCuyo.

Durante 2011-2013, a través del proyecto *¿Llega el estudiante universitario a aprender a aprender? Evolución de los procesos, estrategias y actitudes en el transcurso de la carrera*, se trabajó con una tercera cohorte. En las anteriores, participaron estudiantes de 2° año (tramo inicial) y en esta, alumnos del último año (tramo final) de las respectivas carreras. Se adoptó esta estrategia para indagar en qué cambia (o no) el alumno a lo largo de la trayectoria académica en las variables en estudio.

Por otra parte, se agregó una nueva unidad de observación por cuanto se entrevistó a profesores para contrastar sus percepciones respecto de procesos y estrategias para aprender, con la mirada de los estudiantes.

En 2013 iniciamos el proyecto *Aprender a aprender como meta de la Educación Superior. Desde la comprensión de cómo aprende el alumno universitario a la promoción del aprendizaje autorregulado*, en el que trabajamos actualmente. Uno de los primeros pasos es una nueva ampliación de la población que se concretó con la incorporación de estudiantes que cursan el tramo inicial y estudiantes que cursan el tramo final de la carrera de Pedagogía en la Universidad Estadual Paulista (Brasil) y en la Universidad Federal de Colima (México) y una muestra de profesores de esta última. Queda conformada una cuarta cohorte en la que se representan cuatro universidades de América Latina con el propósito de comparar el *aprender en la universidad* según contexto e identificar aspectos en común y aspectos idiosincráticos.

### 6.3. Modelo metodológico

Se trata de una investigación ecológica por muestreo no probabilístico, de diseño transversal y que emplea una metodología mixta (cuali-cuantitativa).

Por su profundidad, es exploratoria respecto de la situación del estudiante con discapacidad, descriptiva y comparativa en los restantes alumnos y analítica en relación con los profesores.

Con respecto a los alumnos, las variables son: concepciones, procesos, estrategias, atribuciones causales, características de personalidad y factores que condicionan *el aprender en funcionamiento*. Se emplea una aproximación cualitativa para la primera y cuantitativa para las demás. En cuanto a los profesores, se indaga sobre las concepciones respecto de los procesos de aprendizaje que realiza el alumno y sus problemáticas específicas, desde una perspectiva cualitativa.

### 6.3.1. Quiénes participan en el estudio

Las unidades de observación son: 1) alumnos sin discapacidad que cursan el 2° año y alumnos sin discapacidad que cursan el último año de Medicina, Trabajo Social, Ciencia Política, Ciencias de la Educación y Pedagogía; 2) alumnos con discapacidad que cursan carreras en la UNCuyo y 3) profesores de Ciencias de la Educación/Pedagogía.

El total de estudiantes sin discapacidad entre 2007 y 2013 asciende a 501 casos y su composición se sintetiza del siguiente modo:

Tabla N° 1. Estudiantes sin discapacidad que
participan en el estudio según carrera

| Carrera | | | | | | | | | | | |
|---|---|---|---|---|---|---|---|---|---|---|---|
| Ciencias de la Educación | | Trabajo Social | | Ciencia Política | | Medicina | | Pedagogía | | Total | |
| Recuento | % de la fila | Recuento | % de la fila | Recuento | % de la fila | Recuento | % de la fila | Recuento | % de la fila | Recuento | % de la fila |
| 90 | 17,96 | 90 | 17,96 | 86 | 17,17 | 85 | 16,97 | 150 | 29,94 | 501 | 100,00 |

Gráfico N° 1. Estudiantes sin discapacidad que
participan en el estudio según carrera

**Carrera**

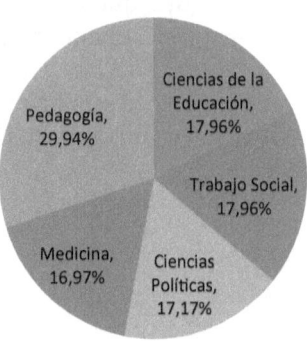

En cuanto a los estudiantes con discapacidad, por ser muy pocos los casos que se encuentran en esta situación, no se tuvo en cuenta la carrera ni el año académico y se analizaron como un grupo independiente de los alumnos sin discapacidad. Participan estudiantes con discapacidad visual, auditiva y motora (15 alumnos en la segunda cohorte y 6 en la tercera) que registraron su situación en la ficha académica.

De aquí en adelante, entonces, los análisis por autopercepción de competencia para aprender, por tramo, por universidad y carrera, que se incluyen en este libro, se refieren a estudiantes sin discapacidad, a excepción del capítulo ocho, específicamente dedicado a esta población.

Con respecto a los profesores, participa una muestra intencional de casos-tipo (Hernández Sampieri, Fernández Collado y Baptista Lucio, 2006) integrada por 16 docentes de la Carrera de Ciencias de la Educación cuyas cátedras pertenecen al tramo inicial de la carrera (2° año) y/o al tramo final (4° año).

Tabla N° 2. Estudiantes según universidad

| UNCuyo | | UFRJ | | Total | |
|---|---|---|---|---|---|
| Recuento | % de la fila | Recuento | % de la fila | Recuento | % de la fila |
| 351 | 70,06% | 150 | 29,94% | 501 | 100,00% |

Gráfico N° 2. Estudiantes sin discapacidad según universidad

En los estudiantes trabajamos con muestras no probabilísticas de 30 alumnos[1] de cada una de las carreras de la UNCuyo y de 60 estudiantes de Pedagogía, que representa a la UFRJ. Están presentes alumnos que cursan el 2° año (tramo inicial) y alumnos que cursan el último año (tramo final) de la carrera, según la siguiente distribución:

Tabla N° 3. Estudiantes según tramo

| Inicial | | Final | | Total | |
|---|---|---|---|---|---|
| Recuento | % de la fila | Recuento | % de la fila | Recuento | % de la fila |
| 326 | 65,07% | 175 | 34,93% | 501 | 100,00% |

---

[1] En Ciencias de la Educación y Ciencia Política, en algunas cohortes, se trabaja con la población, pues el total de estudiantes apenas cubre el número de casos previsto para el muestreo.

Gráfico N° 3. Estudiantes según tramo

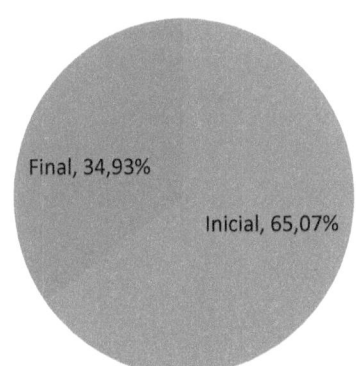

En la práctica, la población se segmenta según la autopercepción de competencia para aprender expresada por los mismos estudiantes. La distribución por segmento es la siguiente:

Tabla N° 4. Estudiantes según autopercepción de competencia para aprender

| Aprende fácilmente | | Aprende con alguna dificultad | | NS/NC | | Total | |
|---|---|---|---|---|---|---|---|
| Recuento | % de la fila | Recuento | % de la fila | Recuento | % de la fila | Recuento | % de la fila |
| 273 | 54,49% | 224 | 44,71% | 4 | 0,80% | 501 | 100,00% |

Gráfico N° 4. Estudiantes según autopercepción de competencia para aprender

*6.3.2. Aspectos que operativizan el aprender en funcionamiento*

Si bien hemos mencionado anteriormente los aspectos en estudio, los retomamos aquí a fin de explicitar las bases teóricas, la conceptualización y las dimensiones de cada uno.

En alumnos, las dos grandes variables -concepciones y experiencias- se dimensionalizan en los siguientes aspectos:

## Tabla N° 5. Variables, dimensiones y subdimensiones

| VARIABLES | Dimensiones | Subdimensiones |
|---|---|---|
| **Concepciones** | | |
| **Experiencias** | | |
| | Autopercepción de competencia para aprender | |
| | Procesos de aprendizaje | |
| | | Concentración |
| | | Lectura |
| | | Comprensión |
| | | Elaboración |
| | | Retención y recuperación |
| | | Expresión |
| | Estrategias de aprendizaje | |
| | | Planificar los tiempos |
| | | Consultar y preguntar |
| | | Tomar apuntes |
| | | Ordenar el material |
| | | Analizar |
| | | Sintetizar |
| | | Verbalizar lo aprendido |
| | | Repasar |
| | Factores facilitadores/obstaculizadores del aprender | |
| | | Salud |
| | | Lugar de estudio |
| | | Obligaciones familiares |
| | | Obligaciones laborales |
| | | Motivación |
| | | Relación con pares |
| | | Adaptación a la Facultad |
| | | Ayuda de los profesores |
| | Atribuciones causales: experiencia directa y vicaria | |
| | | Dificultad de la tarea/capacidad |
| | | Suerte |
| | | Esfuerzo |
| | | Nervios |
| | | Tiempo |
| | | Accesibilidad al material |
| | | Actitud del profesor |
| | | Actitud del alumno |
| | Características de personalidad | |

Fuente: Morchio, 2014.

En la conceptualización y sustento teórico de cada aspecto en estudio, se destacan:

- **Concepciones de aprender**: se indagan en tanto teorías implícitas que condicionan la conducta; esto lleva a pensar que, si se quieren lograr cambios en las formas de proceder, se debe comenzar por repensar las concepciones que subyacen a las prácticas. El análisis se realiza a la luz del sistema de categorías propuesto por Pozo y Scheuer (1999) que incluye tres categorías: *Directa, Interpretativa* y *Constructiva*. Una concepción directa se caracteriza por establecer una causalidad lineal entre un contenido de aprendizaje y los resultados que se obtienen (aprueba o no aprueba). Una concepción interpretativa tiene en cuenta la actividad del aprendiz, es decir, los procesos que realiza como instancia mediacional entre las condiciones y los resultados (lo cual admite que los recorridos varíen, aunque el logro está representado por un único resultado correcto). Una concepción constructiva hace referencia a dichos procesos, pero asignándoles una función transformadora, de contextualización, de reestructuración del contenido de aprendizaje; en este caso, el indicador de aprendizaje es poder generar nuevos conocimientos, transferir a situaciones variadas, encontrar relaciones innovadoras.

- **Autopercepción de competencia para aprender**: es un constructo generado en el marco de esta línea de investigación (Morchio, 2007) para referirse a la estimación subjetiva respecto de la mayor o menor *facilidad* para aprender. Se trata de una representación situada, pues supone un contexto particular, que es la universidad, y un contenido de aprendizaje académico, propio de la carrera que cursa el estudiante, lo que la distingue de otros constructos.

Shavelson y Bolus (1981) definen el autoconcepto, en sentido amplio, como las percepciones que tiene una persona de sí misma. Estas percepciones se forman a través de la propia experiencia, en la interacción con el entorno, y en ella inciden los refuerzos, evaluaciones de otros significativos y las atribuciones personales referidas al propio comportamiento.

Según estos autores, se estructura en categorías relacionadas entre sí, que organizan la información que la persona tiene sobre sí y se distingue, principalmente, por ser multifacética y jerárquica. Es multifacética en tanto refleja el sistema de categorías que adopta el individuo o que es compartido por un grupo. Es jerárquica puesto que, en la base, incluye percepciones generales sobre el comportamiento, que se especifican en subáreas, con un autoconcepto académico y uno no académico. En un plano más específico aun, se ubica la evaluación del propio comportamiento en situaciones específicas.

El autoconcepto académico se especifica en subáreas (por ejemplo, Inglés, Historia, Matemática, Ciencia), mientras que el no-académico abarca un autoconcepto social (que incluye pares y otros significativos), un autoconcepto emocional (estados emocionales particulares) y un autoconcepto físico (que abarca la destreza física y la apariencia).

Otras tres características por destacar son que abarca una dimensión descriptiva (por ejemplo: *Estoy desganado*) y una evaluativa (por ejemplo: *No soy bueno para...*); es estable a nivel de autoconcepto general, pero a medida que se desciende en la jerarquía, se vuelve más sujeto a situaciones específicas y, en consecuencia, menos estable; cuando se vincula con materias en particular o actividades concretas, quien aprende puede tener una percepción positiva de sí mismo en una materia -o para realizar cierta tarea- y negativa en otras.

Volviendo sobre nuestro constructo, la autopercepción de competencia para aprender se distingue, por un lado, del autoconcepto general y del autoconcepto no académico, por cuanto remite a percepciones referidas específicamente al aprendizaje y situadas. Por otro lado, se distingue del autoconcepto académico porque la autopercepción de competencia para aprender es una, global, sin distinción de subáreas. No obstante, compartimos el planteo de Shavelson y Bolus (1981) respecto de que la forma en que los estudiantes se perciben a sí mismos actúa como mediadora en el logro académico.

En los procesos de regulación que realiza el estudiante, Vermunt y Verloop (1999) -como mencionamos anteriormente- incluyen actividades cognitivas, afectivas y metacognitivas. En las segundas, contemplan las "atribuciones/juicios sobre sí mismo" (*attributtin/judging oneself*); dichos juicios pueden referirse a una competencia subjetiva general o a la autoeficacia con respecto a algunas materias (por ejemplo: el estudiante juzga alta o baja su capacidad para autorregular el aprendizaje, para Matemática o para una tarea en particular). En consecuencia, si bien la categoría de Vermunt y Verloop se encuentra muy próxima a la *autopercepción de competencia para aprender*, nuestro constructo no pondera componentes específicos del aprendizaje (como en este caso es la autorregulación) sino un juicio personal sobre su desempeño en la situación de aprender en la universidad.

Se distingue también de la percepción de autoeficacia (Bandura, 2004), que remite a las creencias del estudiante sobre su capacidad para realizar cada tarea en especial. Este sentido de predicción de la capacidad para lograr ciertos resultados en determinadas tareas se aleja de la autopercepción de competencia para aprender que no connota un tiempo futuro.

Por otra parte, los tres constructos -percepción de autoeficacia, autoconcepto académico y autopercepción de competencia para aprender- condicionan los pensamientos y emociones del estudiante, a la vez que impactan sobre el esfuerzo que invierte en las tareas y en la motivación, a corto, mediano y largo plazo.

- **Procesos y estrategias**: para estudiar procesos y estrategias cognitivas y metacognitivas que emplea quien aprende, algunos autores se constituyen en puntos de referencia -aunque sin sentido excluyente-, entre ellos, Beltrán Llera (1998), Monereo (1997, 2002, 2003) y Pozo (1996, 2000, 2006, 2009) con sus respectivos equipos de colaboradores.

Partimos del concepto de procesos que propone Beltrán Llera (1998), y los entendemos como actividades que el estudiante debe realizar para que se dé efectivamente el aprendizaje. Se trata de eventos internos, que suceden "en la cabeza" de quien aprende y que constituyen una instancia mediacional entre la entrada de la información y el logro (o no) de un aprendizaje significativo. Por ejemplo, la atención condiciona la selección de la información, la organización afecta el establecimiento de relaciones entre los aspectos del tema, y la elaboración tiende puentes entre las ideas previas y el nuevo contenido de aprendizaje.

Con respecto a las estrategias, son secuencias de actividades y operaciones mentales para poner en obra los procesos de aprendizaje que realiza quien aprende, que se relacionan con una meta y que contribuyen al aprendizaje significativo, motivado e independiente. Saber lo que hay que hacer para aprender, saber hacerlo y controlarlo mientras se hace es lo que pretenden las estrategias.

Su carácter intencional[2] anticipa la posibilidad de planificarlas y ejercer control sobre ellas, aspecto central

---

[2] Todavía hoy se discute si la ejecución de la estrategia es o no consciente y, por ello, se define como camino aplicado explícitamente -posición preponderante en la literatura- o como proceso que puede ser más o menos *automático* y sólo potencialmente consciente y controlable.
La respuesta respecto del nivel de conciencia que supone una estrategia remite a sus condiciones de gestación (Vázquez, 2012): resulta

del *aprender a aprender*. A través de las estrategias podemos "procesar, organizar, retener y recuperar el material informativo que tenemos que aprender, a la vez que planificamos, regulamos y evaluamos esos mismos procesos en función del objetivo previamente trazado o exigido por las demandas de la tarea" (Beltrán Llera, 1998: 50).

• **Atribuciones causales**: capitalizamos los desarrollos de referentes clásicos en el tema, en particular Weiner (1974), y los complementamos con el sistema atribucional que proponen Bandura (1982) y Gagné (1991).

Entendemos por atribuciones las explicaciones que las personas se dan a sí mismas y a los demás de por qué ellos, u otras personas, obtuvieron determinados resultados.

Se consideró pertinente y relevante incluir esta variable por cuanto el sistema atribucional que emplea el estudiante impacta sobre sus expectativas y sobre el esfuerzo que se dispone a invertir en próximas instancias. Si atribuye

---

evidente que los actos que la originan no pueden ser sino de naturaleza consciente; luego, la denominación *automático* no respeta la índole misma de los actos que la generan y, por esta razón, la autora señala que con más propiedad se debería hablar de su carácter "habitual". Por otro lado, dicha gestación no puede producirse en el vacío, fuera del contexto del contenido; la repetición de las actividades intelectuales que supone una estrategia, "pero sobre todo el carácter *especificador* de los objetos sobre los que se ejercita la capacidad, van dando a ésta una inclinación estable y una mayor capacidad de operación, que puede sintetizarse como *connaturalidad*; es decir: lo que en un primer momento se da como un proceso consciente y aun con intervención de lo volitivo -como sucede comúnmente en el caso de las estrategias de aprendizaje-, luego se incorpora al modo de proceder de la capacidad, justamente como si brotara de su misma inclinación natural a obrar y en este caso pasa a un nivel de subconciencia -exigido por la función 'económica' del hábito- pero con posibilidad de hacerse consciente, lo cual sucede cuando se presenta una situación en la que la respuesta habitual no tiene el resultado esperado. En este caso, se darían los procesos retroactivos para rectificar o provocar una diferenciación en la estrategia, orientada al logro de los objetivos de la nueva tarea, con lo cual se estaría ante un proceso de *regulación*" (*ibid.*: 155).

el fracaso a la capacidad, es probable que espere que la situación se reitere en el futuro; en cambio, si piensa que se debió a la suerte o a la falta de esfuerzo suficiente, mantendrá más confianza en sí mismo.

- **Características de personalidad**: esta variable, por cierto muy general, fue operacionalizada para su análisis desde un ángulo psicoeducativo, en características de personalidad que el alumno reconoce en sí mismo, que considera representativas de su forma de pensar, sentir y actuar, en el contexto de la universidad. Dichas características conservan cierta flexibilidad, puesto que -en función de nuevos aprendizajes y experiencias, del control intencional de la propia conducta, del desempeño de distintos roles, del logro o no de metas- cabe prever que se afianzarán algunas y se modificarán otras, pero sin que el individuo deje de ser él mismo. Al respecto, es importante tener presente que junto a los cambios, la vida psíquica se caracteriza por una tendencia a la consistencia consigo misma (*self-consistency*) -es decir, cierta resistencia al cambio-, lo cual asegura una relativa unidad en el tiempo (Nuttin, 1968).
- **Factores personales y académicos**: en la práctica, el aprender queda condicionado por una serie de elementos que pueden favorecerlo u obstaculizarlo. Entre ellos, hemos seleccionado para este estudio, el lugar disponible para estudiar, la motivación que alimenta el esfuerzo, las situaciones de salud, el tiempo disponible -diferente en quienes tienen que atender a una familia y a obligaciones laborales y en quienes se dedican sólo a las obligaciones académicas-, la red de apoyo que ofrece el contexto (pares y profesores) y el clima que se vive en la institución.
- **Mirada del docente**: poner en relación los puntos de vista de quien aprende y de quien interviene como mediador de los aprendizajes implica asumir el carácter constructivo del conocimiento. La interacción entre ambos puede enmarcarse en un encuentro o desencuentro

de concepciones, las que a su vez inciden en los procedimientos que se emplean. Vermunt y Verloop (1999) estudian diferentes modos en que las estrategias regulatorias del estudiante y las del profesor actúan una sobre otra, y discuten -como señalamos- la congruencia y la fricción resultantes.

### 6.3.3. Instrumentos para la recolección de los datos

La recolección de datos se realiza, en alumnos, a través del INCEAPU (Inventario de Concepciones y Experiencias de aprender en la universidad);[3] por lo tanto, la vía de aproximación es desde la subjetividad, porque procede del autoinforme del estudiante respecto de sus percepciones y prácticas en el contexto académico.

El INCEAPU es un instrumento elaborado (Morchio, 2007, 2014) desde una doble previsión: por un lado, construir conocimiento referido al aprender en funcionamiento y, por otro, aportar insumos para la autorregulación, la acción tutorial y la mediación docente. Ha sido validado a través de aplicaciones sucesivas entre 2007 y 2013.

En estudiantes con discapacidad, se emplea el mismo inventario con las adaptaciones necesarias para que puedan responder con autonomía quienes tienen baja visión. Esta aproximación se complementa con entrevistas en profundidad, a fin de comprender la experiencia de estos estudiantes que, por conformar un número reducido, en el marco de este estudio se tratan como grupo independiente.

En profesores, la información se reúne a través de una entrevista semiestructurada en la que se indagan sus percepciones sobre los procesos que emplea el alumno, las intervenciones del docente para favorecerlos, las características de los estudiantes que aprenden fácilmente/

---

[3] La sigla se compone a partir del título del siguiente modo: Inventario (IN) de concepciones (C) y experiencias (E) de aprender (AP) en la universidad (U).

con dificultad, los factores que inciden en su desempeño académico y las diferencias (si las hay) en la forma de aprender de los alumnos del tramo inicial y los del tramo final de la carrera. En función de estos datos se analizan los posibles vínculos entre su perspectiva y la del alumno.

### 6.3.4. Dinámica de la investigación

Recapitulando algunos datos mencionados anteriormente, en nuestros estudios sobre *aprender en la universidad*, en el lapso 2007-2013, han participado tres cohortes. En las dos primeras se encuestó a alumnos del tramo inicial (2007-2009; 2009-2011) y en la última, del tramo final (2011-2013) de la trayectoria académica. En total, participaron 501 estudiantes sin discapacidad -de cinco carreras, que se cursan en dos universidades-, 21 estudiantes con discapacidad -visual, auditiva o motora-, que cursan carreras en la UNCuyo, y 16 profesores en Ciencias de la Educación.

La información reunida a través de la entrevista en profundidad (a profesores y alumnos con discapacidad), como así también las producciones escritas referidas a la concepción de aprender en alumnos sin discapacidad, se analizan utilizando el método comparativo constante (Glasser y Strauss, 1967). Para los restantes aspectos, se han empleado algunos recursos estadísticos -sin que sea ésta la mirada preeminente-; en este sentido, en concepciones y experiencias académicas del alumno con discapacidad la naturaleza misma de los datos impone limitaciones a la cuantificación.

En el modelo construido cuantitativamente, las variables son la autopercepción de competencia para aprender, los procesos, las estrategias, los indicadores de aprendizaje efectivo, los elementos que facilitan/obstaculizan el aprender, las atribuciones causales y las características de personalidad.

La información se analiza desde tres perspectivas:

- *autopercepción de competencia para aprender*: se toma como variable de corte para segmentar la población en estudio en quienes consideran que aprenden fácilmente y en quienes consideran que lo hacen con alguna dificultad, con el objeto de comparar los resultados respectivos;
- *tramo*: se cotejan resultados en alumnos que cursan el 2° año (tramo inicial) y en los que cursan el último año (tramo final) de la carrera, a fin de observar si se muestran (o no) indicadores que sugieran una evolución en términos de *aprender a aprender*;
- *carrera e institución:* se ha aplicado a muestras de estudiantes de cinco carreras, que se cursan en instituciones de dos países, para ponderar elementos idiosincráticos por carrera y por contexto cultural.

Dichas perspectivas de análisis se complementan entre sí como puntos de referencia para construir una caracterización del *aprender en funcionamiento*.

Durante el período 2013-2015 se prevé construir una propuesta metodológica orientada a la mejora del aprendizaje, que tenga en cuenta los resultados en relación con los aspectos favorecedores/obstaculizadores del aprender en la universidad, desde los principios de prevención y desarrollo; esto significa que llegue a todos los estudiantes y no sólo a quienes encuentran dificultades para avanzar regularmente en la carrera. Por otra parte, se espera asesorar a profesores de estudiantes con discapacidad acerca de situaciones específicas que los afectan y generar conocimiento para llenar un vacío en la temática.

## 7. Características distintivas de nuestras investigaciones sobre aprender en la universidad

En suma, una primera característica innovadora respecto de otros estudios es el empleo del término "aprender", que anticipa que el foco de atención es *el proceso "en funcionamiento".*

La segunda es la aproximación pluridimensional, esto significa la variedad de aspectos referidos al aprender que abarca; es decir, responde a una mirada sistémica.

Una tercera característica es la identificación de elementos que se relacionan favorable/desfavorablemente con el aprender en la universidad para contribuir a la regulación intencional de la conducta y, por esa vía, a una mayor eficacia y autonomía en el aprendiz. Si la universidad le dice a quien ingresa que es necesario que *aprenda a aprender,* probablemente él se preguntará *¿a qué se refiere?, ¿por dónde empiezo?* Identificar y formalizar núcleos concretos para que el estudiante analice *su modo* de aprender *ilumina el camino por recorrer* en términos de aspectos que requieren atención y que pueden constituirse en objetivos claros y alcanzables para trabajar sobre sí mismo.

La cuarta se refiere a la comparación entre resultados en alumnos que cursan el tramo inicial (2° año) y alumnos que cursan el tramo final (último año) de sus respectivas carreras.

La quinta característica es el trabajo con estudiantes de diferentes carreras y universidades, lo cual permite distinguir aspectos comunes de aspectos idiosincráticos.

La sexta es que, si bien la atención se centra principalmente en la percepción del estudiante, no se la desconecta de la experiencia de los profesores que comparten con ellos el encuentro pedagógico.

La séptima es su carácter exploratorio con una muestra de estudiantes con discapacidad que cursan carreras en la Universidad Nacional de Cuyo.

La octava es la idea de replicar la investigación en nuevas muestras, conservando los aspectos de base, poniendo especial cuidado en mantener los mismos criterios y procedimientos para la recolección de los datos y el tratamiento de la información. Esta particularidad permite validar los resultados (Ambrosi, 2008) y a la vez enriquecer el análisis con la incorporación de diferentes aristas del tema.

La última y principal es la incorporación de la autoevaluación del alumno en tanto aprendiz, formalizada en el constructo *autopercepción de competencia para aprender* (Morchio, 2007). El sentido de este constructo es recuperar la experiencia tanto de quienes aprenden fácilmente como de quienes consideran que lo hacen con alguna dificultad, distinguir lo que resulta *funcional* de lo que no lo es y volver con los resultados para ayudar al estudiante a tomar conciencia de sus procesos, analizarlos, regularlos y mejorarlos, para que se convierta, así, en agente de su conducta como aprendiz. Esto implica transferir el conocimiento construido en el plano de la investigación al plano de la aplicación, en procura de promover la autonomía y la mejora de la calidad del aprendizaje.

### Palabras finales

La experiencia en la interacción con estudiantes universitarios en el aula y en servicios de orientación educativa sugiere que un mayor o menor desarrollo de competencias básicas e instrumentales (lectura, producción escrita, cálculo), la concepción que el alumno tiene sobre lo que es aprender, los procesos y estrategias que emplea, las experiencias de elaboración del conocimiento (analizar, comparar, argumentar, reconocer perspectivas... ), las causas a las que atribuye los logros y dificultades, las características de personalidad del alumno y las *situaciones contextuales* de su vida se constituyen en posibles hipótesis para explicar la desproporción entre estudiantes que ingresan y alumnos que llegan al egreso.

La línea de investigación sobre a*prender en la universidad* hace su aporte a la función social de la Educación Superior respecto de la promoción de la capacidad de los estudiantes de gestionar sus propios aprendizajes, de asumir una autonomía creciente en su carrera académica, de desarrollar competencias y herramientas intelectuales, emocionales y sociales que les permitan continuar aprendiendo en el futuro.

El tema es relevante porque *aprender a aprender* incide no sólo en la permanencia en la carrera elegida, sino en el desempeño en *la sociedad del conocimiento*. Prepararse para ser un profesional competente en el siglo XXI requiere complementar los conocimientos en el campo de dominio con la competencia para seguir aprendiendo a lo largo de la vida (*long life learning)*. En una época de cambios vertiginosos, si sólo se transmitiera el conocimiento vigente, los egresados ingresarían a la profesión con la mirada en el pasado. Como complemento, se hace necesario, entonces, pensar en un modelo de enseñanza centrado en el aprendizaje (*learning-centered teaching,* Barr y Tagg, 1995; *process-orientad teaching,* Vermunt, 1995).

Frente a este desafío, consideramos que tomar en cuenta la experiencia del estudiante es fundamental para comprender el aprender en funcionamiento según la viven los protagonistas genuinos, y extraer de ella elementos para ayudar a quien quiere desarrollar competencias para aprender en contextos académicos.

Entonces, nuestro aporte a la mejora de la calidad de los aprendizajes en Educación Superior se formaliza en una propuesta que comienza en la experiencia de los protagonistas, se sustenta en procesos cognitivos y metacognitivos y tiene presente la interacción con mediadores sociales. Con esta estrategia se optimizan las condiciones para promover un estudiante autónomo, que durante el trayecto formativo tenga presentes los procesos que realiza y los resultados que obtiene, los analice y evalúe a la luz de sus logros y dificultades, advierta qué lo aproxima y qué lo aleja de sus metas, precise sobre qué tendría que centrar los esfuerzos, planifique cómo avanzar en esa dirección y, en este recorrido, desarrolle su competencia como aprendiz.

Si ser estratégico supone poner en funcionamiento, intencionalmente, los procesos más apropiados en función de las propias características -cognitivas, emocionales y sociales-, de un contexto, de determinados objetivos, de ciertos recursos..., no debería darse por supuesto que el estudiante, por el sólo hecho de ingresar a la universidad, se encuentra en condiciones de desempeñarse con autonomía y eficacia. Por ese motivo, el propósito que orienta nuestros esfuerzos es poner en valor las experiencias de alumnos y profesores para comprender mejor aspectos favorecedores y obstaculizadores del aprender en la universidad, y llegar a conclusiones con sustento empírico que aporten insumos para promover acciones de autorregulación, de mediación pedagógica y de orientación.

El desafío principal que enfrenta una educación proyectada al futuro es ayudar a los alumnos a *aprender a aprender*, esto significa asumir la trayectoria académica con autonomía y prepararse para seguir aprendiendo en el futuro. Por nuestra parte agregamos que, sin comprender el aprender en sus bemoles, sin reflexionar para proceder intencionalmente y con fundamento, puede suceder que un alumno, aun dedicando tiempo y esfuerzo al estudio, no logre metas acordes con su capacidad potencial; y que aun la mediación pedagógica mejor intencionada no resulte efectiva. En este sentido, los resultados de las investigaciones realizadas configuran un esquema coherente y sustentan la construcción de conocimiento sobre el aprender en estudiantes universitarios que se presenta en los capítulos de este libro.

# Capítulo 2
## Concepciones de aprender en alumnos universitarios de cinco carreras

*Ida Lucía Morchio*
*Analía Del Rio Bayarri*

## Introducción

La relevancia de estudiar las concepciones de aprender obedece, principalmente, a dos motivos. Uno es que a veces "usamos las mismas palabras pero no poseemos los mismos conceptos" (Bruner, 2001: 264). El otro es que las concepciones no constituyen ideas aisladas, sino verdaderas teorías implícitas y, en tanto tales, intervienen como organizadoras de las conductas y actitudes del individuo, representado en este capítulo por el alumno universitario. Subyacen a las acciones y/o estrategias que emplea el aprendiz en su esfuerzo para alcanzar las metas de aprendizaje (Säljö, 1979). En términos de Martínez Fernández (2004: 65), "el nivel operativo de las acciones o estrategias ('lo que se hace') viene precedido por un nivel de carácter teórico y epistemológico que filtra las creencias del sujeto acerca del aprendizaje ('lo que se dice sobre el aprendizaje' y 'lo que se dice que se hace')".

Entendemos por concepciones las representaciones mentales de una situación, persona o problema que tiene el sujeto. Tales representaciones combinan esquemas de conocimiento generales y conocimientos ligados a contextos y circunstancias particulares, en nuestro caso, académicos.

Cano (2005) presenta las *concepciones de aprendizaje* como construcciones que surgen del conocimiento y la experiencia y que se refieren a los modos en que los estudiantes experimentan, entienden y dan sentido al aprendizaje en general.

Constituyen uno de los cuatro componentes -junto con las estrategias de procesamiento, estrategias de regulación y orientación motivacional hacia el aprendizaje- del constructo patrón de aprendizaje de Vermunt (1998, 2005), que se caracteriza como la forma relativamente estable -aunque no inmutable- que emplea el estudiante cuando pone *en funcionamiento* el aprender.

Desde otra perspectiva, la concepción de aprendizaje se considera un elemento de la dimensión cognitiva de la autorregulación, y representa un marco de referencia y una guía epistémica de las actividades que realiza quien aprende (Marton, 1981; Martínez Fernández, 2000, 2004, 2009; Pozo y Scheuer, 1999; Säljö, 1979).

En el marco de la línea de investigación sobre *aprender en la universidad*, nos interesa *escuchar* qué entiende el estudiante universitario por "aprender" e interpretarlo a la luz de explicaciones teóricas vigentes (Martínez Fernández, 2007; Pozo y Scheuer, 1999; Säljö, 1979; Scheuer y Pozo, 2009).

Participan en la investigación tres cohortes de alumnos, de cinco carreras: Ciencias de la Educación, Ciencia Política, Trabajo Social y Medicina (de la Universidad Nacional de Cuyo, Argentina) y Pedagogía (de la Universidad Federal de Río de Janeiro, Brasil). Las dos primeras cohortes están integradas por estudiantes que cursan 2° año (tramo inicial) y la tercera, por alumnos que cursan el último año (tramo final) de las respectivas carreras.

Las concepciones en alumnos del tramo inicial se recabaron y analizaron en el marco de dos proyectos de investigación (Morchio [dir.], 2007-2009 y 2009-2011), avalados por la Secretaría de Ciencia, Técnica y Posgrado (SeCTyP).

Las concepciones en alumnos del tramo final se recabaron y analizaron en el contexto del proyecto 2011-2013

(Morchio [dir.]), también avalado por la SeCTyP, UNCuyo (cf. capítulo 1).

Los objetivos que se informan en el presente capítulo son: reconocer qué semejanzas y diferencias hay en lo que entienden por "aprender" los estudiantes que se encuentran en el tramo inicial y los que se encuentran en el tramo final de su carrera universitaria; y comparar las características distintivas (si las hubiere) en la concepción de aprender que sostienen alumnos de diferentes carreras.

En este sentido, se presume lo siguiente: 1) existen diferencias entre lo que entienden por "aprender" los alumnos que se encuentran al inicio y aquellos que se encuentran al final de la trayectoria universitaria; 2) quienes cursan diferentes carreras muestran en su concepción de aprender, características idiosincráticas del campo de dominio específico. Esto es, partimos del supuesto de que el desarrollo evolutivo y la experiencia académica inciden en lo que los estudiantes entienden por "aprender", lo que da lugar a diferencias entre tramos y entre carreras.

En la práctica, analizamos las producciones de 501 estudiantes, desde tres perspectivas: en general, por tramo y por carrera.

## 1. ¿Qué referentes teóricos específicos empleamos para el análisis de las concepciones?

Inicialmente tuvimos en cuenta los desarrollos de Marton y Säljö (1976) y Säljö (1979), quienes entrevistaron a estudiantes universitarios y les preguntaron qué entendían por aprender, y en función de las respuestas describieron seis categorías:
- *Incrementar el propio conocimiento*: aumento cuantitativo de conocimiento, adquisición de información.

- *Memorizar y reproducir*: retener y recordar información que puede ser reproducida en un momento posterior.
- *Adquirir, aplicar y utilizar*: apropiarse, adquirir información, habilidades, métodos, que pueden ser retenidos y empleados cuando sea necesario.
- *Comprender*: abstraer significados, comprender el sentido, establecer relaciones entre las partes o aspectos de un tema y entre éste y el mundo real.
- *Interpretar*: entender la realidad de un modo diferente; comprender el mundo a través de una resignificación y reestructuración.
- *Cambiar como persona*: desarrollarse.

Las tres primeras remiten a concepciones más centradas en la adición de información (de cambio cuantitativo), mientras que las otras hacen referencia al aprendizaje como transformación, tanto en el contenido como en la persona que aprende (aspectos cualitativos) (Cano, 2005).

En cada categoría, algunos aprendices pueden posicionarse congruentemente en el lado extrínseco y con necesidad de regulación externa; y otros pueden ser memorísticos, pero con incongruencia positiva mostrarían interés por aprender y serían hábiles en la autorregulación de su proceso de repetir (Martínez Fernández, en comunicación personal).

Este sistema de categorías, según estudios de Martínez Fernández (2004, 2009), muestra una solución empírica semejante a la estructura teórica de Pozo y Scheuer (1999) en tres categorías, que son las que tenemos en cuenta para nuestro análisis.

Las características distintivas de cada una de ellas pueden describirse en función de los componentes principales del sistema de aprendizaje (Pozo, 1996), de modo que las tres teorías se distinguen por los supuestos subyacentes y por el modo en que plantean:

- lo que se aprende (resultados o contenidos de aprendizaje);
- cómo se aprende (procesos implicados en esa adquisición);
- las condiciones prácticas en que tiene lugar ese aprendizaje (variables externas que influyen en él).[1]

Por su parte, Martínez Fernández (2009) recupera el planteo de Säljö (1979) acerca de la categorización de las concepciones de aprendizaje en dos polos: uno de corte reproductivo-cuantitativo de suma de informaciones, y el otro de corte constructivo-cualitativo de reflexión, construcción y cambio, con una categoría intermedia de procesamiento guiado. Así, se definen tres categorías: *directa* -reproducción pasiva y copia fiel de la información-, *interpretativa* -sujeto activo en el procesamiento de la información con orientación desde fuera y bajo concepciones de dominio general y estable, orientada a lograr una apropiación lo más fiel posible al contenido de aprendizaje-, y *constructiva* -de procesamiento activo en dominios y contextos específicos con apertura al cambio y el manejo de la incertidumbre-.

Las concepciones interactúan con los enfoques (Marton y Säljö, 1976; Schmeck 1988), de modo que el enfoque superficial se asocia frecuentemente con una concepción de aprender como incremento del conocimiento, mientras que el enfoque profundo se liga con la concepción de aprendizaje como búsqueda de significado. Estos enfoques no describen rasgos estables de los individuos sino modos en que el estudiante entiende y afronta el aprender, ambos condicionados por la interacción con el entorno de aprendizaje.

---

[1] El lector interesado en ampliar la descripción de las tres teorías encontrará información en Pozo y Monereo (1999), capítulo 4, "Las concepciones sobre el aprendizaje como teorías implícitas".

Si bien los enfoques de aprendizaje se presentan en teoría fuertemente relacionados con las concepciones de aprendizaje, estudios recientes incorporan factores contextuales al análisis de los modos de aprender. Por ejemplo, una buena propuesta pedagógica, objetivos claros y valoración de la autorregulación del alumno de parte del profesor, lleva a pensar que los estudiantes emplearán un enfoque profundo. Sin embargo, la situación es más compleja aun, pues también inciden elementos como el esfuerzo, la pericia de quien aprende, sus conocimientos previos, los aspectos particulares de la carrera y de la materia, entre otros.

La investigación que informamos tiene como referente próximo el estudio realizado por Martínez Fernández (2004), quien -a partir de una perspectiva teórica sustentada en desarrollos de Säljö (1979) y de Pozo y Scheuer (1999)- emplea un sistema que incluye tres categorías: *directa, interpretativa* y *constructiva*, y la comparación de concepciones de aprendizaje que sostienen estudiantes que se encuentran en el nivel inicial, con las de aquellos que se encuentran en el nivel intermedio y las de los que cursan el nivel final de la carrera de Psicología.

La concepción directa se caracteriza por establecer una causalidad lineal entre un contenido de aprendizaje y los resultados que se obtienen; la concepción interpretativa tiene en cuenta la actividad mental del aprendiz, es decir, los procesos entendidos como instancia mediacional entre las condiciones y los resultados; la concepción constructiva hace referencia a dichos procesos, pero asignándoles una función transformadora, de reestructuración, de interacción con contextos temporales y espaciales diversos.

La investigación de Martínez Fernández y la nuestra, si bien comparten el interés por comprender las concepciones de aprender en alumnos universitarios, difieren en otros sentidos. En la de Martínez Fernández (2007) participan 276 estudiantes de la Facultad de Psicología de la Universidad de

Barcelona, distribuidos según tres niveles: inicial (cursan el primer año de la carrera), intermedio (cursan el tercer año y han aprobado determinadas asignaturas) y final (culminan la carrera). Su objetivo es analizar la relación entre las concepciones de los estudiantes acerca del aprendizaje y el uso de las estrategias metacognitivas que ellos informan.

En nuestro estudio participan 501 estudiantes de cinco carreras diferentes, que cursan el 2° año (tramo inicial) o el último año (tramo final) de su trayectoria académica. El objetivo es indagar si es distinto lo que entienden cuando dicen "aprender" los alumnos de diferente tramo y de diferente carrera.

Sin perder de vista las diferencias, recuperamos su hipótesis de que a mayor nivel de estudios se hallará una aproximación más clara a la concepción constructivista del aprendizaje, y confrontamos sus resultados con los nuestros.

## 2. Puesta en marcha. El qué y el cómo estudiamos las concepciones de aprender

Como ya mencionamos, nuestra población está integrada por estudiantes universitarios del tramo inicial (2° año) y del tramo final (último año). Se seleccionan muestras no probabilísticas de 30 estudiantes de cada una de las carreras que se cursan en la UNCuyo (Mendoza, Argentina) -Ciencias de la Educación, Trabajo Social, Medicina y Ciencia Política- y de 60 estudiantes brasileños, que cursan la carrera de Pedagogía en la UFRJ.

El instrumento es el INCEAPU (Inventario de Concepciones y Experiencias de aprender en la universidad) (Morchio, 2007, 2014), que en la tercera consigna solicita al estudiante explicar en un párrafo: *¿qué es aprender para vos?*, de lo que resulta una producción escrita que constituye nuestro corpus.

En el análisis se emplea el término "categoría", tal como lo hacen Strauss y Corbin (1998), para significar la agrupación de conceptos en términos explicativos más genéricos. En primer lugar, tenemos en cuenta "categorías propias" (Bertely Busquets, 2000) -"códigos *in vivo*", en Glaser y Strauss (1967)-, y entendemos por tales las que proceden de conceptos descubiertos en los datos. Luego, con un movimiento recursivo, volvemos sobre la producción de los estudiantes -esta vez con la mirada de la bibliografía especializada de referencia- y tomamos el sistema de categorías de Pozo y Scheuer (1999) como "categorías teóricas o prestadas" (Bertely Busquets, 2000) -"códigos *in-vitro*", en Glasser y Strauss (1967)-. El proceso responde a las pautas del Método Comparativo Constante, y se comienza con una lectura pausada, minuciosa, profunda, de la producción del estudiante.

En la realización de la tarea, se conjuga nuestro bagaje teórico y la experiencia de interacción con alumnos universitarios en roles de docencia y de orientación educativa. En el ir y venir de los datos a la teoría, se combina una actitud de recepción empática -para comprender el mensaje implícito en las palabras con que el estudiante expresa "qué es aprender" para él/ella- y una apertura a las perspectivas desde las que se pueden establecer relaciones. Esta instancia puso en diálogo las categorías propias con las categorías teóricas de Pozo y Scheuer (1999), y mostró resultados en nuestra población que, en un sentido, corroboran dicho sistema de categorías y, en otro, dejan a la vista aspectos locales que esbozan nuevas líneas posibles para repensar dicho sistema.

En los apartados siguientes, primero, describimos qué entienden por "aprender" los alumnos de las cinco carreras en estudio, considerando las categorías propias al interior de cada una de ellas y señalando las diferencias entre quienes se encuentran al inicio y quienes se encuentran al final de la trayectoria académica. Luego, volvemos sobre las producciones de los estudiantes, pero esta vez analizamos las concepciones de aprender en función de las categorías teóricas específicas.

## 3. Resultados. ¿A qué se refieren los alumnos cuando dicen "aprender"?

Con el propósito de comprender las concepciones según las palabras de los estudiantes, comenzamos el análisis en las expresiones que más se reiteran y que pueden considerarse representativas de diferentes carreras y tramos. Constituyen las categorías propias y locales porque se contextualizan en cada carrera en particular, no se analizan desde supuestos teóricos previos, ya que se trata de la instancia descriptiva del análisis de contenido.

### 3.1. Análisis descriptivo de las concepciones propias según tramo dentro de cada carrera

Como anticipamos, nuestro objetivo es indagar si difieren (o no) las concepciones de aprender que sostienen los alumnos que se encuentran en diferentes tramos de la trayectoria universitaria, teniendo presente la carrera que cursan.

En una aproximación de conjunto, en las producciones de las cinco carreras, los verbos que más se reiteran son: conocer, saber, comprender, entender, asimilar, incorporar, interpretar, relacionar y adquirir conocimientos. Otros aspectos en común son referirse al aprender como proceso y a la relación entre conocimientos previos y nuevos.

Desde esta perspectiva general, los términos y conceptos más empleados coinciden, aunque en el tramo final forman parte de producciones más elaboradas. De modo que si se tienen en cuenta sólo los términos que más se reiteran, las diferencias entre tramos resultan poco claras; sin embargo, al interior de cada carrera se advierten elementos interesantes, que nos motivaron a describir qué entienden por "aprender" los alumnos de cada una de las carreras en estudio, considerando las diferencias por tramo.

### 3.1.1. Trabajo Social

En esta carrera predominan dos tipos de respuestas, unas referidas a adquirir nuevos conocimientos y otras, al aprender en tanto proceso interno que realiza el sujeto. El papel activo del alumno en la construcción del aprendizaje subyace a la mayoría de las producciones, como así también la relación entre teoría y práctica.

Se muestra insistentemente el sentido funcional o de utilidad de lo que se aprende, es decir que se prevé que el nuevo conocimiento será necesario para instancias futuras de vida personal y profesional.

En el análisis comparativo de las concepciones de aprender de los alumnos del tramo inicial y del tramo final, la idea de proceso de adquisición de conocimientos y contenidos se reitera en ambos. Tienen a su vez una visión contextuada de las acciones de aprendizaje y su funcionalidad:

*"Aprender es adquirir conocimientos de diferentes formas, como el leer, y en diferentes instituciones, como la familia, escuela"*[2] (Caso 78-1° coh-TS).[3]

---

[2] En este capítulo, la palabra del entrevistado/a se consigna entre comillas y en letra itálica.

[3] Para identificar cada caso se incluye una referencia compuesta por tres elementos: el número de caso (ej. Caso 78), la cohorte a la que pertenece, lo cual permite reconocer si corresponde al tramo inicial (1° y 2° coh) o final (3° coh), y las iniciales de la carrera que cursa el estudiante: (TS) Trabajo Social, (M) Medicina, (CP) Ciencia Política, (CE) Ciencias de la Educación y (P) Pedagogía.

Respecto de esta última, tiene mayor presencia en los alumnos que se encuentran en el *tramo final* de la carrera, ya que están más próximos a la transferencia de los conocimientos en su ejercicio profesional:

> *"Es incorporar un conocimiento determinado a fin de poder manejarlo y darle utilidad en la práctica concreta"* (Caso 1-3° coh-TS).

En el *tramo inicial*, gran parte del grupo describe el aprender como un proceso de recepción que supone incremento por la incorporación de conocimientos o saberes, con algunas referencias a elementos por los que se aprende y a ámbitos de educación formal:

> *"Aprender es poder recopilar datos, información que nos llega a través de libros, maestros, profesores, medios, etc. Es la adquisición de conocimientos preestablecidos"* (Caso 64-1° coh-TS).

Aparecen a su vez esbozos de proyecciones a futuro de la utilidad de ese conocimiento en la vida y en el desarrollo profesional, pero esto sucede en pocos casos:

> *"Aprender es un desarrollo que se da día a día. Es conocer e interpretar, es un conocimiento que debe quedar para toda la vida, nos debe servir para desarrollarnos en la vida"* (Caso 84-1° coh-TS).

### *3.1.2. Medicina*

En los alumnos de esta carrera, prevalece la necesidad de asimilación de los conocimientos nuevos y la acomodación en relación con los conocimientos previos. Esto da a entender que el rol de los alumnos en el aprendizaje es activo.

Las palabras más empleadas por quienes cursan 2° año -*tramo inicial*- para referirse al aprender son adquirir, incorporar y utilizar:

> *"Aprender es la acción de incorporar un conocimiento a través de la observación, examinación, lectura y práctica al punto de ser capaz de enseñarlo y llevarlo a cabo de una manera personalizada"* (Caso 100-1° coh-M).

> *"Aprender es adquirir conocimientos al nivel de luego poder aplicarlos a situaciones específicas, completar esos conocimientos y/o modificarlos"* (Caso 105-1° coh-M).

> *"Aprender es incorporar nuevos conocimientos a la vida diaria, de ser posible, o saber utilizar nuevos conceptos en el momento adecuado. Internalizar el conocimiento"* (Caso 106-1° coh-M).

En el *tramo final* se menciona -con más frecuencia que en las demás carreras en estudio- el término "aplicar", en algunos casos con respecto a un ámbito concreto y en otros a la vida en general:

> *"Aprender es adquirir conocimientos de algo que debe entenderse y luego puede ser explicado y aplicado"* (Caso 98-2° coh-M).

> *"Es tomar conocimiento sobre ciertos hechos y poder aplicarlos"* (Caso 5-2° coh-M).

### 3.1.3. Ciencias de la Educación

Los alumnos de Ciencias de la Educación conciben el aprender, sobre todo, como asimilar conceptos -relacionándolos con los ya conocidos- y poder usarlos en próximas oportunidades. En consonancia con las otras carreras, los términos que más se reiteran son: asimilar, captar, incorporar, adquirir, comprender. Se tienen en cuenta los procesos que realiza quien aprende, algunos de ellos contemplados también en otras carreras -comprender, afianzar, memorizar, evocar, analizar, recordar, aplicar, construir, incorporar- y otros distintivos de ésta, tales como transferir, reestructurar. Son más frecuentes que en las demás carreras las referencias a la motivación, la significatividad, la autorrealización, la voluntad y la práctica.

La mayoría de las producciones en *ambos tramos* incluyen referencias a procesos mediacionales de quien aprende -tales como reflexión, establecimiento de relaciones-, al avance en complejidad y al progreso como reestructuración del conocimiento, como "*construcción de tu forma de ver el mundo*". El estudiante se asume en un rol activo, que a través del aprender avanza en su desarrollo.

En el tramo final se incluyen además -aunque en pocos casos- el cuestionar y el asumir postura crítica para resignificar lo aprendido.

Algunas características idiosincráticas de Ciencias de la Educación se encuentran en ambos tramos. Una de ellas es concebir el aprender como un proceso complejo y diferente en cada persona, que supone razonar y permite apropiarse de nuevos saberes, relacionarlos con conocimientos previos, integrarlos y reestructurar "*nuestra mente*" y "*nuestra vida diaria*".

El énfasis está en el plano individual y se reitera que la función del aprender es contribuir al desarrollo personal, al crecimiento, al progreso de quien aprende:

> "*Aprender es tener la capacidad, el esfuerzo, el interés por cultivar nuestros conocimientos. Por tratar de ser mejores para desarrollarnos mejor en una sociedad cada vez más exigente*" (Caso 21-1° coh-CE).

En cambio, son pocas y muy generales las referencias a la proyección social -gestionar cambios, aplicar de algún modo lo que se aprende, transformar el contexto donde se actúa-, sobre todo en comparación con las otras carreras, en particular, Ciencia Política y Trabajo Social.

Otro elemento distintivo es que unos pocos estudiantes de Ciencias de la Educación plantean el aprender en su potencialidad transformadora:

> *"Es a través del aprendizaje como debiera lograrse el progreso y desarrollo personal y social, tanto en la ciencia como en la calidad de vida de todos los seres humanos"* (Caso 2-1° coh-CE).

En esto difieren de la mayoría de las conceptualizaciones, que remiten al aprender como proceso que realiza quien aprende.

### 3.1.4. Ciencia Política

Los términos más empleados coinciden con los de otras carreras: comprender, entender, estudiar, relacionar, aplicar los conocimientos.

En el *tramo inicial* son frecuentes las expresiones vinculadas con la adquisición, interiorización y apropiación de nuevos saberes:

> *"Aprender es un proceso por medio del cual la persona se apropia de nuevos saberes, reconstruyendo los esquemas conceptuales que ya posee y reorganizándolos a través de esa apropiación"* (Caso 2-1° coh-CP).

Aprender pone en relación, por un lado, la incorporación de conocimientos, conceptos, temas y, por otro, el empleo de lo aprendido -en las instituciones educativas o en la vida cotidiana- para comprender la realidad y adoptar una mirada crítica con respecto a ella.

En el *tramo final*, junto con algunas expresiones comunes a todas las carreras -analizar, comprender, conocer, saber, relacionar-, se emplean otras particulares del estudiante que está próximo a finalizar, entre ellas, cuestionar, comparar, conocer las variables de un tema, relacionar con otros saberes, con la vida práctica y con el contexto, comprender críticamente, adoptar una postura personal, explicar dando fundamentos y argumentos válidos, debatir, dar nuevas ideas, difundir, transferir, evaluar el grado de aplicación. Asimismo, se considera la proyección del aprender en acciones para cambiar o solucionar algo:

> *"Es un proceso tanto cognitivo como social, por el cual incorporamos conocimientos, valores, normas y las hacemos propias para desenvolvernos en la vida"* (Caso 17-3° coh-CP).
>
> *"Proceso a través del cual se toma conocimiento de la realidad para transformarla"* (Caso 25-3° coh-CP).

En definitiva, la diferencia entre tramos se muestra con más claridad en Ciencia Política que en las otras carreras en estudio.

Algunas características locales de esta carrera se muestran en *ambos tramos*. Una de ellas es la interacción, entendida como vía para aprender y vinculada, en el tramo inicial, con la interiorización y, en el final, con la confrontación de vertientes o perspectivas:

> *"Aprender es la interiorización de distintas características, aspectos, etc., por medio de la interacción con otros y con el material que uno posee, por medio del lenguaje exteriorizamos ideas de este proceso complejo que es diferente en cada individuo"* (Caso 7-1° coh-CP).

Otra es la referencia a la cultura -como ámbito en que la persona se desarrolla-, al progreso, al tiempo, a la existencia de diferentes vertientes, a una necesaria mirada crítica.

Asimismo en ambos tramos se alude a la proyección del aprender, pero en el tramo inicial se concreta en el plano personal, puesto que el aprender permite *"crecer intelectual y afectivamente"*, *"evolucionar"*, transferir, llevar los conocimientos a la práctica, aplicarlos a diferentes ámbitos. En cambio, en el tramo final se liga con un plano social expresado como desarrollarse mejor "en la sociedad/ en la vida" y progresar:

> *"Es la adquisición de conocimientos necesarios que me permiten desenvolverme en la vida diaria y alcanzar un desarrollo integral de mi persona como sujeto autónomo, crítico y creativo"* (Caso 29-3° coh-CP).

### 3.1.5. Pedagogía

En las concepciones de los alumnos de Pedagogía -que representan en este estudio a la Universidad Federal de Río de Janeiro-, se reiteran algunos términos que coinciden con los empleados por estudiantes argentinos, entre ellos: asimilar, absorber, captar, adquirir, entender, comprender, analizar -conocimientos, contenido, información, experiencia-, concentrar, escuchar, leer, asociar, identificar, relacionar conocimientos previos y nuevos, comunicar. Otros son característicos de esta carrera, por ejemplo, dominar, reaprender, expresarse, madurar, modelar, cuestionar, vivenciar, reflejar, contextualizar, investigar. En ambos tramos, pero sobre todo en el último, se hace referencia a la interacción como ámbito en el que se aprende.

Para los estudiantes de esta carrera, aprender supone *"reaprender aquello que siempre se supo", "un cambio a partir de lo que ya se sabe", "una forma de desarrollo", "un cambio interior", "tomar algo con sentido para sí", "un proceso continuo de identificación"*. Se emplean expresiones que podrían considerarse menos formales, por ejemplo, *"separar lo desconocido y tener voluntad de dominarlo", "superar sus desafíos", "desarrollar una idea, un estado interior"*.

Enseñar y aprender se presentan íntimamente relacionados y con frecuencia ligados con el desarrollo personal:

> *"Aprender es crecer, volverse una persona conocedora de asuntos válidos para la vida y con eso ser capaz de enseñar a aquellos que están aprendiendo"* (Caso 25-3° coh-P).

A diferencia de las otras cuatro carreras, el aprender se concreta en diferentes ámbitos. Los contextos en los que se adquieren aprendizajes incluyen las instituciones de educación formal (escuela, universidad) y las situaciones no formales, en las que se aprende a través del conversar, el cine o la televisión. Asimismo, se contemplan diferentes vías, espacios y tiempos para aprender, los cuales remiten a actividades variadas, innovadoras, que se realizan en diferentes ámbitos, *"dentro o fuera de la sala de aula [...] aprender es constante en nuestras vidas..."*; *"en la interacción, no necesariamente de alumno-profesor"*:

> *"Aprendemos todos los días algo diferente, dentro o fuera de la sala de aulas"* (Caso 30-1° coh-P).

En *ambos tramos* -con mayor énfasis en el tramo final-, se aprende en la vida, en la interacción, *"aprender es ampliamente vivir [...] para sobrevivir y perpetuar"*, *"es un acto de mucha importancia, como también un estado de espíritu"*, *"cuando se está aprendiendo, todo a su alrededor gana un nuevo significado"*. Podría decirse que se identifica el aprender con el vivir, puesto que:

> *"Aprender es estar abierto a nuevas experiencias* (Caso 144-2° coh-P).

De la vinculación entre aprender y el vivir resultan transformaciones en quien aprende:

> *"El aprender es intrínseco a la vida. Podemos aprender diariamente, basta que estemos atentos a los nuevos actos y a lo que ocurre a nuestro alrededor. Aprendemos con el error, con el intercambio con el otro, en la lectura del periódico. Nuestro cotidiano está lleno de nuevos saberes"* (Caso 30-3° coh-P).

Otra característica local o idiosincrática es que se tienen en cuenta elementos cognitivos, emocionales y sociales:

> *"Aprender me deja feliz. Cuando algo me interesa paso días pensando sobre aquello. Leo, investigo, converso. Aprendo con mi cuerpo, vivo lo que aprendo y aprendo lo que vivo. Para mí, aprender no es sólo objetividad, aprender es construcción entre la subjetividad y la objetividad"* (Caso 39-3° coh-P).

> *"Para mí, aprendemos lo que nos transmite sentido. Aprendemos lo que nos trae placer, lo que observamos cotidianamente"* (Caso 41-3° coh-P).

No se observan en esta carrera alusiones a lo que hemos denominado *sentido funcional*, puesto que sólo un caso menciona el resolver problemas. En contraste, se observa un sutil empleo de la analogía:

> *"Imagine un escurridor de fideos. Imagine ahora una olla con agua hirviendo. Coloque el fideo (contenido) en la olla (alumno). Escurra el fideo y lo que quede en el escurridor es lo que fue aprendido. Todo lo que no quede es lo que fue desperdiciado"* (Caso 2-3° coh-P).

### 3.2. Síntesis de convergencias y divergencias entre carreras según las categorías propias

A partir de la comparación de la concepción de aprender que sostienen alumnos que cursan diferentes carreras, se encuentran elementos comunes, junto a otros idiosincráticos que sugieren aspectos particulares del conocimiento y de la proyección profesional en diferentes campos de dominio.

En Trabajo Social se asocia el aprendizaje con la adquisición de conocimientos directamente implicados en la modificación de estructuras anteriores y en la utilidad de dicho aprendizaje en el ejercicio profesional.

En Ciencias de la Educación y en Pedagogía predominan las referencias al proceso mismo y a la repercusión que éste tiene en el desarrollo de quien aprende.

En Ciencia Política se menciona, con más frecuencia que en las demás carreras, la existencia de vertientes y diferentes perspectivas frente a una situación, con consecuentes miradas críticas. También se reiteran alusiones a la cultura, al aportar y al transformar.

En Medicina resultan distintivas las referencias al conocer y saber vinculado con aplicar en variadas situaciones, resolver problemas, enfrentar experiencias de diferente índole.

En Pedagogía el proceso mismo de aprender se plantea en términos vivenciales, y ocupa un lugar destacado la interacción en distintos ámbitos.

En Ciencias de la Educación -principalmente-, aunque también en Pedagogía, el sentido del aprender es contribuir al desarrollo personal de quien aprende, mientras que en Trabajo Social y Ciencia Política el sentido es la transformación y la mejora del conjunto social.

En Ciencias de la Educación, Ciencia Política y Trabajo Social tiene más presencia que en las otras dos carreras la idea de conocer y saber, con referencias explícitas a los procesos que realiza el alumno para lograrlo. Esta situación adquiere connotaciones especiales puesto que se expresa mediante el uso de un lenguaje de corte académico, con términos que se identifican con enfoques teóricos particulares de cada carrera y campo del saber. Por ejemplo, en Trabajo Social, la relación entre la adquisición de conocimientos, la superación personal y el logro de un capital cultural como condiciones de la emancipación; en Ciencias de la Educación, un proceso de modificación de conducta con sentido de supervivencia; en Ciencia Política, una vía para el progreso personal y social:

> *"Adquirir conocimientos nos ayuda como personas a superarnos, a lograr un crecimiento intelectual, un capital cultural que nos permite lograr la emancipación"* (Caso 23-3° coh-TS).

> *"Aprender es un proceso interno de modificación de la conducta de un individuo, que produce en él cambios relativamente estables y le permite adaptarse al medio"* (Caso 13-1° coh-CE).

> *"Es a través del aprendizaje como debiera lograrse el progreso y desarrollo personal y social, tanto en la ciencia como en la calidad de vida de todos los seres humanos"* (Caso N° 33-1° coh-CP).

La incorporación en el concepto personal de "aprender" de elementos que remiten a desarrollos teóricos de enfoques específicos sucede en ambos tramos, aunque con mayor frecuencia en el tramo inicial, lo cual lleva a pensar que gradualmente el alumno toma distancia del contenido en los términos de autor de una bibliografía y lo asimila a partir de su propia reestructuración del conocimiento.

En Ciencias de la Educación y en Pedagogía se asigna un papel considerable a la dedicación, el esfuerzo, la voluntad, y se incluye una dimensión temporal, representada por planteos tales como *"el aprender es un camino que nunca termina"*, que *"permite la mejora, el perfeccionamiento de quien aprende"*. Asimismo, se tienen en cuenta la enseñanza, el docente, el planteo educativo en el ámbito de la universidad, en mayor proporción que en las otras tres carreras en estudio, lo cual es de algún modo esperado.

En cuanto al sentido funcional del aprender, en Ciencia Política y en Trabajo Social predomina la proyección a la mejora en el plano social; en Medicina, al abordaje y solución de problemas; en Ciencias de la Educación y en Pedagogía, al desarrollo personal, y como distintivo de Pedagogía, aprender es vivir, sin prever una funcionalidad.

Si bien las diferencias señaladas nos aproximan a los patrones identificados por Vermunt (1998) –dirigido al significado, dirigido a la reproducción, dirigido a la aplicación y no dirigido–, tenemos presente que nuestros resultados se refieren sólo a uno de sus componentes: las concepciones. Ello limita posibles inferencias respecto del modo de poner en obra el aprender, puesto que éste se organiza en función de la interacción entre los cuatro componentes (estrategias de procesamiento y de regulación, modelos mentales y orientaciones de aprendizaje).

### 3.3. Análisis por carrera a la luz de las categorías teóricas

En este apartado recuperamos el esquema de categorías teóricas (Martínez Fernández, 2007, 2009; Pozo y Scheuer, 1999) y, en un giro recursivo, volvemos a las producciones de los alumnos para reconocer las que responden a una concepción directa, interpretativa y constructiva.

*3.3.1. Trabajo Social*

En Trabajo Social, en el *tramo inicial* se observa una tendencia a definir el aprender en función de los contenidos, con pocas referencias a los procesos internos que realiza quien aprende, lo cual sugiere un "salto" desde la adquisición al desarrollo como persona:

> *"Aprender es adquirir conocimientos, ir desarrollándonos como persona a través del aprendizaje"* (Caso 62-1° coh-TS).

> *"Aprender significa comprender todo aquello que nos enseñan, no significa solamente entender sino poder expresar todo aquello"* (Caso 69-1° coh-TS).

> *"Aprender es adquirir nuevos conocimientos, comprendiéndolos para luego poder utilizarlos en la vida"* (Caso 68-1° coh-TS).

> *"Aprender es adquirir conocimientos y poderlos relacionar para poder comunicarme con la sociedad"* (Caso 63-1° coh-TS).

En el *tramo final* las respuestas tienden a una polarización entre la mirada constructiva y la mirada directa, y llama la atención la escasa presencia de la mirada interpretativa.

En la categoría directa, las producciones se caracterizan por una concepción de aprendizaje de tipo memorístico, asociativo, reproductivo o cuantitativo:

> *"Aprender para mí es adquirir conocimientos, etc. Es lo que le permite a una persona conocer, entender mejor las cosas"* (Caso 24-3° coh-TS).

> *"Aprender es la adquisición de conocimientos y/o actividades"* (Caso 16-3° coh-TS).

> *"Es adquirir conocimientos y/o capacidades durante el desarrollo de nuestra vida"* (Caso 15- 3° coh-TS).

En cambio, en la categoría constructiva, las producciones se aproximan al aprendizaje como proceso reflexivo, profundo, cualitativo, de estructuración, reestructuración y crecimiento personal:

> *"Es el proceso por el cual una persona adquiere o pone en crisis ciertos conocimientos. El proceso nunca es lineal y es poder ponerlo en práctica y de ahí volver a la teoría. Sin poner con anterioridad ni la práctica ni la teoría"* (Caso 4-3° coh-TS).

> *"Aprender es incorporar conocimientos que te permiten reflexionar, relacionar, crecer como persona"* (Caso 2-3° coh-TS).

Según nuestros resultados, gran parte del grupo considera el aprender como un proceso lineal de incremento e incorporación de conocimientos o saberes (categoría directa), con correspondencia entre los datos y los resultados. La otra parte del grupo -más reducida- lo presenta como un proceso de construcción constante que implica un crecimiento interno y procesos reconstructivos, y de este modo apunta a una función transformadora de lo que se aprende y de quien aprende.

### 3.3.2. Medicina

Según el análisis a la luz de las categorías teóricas específicas, se manifiestan indicadores de las tres categorías. Se reitera la necesidad de aplicar el conocimiento a diversas situaciones vividas en la cotidianeidad, lo cual puede estar estrechamente relacionado con las características propias de la carrera. Tiene fuerte presencia la categoría interpretativa, que plantea la actividad del aprendiz como un proceso mediador crucial entre las condiciones y los resultados (Pozo y Scheuer, 1999), aunque en algunos casos se reúnen, en una misma definición, factores relacionados con la adquisición de nuevos conocimientos y referencias al empleo de éstos en contextos diferentes o a la utilidad de los aprendizajes para el desarrollo profesional.

Cuando en una misma producción se conjugan elementos representativos de una mirada directa y de una interpretativa, o de una interpretativa y una constructiva, se dificulta la adscripción a una categoría determinada. Esto sugiere la posibilidad de que las categorías sean superadoras unas de otras, o de una codominación de concepciones, ya que aun en las concepciones constructivas aparecen referencias a la apropiación *"fiel"* de un contenido de aprendizaje como instancia inicial, que se constituye en soporte para procesos ulteriores más complejos, como resolución de problemas, elaboración de miradas críticas, etc.:

> *"Aprender es el acto de [sic] un tema dado, analizarlo, verlo, entenderlo, relacionarlo, memorizarlo con el fin de poder manejarlo bien, poder llegar a explicárselo a otras personas y, si es algo práctico, se necesita repetir la acción y ver la manera en que se hace con el fin de hacerlo en la manera correcta"* (Caso 99-1° coh-M).

En el *tramo inicial* se visualiza -al igual que en Trabajo Social- una tendencia a definir el aprendizaje en función de los contenidos que se aprenden, mirada afín con la concepción directa:

> *"Aprender es leer un tema, asociarlo a la realidad, entenderlo, escribir un resumen y estudiarlo"* (Caso 93-1° coh-M).

En la categoría interpretativa, las producciones hacen referencia a los procesos implicados en la elaboración y retención, para aplicar lo que se aprende, pero sin tener en cuenta reestructuraciones y nuevas construcciones:

> *"Aprender es tomar conocimientos nuevos y utilizarlos en la práctica cotidiana o como base para entender los diferentes fenómenos (físicos, químicos, biológicos, metafísicos)"* (Caso 94-1° coh-M).

> *"Aprender es la acción de incorporar un conocimiento a través de la observación, examinación, lectura y práctica al punto*

*de ser capaz de enseñarlo y llevarlo a cabo de una manera personalizada"* (Caso 100-1° coh- M).

En cambio, otras producciones comienzan en la adquisición, avanzan hacia la aplicación y llegan a la transformación que sugiere una categoría constructiva:

> *"Aprender es adquirir conocimientos al nivel de luego poder aplicarlos a situaciones específicas, completar esos conocimientos y/o modificarlos"* (Caso 105-1° coh-M).

En el *tramo final* se encuentran, en proporciones casi equivalentes, producciones que reflejan concepciones de los tres tipos, directa, interpretativa y constructiva:

> *"Es incorporar conocimientos y experiencias que me permiten asociar, resolver, debatir, etc."* (Caso 53-3° coh-M).

> *"Es incorporar nuevos conocimientos y relacionarlos con los ya adquiridos para poder utilizarlos cuando las circunstancias lo requieran"* (Caso 48-3° coh-M).

> *"Es un proceso mediante el cual adquirimos nuevos conocimientos a partir de los cuales desarrollamos determinadas capacidades para ejercerlos y para resolver problemas a partir de la relación con conocimientos aprendidos previamente"* (Caso 52-3° coh- M).

### 3.3.3. Ciencias de la Educación

Desde las categorías teóricas, en los dos tramos se encuentran producciones que remiten a concepciones directas, interpretativas y constructivas.

La categoría directa está presente en ambos tramos, pero en mayor proporción en el inicial que en el final:

> *"Aprender es un método para tomar conocimientos haciéndolos propios para así poder relacionarlos con otros conocimientos y poder hacer con ellos aplicaciones futuras tanto en la vida profesional como en la vida cotidiana, y de esta forma aumentar la calidad de mi pensamiento"* (Caso 27-1°coh-CE).

> *"Aprender es conocer acerca de alguna temática formal o no formal, a partir de esto asimilar esta información"* (Caso 15-3° coh-CE).

En el *tramo inicial* se emplea, con más frecuencia que en el final, la expresión "adquirir conocimientos", sin explicitar los procesos implicados, por lo cual queda la duda si se trata de una vía memorística -lo que equivaldría a una concepción directa- o una construcción cognitiva, que remitiría a una concepción interpretativa:

> *"Aprender es el proceso mediante el cual adquirimos conocimientos que nos nutren permitiendo una promoción y una mejor comprensión del mundo que nos rodea"* (Caso 6-1° coh-CE).

> *"Aprender es un proceso en el cual la persona adquiere conocimientos que utiliza para manejarse en la realidad en la cual está inmerso [...] es necesario para poder comprender todo aquello que te rodea"* (Caso 7-1° coh-CE).

Otras producciones se ubican en una categoría interpretativa, y hacen referencia a los procesos internos que realiza quien aprende:

> *"Aprender es un proceso de interiorización, cognitivo, mediante el cual pongo en funcionamiento la atención, comprensión y memorización para luego volcar lo aprendido y relacionarlo con nuevos conocimientos o a otras situaciones"* (Caso 23-1° coh-CE).

> *"Es un proceso de construcción de conocimiento, realizado por un alumno cuya participación es activa, en articulación con la propuesta del docente, considerando los conocimientos previos del alumno y el marco contextual del mismo"* (Caso 2-3° coh-CE).

> *"Aprender es lograr que el alumno aprehenda el conocimiento mediante las experiencias, relación, pudiendo ejemplificar y transferir a la vida real y cotidiana"* (Caso 20-3° coh-CE).

En el *tramo final* son más frecuentes que en el inicial las referencias a *cuestionar* y el *asumir postura crítica* para *resignificar lo aprendido,* que se corresponden con una concepción constructiva:

> *"Es un proceso de apropiación y construcción de conocimientos que implica una modificación de las estructuras cognoscitivas por medio de diversas experiencias y situaciones conflictivas en las que se ponen en juego las habilidades y capacidades personales para resolver dichas situaciones"* (Caso 1-3° coh-CE).

> *"Es la posibilidad de enriquecerse, de analizar, fundamentar y descubrir. Es la capacidad de modificarnos y cuestionarnos en relación con el medio. La oportunidad de crecer y repreguntarnos lo vivido y construido"* (Caso 4-3° coh-CE).

En síntesis, es mayor la proporción de alumnos del tramo inicial que del final que entienden el aprender en los términos de la categoría directa. Con respecto a las concepciones que remiten a una categoría interpretativa, hay un leve predominio en el tramo inicial respecto del final. La diferencia más clara entre tramos se observa en la categoría constructiva, con predominio en el final de producciones que hacen referencia a instancias de transformación e innovación.

### 3.3.4. Ciencia Política

En ambos tramos se reiteran términos como incorporar, captar, adquirir, comprender, retener -que sugieren una categoría directa-, y se emplean con mayor frecuencia que en las demás carreras referencias a la sociedad y a la cultura. Junto con los aspectos comunes, se advierten diferencias entre tramos que es interesante analizar.

En el *tramo inicial* prevalece la perspectiva personal -puesto que el aprender permite crecer intelectual y afectivamente, evolucionar, llevar a la práctica, aplicar los conocimientos en diferentes ámbitos-, pero no se pierde de vista el contexto:

*"Aprender es el proceso mediante el cual adquirimos conocimientos que nos nutren permitiendo una promoción y una mejor comprensión del mundo que nos rodea"* (Caso 36-1° coh-CP).

*"Aprender implica captar conocimientos de todo tipo [para] ayudar a tu percepción y tu forma de ver el mundo. Con el objetivo fundamental de tu desarrollo personal y en pos de una sociedad mejor"* (Caso 32-1° coh-CP).

En el *tramo final* la asimilación va seguida -en varios casos- por la atención a diferentes perspectivas, la actitud crítica, la explicación fundada, el debate, la consideración de variables del contexto, que remiten a una categoría interpretativa:

*"Aprender es comprender lo que se lee o se escucha, criticando (para bien o para mal) desde una postura personal, con argumentos válidos, científicamente, respetando las diferencias"* (Caso 5-3° coh-CP).

Otra característica del tramo es la mención de una dimensión de futuro, tanto en el ejercicio profesional como en la resolución de problemas y el aporte de ideas. Tales connotaciones nos llevan a ubicar estas producciones en la categoría constructiva, a pesar de que comienzan con términos que podrían tomarse como indicadores de una categoría directa:

*"Aprender es cuando puedo conocer un tema, entenderlo, conocerlo en todas sus características, variables, su contexto, y además lograr explicarlo dando fundamentos y ejemplos, así como debatirlo y usar ese aprendizaje para resolver situaciones o problemas o dar ideas nuevas con respecto a él."* (Caso 18-3° coh-CP).

Al igual que en el otro tramo, el aprender connota una dimensión individual y social, pero aquí se plantea desde una mirada más "profunda":

*"Es adquirir conocimientos de diversas temáticas que ayudan a nuestro crecimiento a nivel académico, profesional y cultural"* (Caso 28-3° coh-CP).

En común con otras carreras el aprender adquiere un sentido funcional, para desenvolverse en la vida, para poner en práctica los conocimientos en la resolución de problemas, lo cual remite a categorías interpretativas y constructivas:

*"Es aquella acción orientada a conocer el mundo en el cual vivimos, sus problemas, fenómenos y variables. Es estimulada por la curiosidad y el deseo de progresar"* (Caso 11-3° coh-CP).

Tan importante es el aprender para las personas y los grupos que puede entenderse como la vía que encuentra el individuo para constituirse en la sociedad:

*"Aprender es una acción por la cual una persona o grupo interioriza conocimientos, valores, creencias, costumbres para desempeñarse en sociedad y constituirse en la misma"* (Caso 13-3° coh-CP).

En síntesis, es casi equivalente la presencia de la concepción directa en alumnos que cursan los años iniciales y en los que cursan los años finales de la carrera. Con respecto a las concepciones interpretativas, también están presentes en ambos tramos, aunque en menor proporción que las anteriores. Lo que llama la atención en esta carrera es que la proporción de estudiantes que entienden el aprender desde una concepción constructiva es semejante en el tramo inicial y en el final, a diferencia de lo que sucede en Ciencias de la Educación y en Pedagogía.

### 3.3.5. Pedagogía

En estudiantes de ambos tramos las concepciones de aprender remiten a las tres categorías, aunque con predominio de la directa; no obstante, como sucede en otras carreras, se advierten características que distinguen entre estudiantes que se encuentran en los primeros y en los últimos años.

Las concepciones que giran en torno de la adquisición de conocimientos (categoría directa) se encuentran en ambos tramos. En el *tramo inicial*, la "adquisición", "el contacto con el saber" tiene lugar en diferentes ámbitos y en interacción con otras personas:

> *"Aprender es cuando entro en contacto con un saber o un individuo, a través del cambio con un medio físico o social, adquirir una comprensión de un saber que se utiliza como tal"* (Caso 124-1° coh-P).

> *"Aprender es adquirir conocimientos sobre asuntos diversos, a través de la exposición, cambio, debate de ideas entre profesores y alumnos a figuras equivalentes"* (Caso 131-1° coh-P).

En el *tramo final*, también se encuentran producciones que plantean el aprender en términos de recepción y en el espacio de interacción social, característica distintiva de esta carrera:

> *"Aprender es un intercambio de conocimientos sobre el mundo y sus objetos, que ocurre entre dos o más individuos"* (Caso 8-3° coh-P).

> *"Aprender es conocer y apropiarse de ideas, conceptos, etc., a través de la comunicación con la gente"* (Caso 17-3° coh-P).

Las concepciones que tienen a la base una mirada de aprender de tipo interpretativo mencionan los procesos implicados, mediados por el encuentro interpersonal.

En el *tramo inicial*, los procesos cognitivos del aprender se vinculan con las relaciones interpersonales. Por otra parte, ingresa a las producciones una variante emocional, con referencias a los valores, al esfuerzo, a la dedicación:

> "*Aprender es estar receptivo a informaciones nuevas, prestando atención en cada parte explicada, reflexionando una razón de ser, comprendiendo el porqué de tal característica o finalidad*" (Caso 128-1° coh-P).

> "*Aprender es adquirir conocimientos sobre asuntos diversos, a través de la exposición, cambio, debate de ideas entre profesores y alumnos a figuras equivalentes*" (Caso 131-1° coh-P).

> "*El aprender consiste en una relación del sujeto con algo o alguien con el fin de una búsqueda de conocimiento nuevo que éste pueda ofrecer. El aprendizaje es una relación temporal y una cuestión de desenvolvimiento del sujeto*" (Caso 123-1° coh-P).

> "*Aprender es adquirir conocimientos, sea intelectual o emocionalmente. Aprender es dedicarse al máximo*" (Caso 134-1° coh-P).

> "*Aprender no es un modo de ver, es tener dedicación y esforzarse para obtener conocimiento sobre alguna cuestión o asunto, o sobre diferentes temas*" (Caso 132-1° coh-P).

En el *tramo final* se mantienen estas tendencias:

> "*Aprender es agregar valores y conocimientos que sirven de instrumento para la vida en diversos aspectos, sociales, culturales, entre otros*" (Caso 1-3° coh-P).

> "*Aprender es, inicialmente, tener un distanciamiento de algo, objeto que se pretende conocer, y enseguida buscar medios para apropiarse de ese conocimiento y aplicarlo en las resoluciones de problemas, de una forma general*" (Caso 60-3° coh-P).

Las concepciones que entienden el aprender con una mirada constructiva están presentes en ambos tramos, con nivel equivalente de complejidad.

En el *tramo inicial*:

> *"Aprender es más un acto de mucha importancia, como también un estado de espíritu. Cuando se está aprendiendo, todo a su alrededor gana un nuevo significado"* (Caso 129-1° coh-P).

> *"Aprender es adquirir conocimiento útil y aplicable, es pasar a tener ciertos valores, es una vía de doble mano cuando depende de personas, es un cambio, aprender es interiorizar, aprender es saber y saber reflexionar"* (Caso 161-1° coh-P).

> *"Aprender es modificar comportamientos y estructuras mentales"* (Caso 124-2° coh-P).

En el *tramo final*, quienes miran el aprender desde una perspectiva constructiva, entienden que aprender supone ir más allá del saber recibido, cerrado, transmitido, enseñado y se constituye en preparación para la vida:

> *"Aprender, para mí, involucra mucho más que apenas recordar lo que el profesor habló. Involucra problematizar, cuestionar e innovar sobre lo que se aprende"* (Caso 43-3° coh-P).

> *"Para mí aprender es una construcción. Es algo que no tiene un lugar para llegar; es caminar. Es construir conocimiento y saberes"* (Caso 20-3° coh-P).

En algunos casos se solapan las categorías, como si fueran un continuo que comienza con incorporar información, sigue con la interpretación a través de los procesos cognitivos y llega a reformular, a transferir a nuevos contextos, a modificar o ampliar la concepción inicial:

> *"Aprendés cuando recibís una información, internalizás aquello y de alguna forma aquello te modifica, cambia tu forma de pensar o amplía tu visión ya existente o una concepción ya existente"* (Caso 23-3° coh-P).

En síntesis, los alumnos de Pedagogía de ambos tramos plantean el aprender, principalmente en el plano personal, como aspecto del vivir, y asignan un lugar relevante al plano interpersonal como apertura a la interacción con otros y con el contexto.

Con respecto a las categorías teóricas, en el tramo inicial son más frecuentes las producciones que reflejan una concepción directa y en el final, es más frecuente la categoría constructiva.

En función de estos resultados se puede sostener que existen diferencias en las concepciones de aprender entre alumnos que están al inicio y al final de la trayectoria académica, aunque es importante aclarar que las tres categorías están presentes en los dos tramos.

## 4. Diálogo entre los resultados obtenidos por Martínez Fernández y los nuestros

En los apartados anteriores se han analizado y categorizado las producciones de los alumnos según categorías propias y teóricas. Creemos interesante, ahora, "poner en diálogo" los resultados obtenidos por Martínez Fernández (2007) -a los que hicimos referencia al inicio del capítulo- con los nuestros.

Como paso previo, conviene recordar algunos aspectos que caracterizan a cada estudio. En el realizado por Martínez Fernández participan 276 estudiantes de Psicología; algunos de ellos son de primer año (nivel inicial), otros, de tercero (nivel intermedio) y otros están próximos a culminar la carrera (nivel final).

En nuestra investigación participan 501 estudiantes de dos universidades, la UNCuyo y la UFRJ. Algunos de ellos cursan lo que hemos denominado "tramo inicial" (2° año) y otros, el tramo final (último año) de sus respectivas carreras -Trabajo Social, Medicina, Ciencia de la Educación, Ciencia Política y Pedagogía-. En este caso, el objetivo es analizar comparativamente las concepciones de aprender que sostienen los alumnos que se encuentran al inicio y los que se encuentran al final de su trayectoria universitaria, sin perder de vista la carrera que cursan.

Teniendo presentes las diferencias entre ambos estudios -respecto de las unidades de observación, los aspectos metodológicos y los constructos que entran en relación-, nos centramos en su hipótesis de que a mayor "nivel de estudios" se hallará una mayor puntuación en la concepción constructivista del aprendizaje, y confrontamos sus resultados con los nuestros.

La investigación de Martínez Fernández muestra que los estudiantes de los primeros años tienden a la concepción directa (reproductiva) en mayor proporción que los de los otros dos niveles; que los de nivel medio se inclinan por la concepción interpretativa y que quienes están próximos a finalizar la carrera (nivel final) lo hacen, significativamente, por la concepción constructiva.

Observa que en primer año predomina la concepción directa respecto de la interpretativa, pero no observa diferencias entre el tramo inicial y el intermedio ni entre el intermedio y el final.

En cuanto a la concepción interpretativa, los resultados son más altos en alumnos avanzados y más bajos en los que se hallan al inicio de la carrera. Por su parte, la concepción constructiva es más alta en alumnos avanzados respecto de quienes están en el nivel inicial y medio.

Retomando el supuesto de partida de que en los primeros años prevalece la categoría directa (reproductiva); en los años intermedios, la categoría interpretativa, y en los últimos, la constructiva, en nuestra población esta relación no resulta del todo clara, pues se presentan diferencias entre carreras.

La concepción directa predomina notablemente en el tramo inicial sólo en Pedagogía. La concepción interpretativa está más presente en el tramo inicial que en el final en

Ciencias de la Educación, pero no sucede así en Ciencia Política ni en Pedagogía. La concepción constructiva se hace presente en el tramo final más que en el tramo inicial en Ciencias de la Educación y en Pedagogía, pero en Ciencia Política la situación en ambos tramos es semejante.

Lo que llama la atención en esta carrera es que la proporción de estudiantes que conceptualizan el aprender desde una concepción constructiva es semejante en el tramo inicial y en el final.

En este punto, nuestros resultados se aproximan a los de Martínez Fernández respecto de que los alumnos de nivel inicial son más reproductivos que los de los otros dos niveles, y que los de los últimos años son más interpretativos y constructivos que los estudiantes que se encuentran al comienzo de la carrera; sin embargo, se debe ser prudente en la generalización, puesto que encontramos limitaciones impuestas por las características propias de cada carrera. En otras palabras, desde la aproximación fenomenográfica, en nuestra población, se mantiene sólo parcialmente la hipótesis de que la concepción directa tiene mayor presencia en el tramo inicial y que las otras dos son más frecuentes en el tramo final.

## 5. Reflexiones emergentes del análisis de las concepciones de aprender en nuestra población

En este apartado, a la luz de nuestros resultados discutimos los alcances y límites del sistema categorial empleado y abrimos nuevas aristas para el análisis de las concepciones de "aprender".

En primer lugar, algunos términos generan duda al momento de categorizar, pensando en las connotaciones personales con las que el estudiante los emplea en su producción. Por ejemplo, "interiorizar" puede referirse a "hacer una copia" del contenido de aprendizaje en "el interior" de quien aprende sin procesos de elaboración, o puede entenderse en términos de resignificación, al modo vigotskyano.

En segundo lugar, observamos que algunas de las producciones se ubican con claridad en una de las categorías, otras combinan elementos de dos de ellas y unas pocas sintetizan las tres. Resulta difícil, entonces, categorizar en forma definitiva concepciones que comienzan en el recibir y recordar (ligado con la concepción directa), mencionan procesos de pensamiento que suponen reestructuración, pero sin alejarse del contenido de aprendizaje en los términos que se presenta (concepción interpretativa) y llegan al transformar y el ser transformado (concepción constructiva):

> *"Aprender es obtener la información, transformar en conocimiento y cambiar"* (Caso 46-3° coh-P).

> *"Aprender es cuando descubro lo que yo no sé e incorporo a lo que tengo como aprendizaje y lo transformo y soy transformado por ese aprendizaje"* (Caso 12-3° coh-P).

En relación con lo anterior, queda de manifiesto que en las concepciones se reconocen "gradientes de complejidad"; no obstante, "el hecho de avanzar a niveles más cualitativos no implica que se abandonen los cuantitativos. La activación de un tipo u otro de concepción dependerá del contexto, de la tarea, entre otros" (Martínez Fernández, en comunicación personal). En este sentido, en dichos *escalones de complejidad* inciden las particularidades de la enseñanza y de la tarea, la pericia de quien aprende, la disponibilidad de conocimientos previos claros y distintivos para anclar los nuevos conocimientos...

Si las categorías se asumen como progresivas y abarcativas, cuando se incluyen expresiones que implican transformación, se tendrían que dar por supuestas las concepciones directa e interpretativa. Pero la situación no es simple y da lugar a otras consideraciones.

Una es que en los primeros años de la carrera universitaria se adquieren representaciones, conceptos y proposiciones (Ausubel, Novak y Hanessian, 1989) que se constituyen en anclaje para procesos ulteriores más complejos. Si se planteara en términos piagetianos, podría decirse que se trata de una construcción de esquemas conceptuales y procedimentales que conlleva ampliación, modificación y reestructuración para afrontar conflictos cognitivos cada vez más complejos. En esta dinámica inscribimos la trayectoria académica en la que el estudiante crea nuevos esquemas a la vez que modifica y reorganiza los previos, y así avanza hacia esquemas más abstractos y más explícitos (más accesibles a la conciencia), más flexibles y sujetos a control, que le permiten interpretar, enfrentar, resolver un espectro cada vez más amplio de situaciones que le plantea la realidad. Esta dinámica subtiende la autoestructuración cognitiva de quien aprende.

Con esta mirada, el nivel inferior de las concepciones quedaría subsumido en los siguientes -pero sin desaparecer y sujeto a áreas y contenidos en particular-; por eso, alumnos que se encuentran en el último año de su carrera siguen empleando términos que remiten a la categoría directa, pero integrados en producciones que incluyen una proyección a la acción o a un transformar y ser transformado.

No obstante, en función de nuestra experiencia pedagógica advertimos que, cuando el estudiante ingresa a un nuevo campo de dominio, vuelve a concepciones directas, que contrastan con su mirada constructiva en otros campos, materias o tareas. Esto implicaría que la concepción de aprender no es unívoca, sino que adquiere ribetes diferentes en función de la especificidad del contenido por aprender, las experiencias, las capacidades y los conocimientos previos que tiene el aprendiz en diferentes áreas en particular -entre otros elementos-, según evidencia un conjunto creciente de resultados experimentales obtenidos en diferentes ámbitos de la Psicología Cognitiva.

Al iniciar el cursado de una materia, los alumnos necesitan apropiarse de la terminología y los conceptos de la disciplina, reconocer y distinguir enfoques y teorías, identificar metodologías alternativas propias del conocimiento en el campo disciplinar..., antes de adoptar una mirada perspectivista, desde la que se pueda dialogar con la incertidumbre, prever transferencia a campos de aplicación variados, pensar en transformaciones. Esto significa que la concepción directa se mantendría como instancia de introducción a un campo del saber, que se complejiza a medida que el alumno se va adentrando en el sentido profundo de un tema, de un procedimiento, de una materia, que va advirtiendo su relevancia y aplicabilidad. Podría pensarse, entonces, que en el proceso lento y progresivo del desarrollo cognoscitivo, la concepción directa se mantiene como *plataforma* desde la cual germinan nuevas conductas y actitudes hacia un aprendizaje más autónomo y estratégico.

Estas reflexiones sugieren la necesidad de seguir estudiando la relación entre las categorías de concepciones. Nos inclinamos a distinguir entre una perspectiva general, caracterizada por un *proceso espiralado*, de una dinámica en la que se solapan aprendizajes nuevos y aprendizajes consolidados. En esta línea nos aproximamos, por un lado, a postulados piagetianos de aprendizaje por reestructuración, con la consiguiente autoestructuración de quien aprende, y, por otro, al *long life learning,* pues las tres categorías reaparecerían en situaciones de aprendizaje que la vida plantea en diferentes momentos.

Desde una perspectiva situada, en cambio, las concepciones entran en relación con la organización de los diseños curriculares de las carreras; durante los primeros años se espera que el alumno "incorpore" más información, con una elaboración bastante sujeta al contenido tal como se presenta.[4] Se presume que aún no están formados los criterios ni se cuenta con los núcleos conceptuales y procedimentales para evaluar planteos alternativos, para tomar postura por unos o por otros, para proyectar al ejercicio profesional lo que se aprende en materias tan generales como Teoría de la Educación (en Ciencias de la Educación), Anatomía (en Medicina) o Física y Química I (en Ingeniería). A medida que los esquemas se hacen más ricos y complejos, quien aprende puede operar cognitivamente con más flexibilidad, inclinarse por lo que considera más apropiado en diferentes contextos y circunstancias, proponer perspectivas divergentes.

Antes de finalizar esta discusión, es interesante recuperar algunos elementos que proceden de las concepciones de aprender formuladas por alumnos que participaron en nuestro estudio, los que pueden aportar insumos para considerar nuevas categorías de análisis. Una se vincula con la *funcionalidad* del aprender -entendido como el *para qué* se aprende, qué "utilidad" presta aprender, en qué se emplea lo aprendido- y otra, con *el sentido* del aprender. Con respecto a la función, se aprende para adquirir nuevos conocimientos, para resolver problemas, para interpretar la realidad, para progresar, para actuar en la sociedad, para el ejercicio de una profesión... En cambio, el "sentido del aprender" supera a la funcionalidad como aplicación, como transferencia de lo que se aprendió a diferentes situaciones. Implica una construcción interna de quien aprende que se pone en juego a la hora de la interacción con el mundo que lo rodea y que formalizaría en dos nuevas dimensiones de

---

[4] En este sentido, Vermunt (2005) señala que los estudiantes expresan en la entrevista que durante los primeros años, rara vez se *recompensan* en los exámenes los aportes distintivos, críticos, constructivos.

la categoría constructiva: la transformación -o la mejora- de la realidad y el desarrollo personal; esta última es una de las categorías originales propuestas por Marton y Säljö (1976), que queda *desdibujada* en la categoría constructiva.

También podría dar lugar a nuevas categorías la distinción entre el aprender como proceso individual, social o sociocultural. Desde el primero, "aprender" se entiende como interacción aprendiz-contenido; desde el segundo, el énfasis está puesto en la interacción con otros -entre ellos, profesores, pares, familia-, y desde el tercero, el énfasis lo tiene el contexto social en sentido amplio, en la interacción con la cultura, con el mundo.

En definitiva, los caminos de análisis de las concepciones de aprender no se encuentran acabados, sino que -como postula la fecunda metodología fenomenográfica (Marton, 1981)- los sistemas de categorías disponibles se pueden enriquecer con nuevas perspectivas derivadas de las producciones -en nuestro caso, escritas- de los mismos estudiantes.

**Palabras finales**

En función de lo expuesto en el capítulo 1 al presentar la línea de investigación sobre *aprender en la universidad*, uno de los propósitos que enmarca el estudio de las concepciones de aprender es la promoción de estudiantes estratégicos. Con el propósito de contribuir en este sentido y en consonancia con una investigación de tipo aplicado, a continuación proyectamos los resultados al plano de la acción.

Por un lado, nos representamos a un profesor que, sin descuidar el contenido (lo que se aprende), incorpore a la propuesta pedagógica un tiempo y un espacio para explicitar, compartir, ejercitar los procesos implicados (cómo se aprende) y las condiciones para optimizarlos (pensamiento estratégico). Un mediador que aliente a expresar puntos de vista propios, a la aproximación crítica, a la transformación de lo que se aprende en función de ámbitos diferentes de aplicación, a la complementación entre tiempo presente y tiempo futuro...

Prevemos una dinámica áulica que favorezca una concepción de aprender superadora del recibir, retener, recordar y repetir como el recorrido para "un buen aprendizaje". Una forma de evaluación que reconozca y destaque no sólo a quien recuerda fielmente un contenido, sino también a quien muestra agudeza en el análisis de un caso, a quien fundamenta sus opiniones con argumentos convincentes, a quien propone soluciones alternativas evaluando ventajas y desventajas, a quien expresa su postura, a quien confronta teorías en términos precisos, a quien hace un aporte innovador y a quien pondera los riesgos que supone dicha innovación...

En suma, como los estudiantes no están separados de sus contextos de aprendizaje, sino que se relacionan con ellos y tratan de adaptarse a ellos (Meyer, 1991), si queremos un cambio en los alumnos, sería operativo reflexionar sobre las prácticas de enseñanza y de evaluación desde su incidencia en las concepciones de aprender, con el propósito de promover el tránsito cualitativo de la formación centrada en el incremento de conocimiento, al aprender en términos de desarrollo personal, de preparación profesional y de contribución a la sociedad.

# Capítulo 3
## Procesos que realiza el estudiante universitario para aprender

*Gabriela Inés González*

En el marco de la investigación *¿Llega el estudiante universitario a aprender a aprender? Evolución de los procesos, estrategias y actitudes del alumno en el transcurso de la carrera*, el presente capítulo analiza los procesos de aprendizaje que realizan los estudiantes universitarios.

El objetivo de trabajo es comparar el esquema de resultados obtenidos en alumnos que cursan segundo año -tramo inicial- con los obtenidos en quienes cursan el último año -tramo final- de las carreras en estudio. En concreto, vamos a contrastar los procesos que realiza quien aprende al inicio y quien aprende al final de la trayectoria académica, a fin de observar si hay indicadores que muestren cambios en términos de *aprender a aprender*.

Desde el supuesto de que los alumnos que se encuentran en el tramo final de la carrera se diferencian de los del tramo inicial respecto de los procesos que emplean para aprender, hemos caracterizado los procesos informados por quienes cursan uno y otro tramo respectivamente.

Antes de ingresar a los resultados de base empírica, es necesario clarificar concepciones que subyacen a nuestro estudio.

## 1. ¿Qué entendemos por "aprender"?

Describir cómo aprenden los alumnos nos posiciona frente a diferentes enfoques que configuran grandes líneas de pensamiento sobre el aprender.

Se puede pensar que aprender es una adquisición de respuestas complejas ante la variedad de estímulos que los estudiantes reciben en la vida universitaria, pensar que es una adquisición de conocimientos en mayor o menor medida elaborados, o considerar el aprendizaje como una construcción de significados culturales y personales.

Estas miradas se van modificando, tanto histórica como científicamente. Desde una perspectiva conductista, según la cual lo importante es el ambiente que estimula al sujeto y la respuesta que éste produce -sin tener en cuenta lo que sucede en la mente de quien aprende-, hacia una mirada centrada en los procesos internos que supone adquirir información. Actualmente se concibe la mente humana como el *motor* que procesa conocimientos, elabora los datos y organiza las respuestas. Se advierte un giro hacia una visión más cognitivista.

La Psicología Cognitiva, desde mediados del siglo XX, estudia el desarrollo de la mente, del pensamiento, de la cognición. En los comienzos, con el desarrollo de modelos y teorías del procesamiento de la información (Gagné, 1991), se entendió la mente humana como un sistema capaz de almacenar, procesar y recuperar información. Un postulado central de este enfoque es que

> algunas pocas operaciones simbólicas relativamente básicas, tales como codificar, comparar, localizar, almacenar, pueden, en último término dar cuenta de la inteligencia humana y la capacidad para crear conocimientos, innovaciones y tal vez expectativas con respecto al futuro (Pozo, 1993: 42).

Desde una perspectiva cognitivista de corte constructivista, se entiende el aprendizaje como una construcción y reestructuración de significados a partir de la relación entre la actividad mental del sujeto, sus conocimientos previos y un contexto determinado (Ausubel, 1998; Bruner, 1995; Piaget, 1977; Vygotski, 1979).

Aprender no equivale a una sumatoria de procesos, sino que es una conducta compleja, en la que se conjugan actividades cognitivas -orientadas al procesamiento del contenido de aprendizaje- y metacognitivas –orientadas a planificar, controlar y ajustar los propios procesos de quien aprende en forma voluntaria para lograr un aprendizaje autónomo y autorregulado- (Monereo, 1993; Beltrán Llera, 1998; Lanz, 2006).

En este contexto, algunos especialistas postulan el desarrollo del pensamiento a partir de la estimulación de las habilidades intelectuales y los fenómenos cognitivos que acompañan el acto mental, y plantean la modificabilidad de la inteligencia y la posibilidad de enseñar intencionalmente cómo actuar para avanzar hacia un empleo óptimo de los procesos y estrategias cognitivas (De Bono, 1993, 1994; Feuerstein, 1997; Sánchez, 1993, 1995a, 1995b, 2002, entre otros).

Si como docentes nos quedáramos con una visión conductista del aprendizaje, lo único importante para el profesor sería transmitir al estudiante un contenido completo, actual y lógicamente elaborado. Importaría enseñar y evaluar datos, ideas y conceptos propios de una disciplina estableciendo asociaciones que se manifestarían a través de logros cuantitativos. ¿Qué lugar ocuparían nuestros alumnos en esta postura? Asumirían una actitud relativamente pasiva, su actividad principal consistiría en acumular información y reproducir esos datos, ideas y conceptos como respuestas memorizadas mecánicamente. Nada más alejado de ese sujeto activo, protagonista de aprendizajes estratégicos que deseamos tener en nuestras universidades.

En cambio, si procedemos según un modelo que promueva una adquisición constructiva del conocimiento, tendremos que equiparar la importancia de los contenidos que enseñamos a la de los procesos que realizan los estudiantes para aprenderlos.

Es a partir de este quiebre esencial con el conductismo, que resulta necesario tener presentes los procesos que realizan los estudiantes cuando aprenden y así, el objetivo del docente no es sólo enseñar contenidos, sino también enseñar a procesarlos, relacionarlos, utilizarlos, en definitiva, transformarlos en conocimiento propio.

En el presente estudio el aprendizaje es concebido como un proceso *significativo*, que no se entiende como una mera asociación entre estímulos y respuestas, sino como la construcción de significados. El sujeto, al aprender, atribuye significado a sus experiencias y organiza los conocimientos en estructuras cognitivas complejas o redes semánticas. Construir significados implica un proceso interactivo entre el conocimiento que se va a aprender y los ya adquiridos, lo cual posibilita el carácter integrador del aprendizaje (Ausubel, 1998; Beltrán Llera, 1998).

El aprendizaje es "un proceso complejo, un proceso de procesos" (Beltrán, 1998: 37), lo cual significa que el adquirir un conocimiento determinado implica la realización de determinadas actividades mentales que deben ser adecuadas y planificadas para conseguir los resultados esperados.

## 2. ¿Qué son los procesos de aprendizaje?

Procesos son sucesos internos que permiten que cada persona construya y reconstruya un contenido de aprendizaje.

Teorías cognitivas vigentes hipotetizan que el cerebro funciona *como si* fuera la condición de tres procesos cognitivos básicos: adquisición, codificación o almacenamiento y recuperación o evocación que permite recordar lo aprendido, tal como ya fue explicado (Carrasco, 2007).

Se trata de las tres fases básicas de procesamiento de la información, a través de las cuales los procesos *convierten* una entrada de información sensorial en una representación conceptual, *transforman* una representación conceptual en otra y hasta pueden *generar* una nueva información motriz o lingüística -en un momento de salida- a partir de las representaciones conceptuales previas.

Un proceso cognitivo consiste en "aquella actividad cerebral encargada de transformar, transportar, reducir, coordinar, recuperar o utilizar una 'representación mental' del mundo" (Carrasco, 2007: 29).

Constituye la instancia mediacional entre la entrada de información -datos, conceptos- y la salida o ejecución. El éxito o fracaso de un alumno en sus estudios está condicionado por los procesos que realiza y la calidad de las relaciones que establece entre procesos y estrategias.

Para Amestoy de Sánchez (2002), en la adquisición de conocimientos entran en íntima relación los procesos, los procedimientos y las habilidades. De esta manera, "el proceso es un operador intelectual capaz de transformar un estímulo externo en una representación mental, o una representación mental en otra representación o en una acción motora" (Amestoy de Sánchez, 2002: 138-139). Los procedimientos o estrategias para pensar son la operacionalización de los procesos y requieren de la habilidad o práctica constante para adquirir el conocimiento, sea semántico o procedimental.

Al decir de Beltrán Llera (1998), los procesos son una cadena general de macroactividades u operaciones mentales implicadas en el acto de aprender. No se los puede observar directamente, sino que son actividades hipotéticas, encubiertas, que sólo pueden entenderse a partir de las acciones que se ejecutan para aprender, las cuales remiten a las estrategias de aprendizaje. Procesos y estrategias van tomados de la mano; las estrategias están al servicio de los procesos cuando el alumno debe enfrentarse a la tarea del aprendizaje.

En definitiva, el aprendizaje depende, por un lado, de las acciones que el estudiante realiza, de los procesos que ponga en marcha para aprender, de su autorregulación, pero también inciden los conocimientos previos, las habilidades personales, las variables del contexto, tales como la propuesta pedagógica, las particularidades de cada campo disciplinar, entre otras.

### 3. ¿Cuáles son los procesos de aprendizaje que realiza el estudiante universitario?

La Psicología Cognitiva se ha abocado en los últimos años, por un lado, a identificar los procesos cognitivos que realizan los sujetos cuando aprenden, y por otro, a indagar la conciencia y el control que las personas logran de dichos procesos, vale decir, a desarrollar una mirada metacognitiva.

Beltrán Llera (1998) advierte que se dispone de una variedad de clasificaciones de los procesos de aprendizaje, según diferentes autores, entre ellos, Gagné (1974),

Cook y Mayer (1983), Thomas y Rohwer (1986) y Shuell (1988).

Otros autores, entre ellos, Vermunt y Verloop (1999), se refieren a "procesos de aprendizaje" en sentido general y en su puesta en práctica distinguen actividades de procesamiento cognitivo, actividades afectivas y actividades de regulación metacognitiva. Las primeras son las que emplea quien aprende para procesar el contenido, las segundas están dirigidas a orientar las emociones que surgen durante el aprender y las terceras se refieren a la autorregulación del propio desempeño en función de las tareas, metas, condiciones, etc.

Entre las actividades de procesamiento cognitivo -que son las que interesan en este capítulo-, estos autores incluyen buscar relaciones entre las partes del tema y el todo, tratar de formar imágenes, pensar ejemplos y aplicaciones prácticas, aprender definiciones, sacar conclusiones personales sobre la información procesada y seleccionar en función de los conceptos centrales del texto elementos generales y subordinados.

En el estudio que informamos, a la luz de los desarrollos de Beltrán Llera (1998), se analizan los siguientes procesos de aprendizaje: concentración, lectura, comprensión, elaboración (análisis y síntesis), recuperación (retener y recordar) y expresión.

La concentración, supone la atención activa, persistente y selectiva en determinada dirección. En la práctica, este proceso es clave para la activación de la memoria a corto plazo o memoria operativa y para la selección de aquellos datos o situaciones que se considera necesario abordar durante el proceso de aprendizaje. Se decidió incluir la concentración -como proceso inicial en la fase de entrada de la información- en el esquema de procesos a indagar puesto que los alumnos universitarios deben pasar largas horas centrando su atención en el contenido de estudio. Los enunciados referidos al proceso de concentración incluyen *Me concentro por períodos muy breves* y *Me resulta casi imposible quedarme más de una hora sentado/a estudiando*.

La lectura -otro de los procesos analizados en nuestro estudio- es considerada aquí en términos de acceso al mensaje de un texto y se encuentra encadenada a la comprensión. Al indagar sobre la lectura se ha preguntado al alumno si *tiene que leer varias veces para comprender*, mientras que en el proceso de comprensión se plantean enunciados como: *Me cuesta comprender lo que leo* y *En los exámenes me cuesta entender lo que me preguntan*. Ambos ítems se presentan por separado con el propósito de indagar cómo entiende el estudiante su situación con respecto a la lectura.

La decisión de separar, a los fines del análisis, los procesos de lectura y comprensión responde a la inquietud de comprender la situación tal como la percibe el estudiante. A la base se encuentran las experiencias de orientación y de tutoría, en las que algunos alumnos expresan que no tienen problemas para leer, pero que les cuesta comprender.

La comprensión y la elaboración son consideradas por Beltrán Llera (1998: 44) como subprocesos de la *adquisición*. Ésta comienza con la selección y codificación selectiva, las que desempeñan un papel central en la incorporación del material informativo y condicionan la atribución de significado.

Comprender es darle sentido al material de estudio, desde la perspectiva del autor y desde la perspectiva de quien aprende, en cuanto puede relacionar el nuevo contenido con sus aprendizajes previos, con sus estructuras de conocimiento ya existentes. Elaborar es generar un significado a partir del análisis y la síntesis o reestructuración de ese conocimiento. El alumno *desmenuza* el contenido para luego volver a articular sus partes en una construcción propia, en un nuevo conocimiento que reestructura sus ideas previas con la nueva información. Comprender y elaborar son momentos centrales en el aprender porque el sujeto es constructor activo de su conocimiento.

Con respecto al proceso de elaboración, se pregunta si estudian por resúmenes prestados para ir más rápido, si les cuesta distinguir las ideas principales y si cuando resumen, todo les parece importante. Estas aseveraciones permiten evaluar instancias de análisis y síntesis.

La recuperación incluye, en nuestro análisis, el retener y el recordar, considerados por Beltrán Llera (1998) como subprocesos de la adquisición. Constituyen un hilo conductor de todo el aprendizaje, ya que tendría poco sentido el haber comprendido y elaborado una información si esta no se *guarda* en la memoria a largo plazo para ser utilizada en el momento oportuno, cuando es requerida por la situación. Cabe aclarar que "los conocimientos, una vez codificados y representados en la memoria a largo plazo no se comportan en forma estática, sino que sufren diversas transformaciones..." (Beltrán Llera, 1998: 45).

Cuando necesitamos utilizar esa información, se evoca, se recupera, se vuelve accesible en la medida en que el material ha sido almacenado en forma organizada o categorizada. Las actividades que realiza el estudiante referidas a la comprensión, la elaboración, al análisis y síntesis son necesarias, pero en vistas a la recuperación de lo aprendido, quedan condicionadas por el empleo de criterios organizativos que permitan evocar activando ciertas categorías o indicadores.

En nuestro trabajo, el proceso de recuperación se indaga a través de dos enunciados: *Me cuesta retener y recordar lo que estudio* y *Estudio, pero cuando rindo me va mal.*

Por último, después de retener y recordar la información, es necesario poder expresar de diferentes maneras lo aprendido. La información ha sufrido una transformación al ser procesada cognitivamente por quien aprende. Haber aprendido implica haber adquirido un nuevo conocimiento -sea de un modo superficial, profundo o estratégico-. Es el momento de dar cuenta de ello.

Expresar en forma escrita u oral constituye el momento de salida de la información. Esta instancia implica el transfer o generalización y va más allá de la reproducción memorística de lo aprendido. Pone en juego la capacidad para trasferir los conocimientos adquiridos a otros contextos o situaciones nuevas. Constituye la esencia del verdadero aprendizaje. En nuestro análisis consideramos la *dificultad* (o no) *de expresar por escrito lo estudiado.*

Según Beltrán Llera (1998), los procesos de aprendizaje tienen dos particularidades. Primero, que los mismos procesos pueden realizarse de diferentes maneras utilizando variadas estrategias en función de las metas planteadas por el sujeto y de las características del material de aprendizaje. Segundo, que esos procesos pueden ser activados por el docente en una situación de interacción entre enseñanza y aprendizaje, o por el mismo estudiante, que es quien en definitiva realiza la acción de aprender.

## 4. Análisis de los procesos de aprendizaje en alumnos universitarios

A continuación, se analizan los resultados referidos a los procesos que realiza el estudiante para aprender.

Éstos son informados por los mismos alumnos, por tanto remiten a experiencias subjetivas.

Los resultados correspondientes a cada proceso se analizan desde tres perspectivas: según el tramo de la carrera que cursa el estudiante (inicial/final), según la autopercepción de competencia para aprender (aprende fácilmente/aprende con alguna dificultad) y según la carrera que estudia. Participan estudiantes de Ciencias de la Educación, Trabajo Social, Ciencia Política y Medicina -de la Universidad Nacional de Cuyo- y Pedagogía -de la Universidad Federal de Río de Janeiro-.

Por una parte, se comparan los resultados para cada proceso entre estudiantes que al momento del estudio se encontraban cursando el 2° año y los que se encontraban cursando el 4° o 5° año de la carrera. Por otra parte, se compara la situación entre estudiantes que consideran que aprenden fácilmente (primer segmento) y aquellos que consideran que aprenden con alguna dificultad (segundo segmento). Finalmente, se describe lo que sucede en cada carrera, en los diferentes tramos.

El instrumento para reunir la información es el INCEAPU (Inventario de Concepciones y Experiencias de aprender en la universidad) (Morchio, 2007, 2014). En él, los enunciados que evalúan procesos están formulados en términos de una problemática que está presente, como se mencionó en el capítulo 1. El alumno responde según su experiencia señalando si considera que la aseveración que se le presenta es verdadera; a veces verdadera y a veces falsa; falsa. Cuando el estudiante señala que es verdadero, acepta o reconoce que el enunciado refleja una situación que está presente en su experiencia académica; por el contrario, si responde que es falso, sugiere que no tiene dificultades respecto de la conducta o situación planteada.

## 4.1. Concentración

**Tabla N° 1. Concentración. Distribución según autopercepción**

| | | | 35 | 61 | 0 | 96 | 18 | 26 | 0 | 44 |
|---|---|---|---|---|---|---|---|---|---|---|
| Me concentro por períodos muy breves | VERDADERO | Recuento | 35 | 61 | 0 | 96 | 18 | 26 | 0 | 44 |
| | | % en el ítem | 21,74% | 37,65% | 0,00% | 29,45% | 16,07% | 41,94% | 0,00% | 25,14% |
| | A VECES | Recuento | 53 | 58 | 1 | 112 | 32 | 22 | 1 | 55 |
| | | % en el ítem | 32,92% | 35,80% | 33,33% | 34,36% | 28,57% | 35,48% | 100,00% | 31,43% |
| | FALSO | Recuento | 72 | 39 | 1 | 112 | 60 | 13 | 0 | 73 |
| | | % en el ítem | 44,72% | 24,07% | 33,33% | 34,36% | 53,57% | 20,97% | 0,00% | 41,71% |
| | NS/NC | Recuento | 1 | 4 | 1 | 6 | 2 | 1 | 0 | 3 |
| | | % en el ítem | 0,62% | 2,47% | 33,33% | 1,84% | 1,79% | 1,61% | 0,00% | 1,71% |
| Me cuesta seguir las clases expositivas | VERDADERO | Recuento | 20 | 21 | 0 | 41 | 14 | 8 | 0 | 22 |
| | | % en el ítem | 12,42% | 12,96% | 0,00% | 12,58% | 12,50% | 12,90% | 0,00% | 12,57% |
| | A VECES | Recuento | 38 | 58 | 0 | 96 | 31 | 24 | 1 | 56 |
| | | % en el ítem | 23,60% | 35,80% | 0,00% | 29,45% | 27,68% | 38,71% | 100,00% | 32,00% |
| | FALSO | Recuento | 103 | 79 | 3 | 185 | 65 | 29 | 0 | 94 |
| | | % en el ítem | 63,98% | 48,77% | 100,00% | 56,75% | 58,04% | 46,77% | 0,00% | 53,71% |
| | NS/NC | Recuento | 0 | 4 | 0 | 4 | 2 | 1 | 0 | 3 |
| | | % en el ítem | 0,00% | 2,47% | 0,00% | 1,23% | 1,79% | 1,61% | 0,00% | 1,71% |

*APRENDER A APRENDER* COMO META DE LA EDUCACIÓN SUPERIOR

| Me resulta casi imposible quedarme más de una hora sentado/a estudiando | | | | | | | | | | |
|---|---|---|---|---|---|---|---|---|---|---|
| VERDADERO | Recuento | 29 | 45 | 0 | 74 | 11 | 12 | 0 | 23 |
| | % en el ítem | 18,01% | 27,78% | 0,00% | 22,70% | 9,82% | 19,35% | 0,00% | 13,14% |
| A veces | Recuento | 41 | 36 | 1 | 78 | 34 | 23 | 1 | 58 |
| | % en el ítem | 25,47% | 22,22% | 33,33% | 23,93% | 30,36% | 37,10% | 100,00% | 33,14% |
| FALSO | Recuento | 89 | 80 | 2 | 171 | 66 | 25 | 0 | 91 |
| | % en el ítem | 55,28% | 49,38% | 66,67% | 52,45% | 58,93% | 40,32% | 0,00% | 52,00% |
| NS/NC | Recuento | 2 | 1 | 0 | 3 | 1 | 2 | 0 | 3 |
| | % en el ítem | 1,24% | 0,62% | 0,00% | 0,92% | 0,89% | 3,23% | 0,00% | 1,71% |

La afirmación *Me concentro por períodos muy breves* implicaría una problemática para los alumnos si fuera considerada verdadera. Esto ocurre en mayor medida en quienes dicen *aprender con alguna dificultad*, tanto los que inician sus estudios como los que están próximos a concluirlos (38% TI-42% TF),[1] de modo que la diferencia entre tramos es mínima.

En quienes dicen *aprender fácilmente*, esta situación tiene menor incidencia en ambos tramos y es más baja la proporción de alumnos del tramo final que la señalan (22% TI-16% TF).

En cuanto al comportamiento en las diferentes carreras,[2] la situación se muestra diversa (cf. tabla N° 7). Concentrarse en forma sostenida parece ser más complicado para quienes cursan el tramo inicial que para quienes cursan el tramo final. Esto sucede en todas las carreras de la UNCuyo. En Trabajo Social (40% TI-17% TF) y Ciencia Política (45% TI-37% TF) se observa claramente; en Ciencias de la Educación (18% TI-13% TF) y Medicina (28% TI-24% TF) la diferencia entre ambos tramos es más leve.

Si bien en estas carreras hay una tendencia, no se puede establecer una relación definitiva, ya que en Pedagogía de la UFRJ, es mayor la proporción de alumnos que manifiesta dificultad en la concentración entre quienes están concluyendo sus estudios respecto de quienes se encuentran al inicio (21% TI-30% TF).

Con respecto al ítem *Me concentro por períodos muy breves*, en el tramo inicial, en el análisis según segmento, se halla la misma relación (y con porcentajes similares)

---

[1] En lo sucesivo, se utilizan siglas para indicar tramo inicial (TI) y tramo final (TF).
[2] Las tablas que presentan los datos según carrera se encuentran al finalizar el capítulo.

a la que advertimos en la muestra total: una divergencia de interés tanto en la categoría *falso* (45% en quienes aprenden fácilmente y 25% en quienes consideran que aprenden con alguna dificultad) como en la opción *verdadero* (22% y 39%, respectivamente).

El enunciado *Me cuesta seguir las clases expositivas* no muestra tendencias claras en ningún segmento y en ningún tramo.

Se advierte que en cuatro carreras, menos del 10% de los alumnos en ambos tramos consideran complejo prestar atención en las clases expositivas. La única excepción es en Medicina, donde esta proporción asciende al 20%.

*Me resulta casi imposible quedarme sentado más de una hora estudiando* resulta falso para los alumnos de ambos segmentos (aprendo fácilmente/aprendo con dificultad) y de ambos tramos, en porcentajes que rondan el 50%.

Analizando el comportamiento al interior de las carreras, aproximadamente el 30% de los alumnos que inician sus estudios de Trabajo Social, Ciencia Política y Medicina manifiestan dificultad para permanecer sentados durante mucho tiempo. Para los alumnos que finalizan la carrera y para las carreras restantes, los porcentajes son mínimos.

## 4.2. Lectura

**Tabla N° 2. Lectura. Distribución por tramo según autopercepción**

| | | | Tramo inicial | | | | Tramo final | | | |
| | | | Autop. dicotómica | | | | Autop. dicotómica | | | |
| | | | Fácilmente | Con dificultad | NS/NC | Total | Fácilmente | Con dificultad | NS/NC | Total |
|---|---|---|---|---|---|---|---|---|---|---|
| Me cuesta comprender lo que leo | VERDADERO | Recuento | 15 | 33 | 0 | 48 | 12 | 14 | 0 | 26 |
| | | % en el ítem | 9,32% | 20,37% | 0,00% | 14,72% | 10,71% | 22,58% | 0,00% | 14,86% |
| | A VECES | Recuento | 37 | 76 | 1 | 114 | 21 | 21 | 1 | 43 |
| | | % en el ítem | 22,98% | 46,91% | 33,33% | 34,97% | 18,75% | 33,87% | 100,00% | 24,57% |
| | FALSO | Recuento | 108 | 52 | 2 | 162 | 77 | 25 | 0 | 102 |
| | | % en el ítem | 67,08% | 32,10% | 66,67% | 49,69% | 68,75% | 40,32% | 0,00% | 58,29% |
| | NS/NC | Recuento | 1 | 1 | 0 | 2 | 2 | 2 | 0 | 4 |
| | | % en el ítem | 0,62% | 0,62% | 0,00% | 0,61% | 1,79% | 3,23% | 0,00% | 2,29% |

El planteo *Me cuesta comprender lo que leo* resulta verdadero para el 9% en el tramo inicial y 11% en el tramo final en quienes dicen *aprender fácilmente*.

Sin embargo, en alumnos que dicen presentar *dificultades para aprender*, los porcentajes en ambos tramos son más elevados (20% TI-23% TF).

En un análisis según carrera (cf. tabla N° 8), en el tramo inicial, la dificultad en la lectura se muestra en 23% de los alumnos de Trabajo Social y Ciencia Política. En cambio, en el tramo final, sólo en Ciencia Política a un 20% les cuesta comprender lo que leen. En las demás carreras los porcentajes son mínimos.

## 4.3. Comprensión

Tabla N° 3. Comprensión. Distribución por tramo según autopercepción

| | | | Tramo inicial | | | | Tramo final | | | |
| | | | Autop. dicotómica | | | | Autop. dicotómica | | | |
| | | | Fácilmente | Con dificultad | NS/NC | Total | Fácilmente | Con dificultad | NS/NC | Total |
|---|---|---|---|---|---|---|---|---|---|---|
| En los exámenes, me cuesta entender lo que me preguntan | VERDADERO | Recuento | 12 | 23 | 0 | 35 | 13 | 9 | 0 | 22 |
| | | % en el ítem | 7,45% | 14,20% | 0,00% | 10,74% | 11,61% | 14,52% | 0,00% | 12,57% |
| | A VECES | Recuento | 23 | 50 | 1 | 74 | 16 | 22 | 1 | 39 |
| | | % en el ítem | 14,29% | 30,86% | 33,33% | 22,70% | 14,29% | 35,48% | 100,00% | 22,29% |
| | FALSO | Recuento | 124 | 88 | 2 | 214 | 81 | 31 | 0 | 112 |
| | | % en el ítem | 77,02% | 54,32% | 66,67% | 65,64% | 72,32% | 50,00% | 0,00% | 64,00% |
| | NS/NC | Recuento | 2 | 1 | 0 | 3 | 2 | 0 | 0 | 2 |
| | | % en el ítem | 1,24% | 0,62% | 0,00% | 0,92% | 1,79% | 0,00% | 0,00% | 1,14% |

## Tengo que leer varias veces para comprender

| | | | | | | | | | |
|---|---|---|---|---|---|---|---|---|---|
| VERDADERO | Recuento | 31 | 78 | 0 | 109 | 20 | 24 | 0 | 44 |
| | % en el ítem | 19,25% | 48,15% | 0,00% | 33,44% | 17,86% | 38,71% | 0,00% | 25,14% |
| A VECES | Recuento | 65 | 61 | 2 | 128 | 39 | 25 | 1 | 65 |
| | % en el ítem | 40,37% | 37,65% | 66,67% | 39,26% | 34,82% | 40,32% | 100,00% | 37,14% |
| FALSO | Recuento | 63 | 23 | 1 | 87 | 52 | 13 | 0 | 65 |
| | % en el ítem | 39,13% | 14,20% | 33,33% | 26,69% | 46,43% | 20,97% | 0,00% | 37,14% |
| NS/NC | Recuento | 2 | 0 | 0 | 2 | 1 | 0 | 0 | 1 |
| | % en el ítem | 1,24% | 0,00% | 0,00% | 0,61% | 0,89% | 0,00% | 0,00% | 0,57% |

*En los exámenes, me cuesta entender lo que me preguntan* es considerado falso por los alumnos de ambos segmentos y de ambos tramos con porcentajes que promedian el 65%. Cabe señalar que si bien las diferencias no son marcadas, es más frecuente en los alumnos que dicen aprender con dificultad que en quienes dicen aprender fácilmente.

Si observamos lo que sucede en las diferentes carreras (cf. tabla N° 9), sólo en Trabajo Social es verdadero en 20% de alumnos del tramo final, y en 10% del tramo final. En el resto de las carreras los porcentajes son mínimos.

*Tengo que leer varias veces para comprender* es una afirmación considerada verdadera por un grupo importante de alumnos, especialmente en quienes dicen *aprender con alguna dificultad,* tanto los que inician sus estudios como los que están por concluir (48% TI-39% TF). Por otra parte, se observa una leve disminución en el tramo final. En estudiantes que dicen *aprender fácilmente,* no se informan dificultades en ningún tramo.

En las diferentes carreras, la dificultad en la comprensión lectora es más clara en alumnos que cursan el tramo inicial. En los del tramo final también está presente, pero en menor proporción: Ciencias de la Educación (30% TI-27% TF), Trabajo Social (53% TI-17% TF); Ciencia Política (41% TI-33% TF) y en menor medida, Medicina (26% TI-12% TF).

En Pedagogía -de la UFRJ- la situación se revierte levemente, ya que un 30% de alumnos del tramo final manifiestan dificultad al comprender lo que leen, mientras que un 22% de sus compañeros del tramo inicial también lo advierten.

Estos datos referidos a la comprensión sugieren que la lectura individual y analítica presenta una dificultad considerable, mientras que la comprensión de consignas de exámenes no se muestra como una situación relevante.

## 4.4. Elaboración: análisis y síntesis

Tabla N° 4. Elaboración. Distribución por tramo según autopercepción

| | | | Tramo inicial | | | | Tramo final | | | |
| | | | Autop. dicotómica | | | | Autop. dicotómica | | | |
| | | | Fácilmente | Con dificultad | NS/NC | Total | Fácilmente | Con dificultad | NS/NC | Total |
|---|---|---|---|---|---|---|---|---|---|---|
| Estudio por resúmenes prestados para ir más rápido | VERDADERO | Recuento | 10 | 18 | 1 | 29 | 15 | 7 | 0 | 22 |
| | | % en el ítem | 6,21% | 11,11% | 33,33% | 8,90% | 13,39% | 11,29% | 0,00% | 12,57% |
| | A VECES | Recuento | 33 | 44 | 0 | 77 | 22 | 21 | 0 | 43 |
| | | % en el ítem | 20,50% | 27,16% | 0,00% | 23,62% | 19,64% | 33,87% | 0,00% | 24,57% |
| | FALSO | Recuento | 117 | 99 | 2 | 218 | 73 | 34 | 1 | 108 |
| | | % en el ítem | 72,67% | 61,11% | 66,67% | 66,87% | 65,18% | 54,84% | 100,00% | 61,71% |
| | NS/NC | Recuento | 1 | 1 | 0 | 2 | 2 | 0 | 0 | 2 |
| | | % en el ítem | 0,62% | 0,62% | 0,00% | 0,61% | 1,79% | 0,00% | 0,00% | 1,14% |

|  |  |  | Tramo inicial ||||| Tramo final |||||
|  |  |  | Autop. dicotómica ||||| Autop. dicotómica |||||
|  |  |  | Fácilmente | Con dificultad | NS/NC | Total || Fácilmente | Con dificultad | NS/NC | Total |
| Me cuesta distinguir las ideas principales | VERDADERO | Recuento | 20 | 37 | 0 | 57 || 8 | 11 | 0 | 19 |
|  |  | % en el ítem | 12,42% | 22,84% | 0,00% | 17,48% || 7,14% | 17,74% | 0,00% | 10,86% |
|  | A VECES | Recuento | 30 | 48 | 2 | 80 || 12 | 15 | 1 | 28 |
|  |  | % en el ítem | 18,63% | 29,63% | 66,67% | 24,54% || 10,71% | 24,19% | 100,00% | 16,00% |
|  | FALSO | Recuento | 111 | 77 | 1 | 189 || 90 | 33 | 0 | 123 |
|  |  | % en el ítem | 68,94% | 47,53% | 33,33% | 57,98% || 80,36% | 53,23% | 0,00% | 70,29% |
|  | NS/NC | Recuento | 0 | 0 | 0 | 0 || 2 | 3 | 0 | 5 |
|  |  | % en el ítem | 0,00% | 0,00% | 0,00% | 0,00% || 1,79% | 4,84% | 0,00% | 2,86% |

*APRENDER A APRENDER* COMO META DE LA EDUCACIÓN SUPERIOR

|  |  |  | Tramo inicial | | | | Tramo final | | | |
|---|---|---|---|---|---|---|---|---|---|---|
|  |  |  | Autop. dicotómica | | | | Autop. dicotómica | | | |
|  |  |  | Fácilmente | Con dificultad | NS/NC | Total | Fácilmente | Con dificultad | NS/NC | Total |
| Cuando resumo, todo me parece importante | VERDADERO | Recuento | 44 | 57 | 0 | 101 | 22 | 27 | 0 | 49 |
|  |  | % en el ítem | 27,33% | 35,19% | 0,00% | 30,98% | 19,64% | 43,55% | 0,00% | 28,00% |
|  | A VECES | Recuento | 40 | 43 | 1 | 84 | 35 | 21 | 1 | 57 |
|  |  | % en el ítem | 24,84% | 26,54% | 33,33% | 25,77% | 31,25% | 33,87% | 100,00% | 32,57% |
|  | FALSO | Recuento | 77 | 61 | 2 | 140 | 54 | 14 | 0 | 68 |
|  |  | % en el ítem | 47,83% | 37,65% | 66,67% | 42,94% | 48,21% | 22,58% | 0,00% | 38,86% |
|  | NS/NC | Recuento | 0 | 1 | 0 | 1 | 1 | 0 | 0 | 1 |
|  |  | % en el ítem | 0,00% | 0,62% | 0,00% | 0,31% | 0,89% | 0,00% | 0,00% | 0,57% |

La afirmación *Estudio por resúmenes prestados para ir más rápido* resulta *falsa* para un porcentaje considerable de alumnos -alrededor del 63%-, tanto en quienes dicen aprender fácilmente como en quienes dicen tener alguna dificultad. Tampoco proceden de este modo los alumnos que están al inicio ni los que están próximos a concluir sus estudios.

Según carrera (cf. tabla N° 10), sólo en Ciencia Política, un 20% de los alumnos que están iniciando sus estudios utilizan resúmenes prestados, al igual que un 33% que se encuentra en la finalización de éstos. En el resto de las carreras, esta práctica es informada por menos del 10% de la población en estudio.

*Me cuesta distinguir ideas principales* parece ser una situación que sucede en mayor medida en quienes dicen *aprender con dificultad* (23% TI-18% TF) respecto de quienes *aprenden fácilmente*. De igual modo, estos porcentajes indican que para los alumnos que están por concluir sus estudios, el reconocer ideas principales es una problemática menos frecuente que para sus compañeros que recién inician su carrera.

En consonancia con este planteo, prácticamente en todas las carreras, alumnos del tramo inicial encuentran dificultad para distinguir ideas principales, mientras que en el tramo final es poco frecuente. Aceptan esta situación, los alumnos de Ciencias de la Educación (20% TI-3% TF), Trabajo Social (23% TI-7% TF), Ciencia Política (18% TI-13% TF), Pedagogía (20% TI-13% TF).

Una excepción se presenta en alumnos de Medicina, quienes revierten esta tendencia mostrando mayor dificultad en el tramo final que en el inicial (5% TI-16% TF), aunque estos porcentajes son los más bajos entre todas las carreras.

La afirmación *Cuando resumo, todo me parece importante* es, dentro de los subprocesos de análisis y síntesis, la que muestra mayor proporción de estudiantes que responden verdadero. Aproximadamente el 40% de los alumnos que dicen *aprender con dificultad* reconoce esta situación.

Por otra parte, en ese segmento es superior el porcentaje en el tramo final que en el tramo inicial (35% TI-44% TF). Los alumnos que dicen *aprender fácilmente*, en cambio, tienen menos dificultades para resumir al terminar los estudios (27% TI-20% TF).

En las distintas carreras, esta problemática se manifiesta de manera fluctuante, y son los alumnos de Pedagogía quienes aceptan en mayor proporción esta dificultad (49% TI-42% TF). Los alumnos de Trabajo Social (32% TI-20% TF) y de Ciencia Política (29% TI-20% TF) también admiten que cuando resumen todo les parece importante, pero en mayor medida los del tramo inicial, como muestran los porcentajes precedentes.

En Ciencias de la Educación, un 13% de los alumnos reconocen esta situación en igual porcentaje en ambos tramos. En cambio, en Medicina, en el tramo inicial, un 23% reconoce que cuando resume todo le parece importante, proporción aun mayor en el tramo final (32%).

## 4.5. Recuperación: retener y recordar

**Tabla N° 5. Recuperación. Distribución por tramo según autopercepción**

| | | | Tramo inicial | | | | Tramo final | | | |
|---|---|---|---|---|---|---|---|---|---|---|
| | | | | Autop. dicotómica | | | | Autop. dicotómica | | |
| | | | Fácilmente | Con dificultad | NS/NC | Total | Fácilmente | Con dificultad | NS/NC | Total |
| Me cuesta retener y recordar lo que estudio | VERDADERO | Recuento | 11 | 55 | 0 | 66 | 4 | 14 | 0 | 18 |
| | | % en el ítem | 6,83% | 33,95% | 0,00% | 20,25% | 3,57% | 22,58% | 0,00% | 10,29% |
| | A VECES | Recuento | 37 | 50 | 0 | 87 | 28 | 23 | 1 | 52 |
| | | % en el ítem | 22,98% | 30,86% | 0,00% | 26,69% | 25,00% | 37,10% | 100,00% | 29,71% |
| | FALSO | Recuento | 113 | 54 | 3 | 170 | 78 | 23 | 0 | 101 |
| | | % en el ítem | 70,19% | 33,33% | 100,00% | 52,15% | 69,64% | 37,10% | 0,00% | 57,71% |
| | NS/NC | Recuento | 0 | 3 | 0 | 3 | 2 | 2 | 0 | 4 |
| | | % en el ítem | 0,00% | 1,85% | 0,00% | 0,92% | 1,79% | 3,23% | 0,00% | 2,29% |

# *APRENDER A APRENDER* COMO META DE LA EDUCACIÓN SUPERIOR

| | | | | | | | | | |
|---|---|---|---|---|---|---|---|---|---|
| Estudio pero rindo cuando me va mal | VERDADERO | Recuento | 4 | 18 | 0 | 22 | 4 | 10 | 0 | 14 |
| | | % en el ítem | 2,48% | 11,11% | 0,00% | 6,75% | 3,57% | 16,13% | 0,00% | 8,00% |
| | A VECES | Recuento | 23 | 63 | 0 | 86 | 17 | 21 | 0 | 38 |
| | | % en el ítem | 14,29% | 38,89% | 0,00% | 26,38% | 15,18% | 33,87% | 0,00% | 21,71% |
| | FALSO | Recuento | 133 | 80 | 3 | 216 | 89 | 29 | 1 | 119 |
| | | % en el ítem | 82,61% | 49,38% | 100,00% | 66,26% | 79,46% | 46,77% | 100,00% | 68,00% |
| | NS/NC | Recuento | 1 | 1 | 0 | 2 | 2 | 2 | 0 | 4 |
| | | % en el ítem | 0,62% | 0,62% | 0,00% | 0,61% | 1,79% | 3,23% | 0,00% | 2,29% |

*Me cuesta retener y recordar lo que estudio* es considerado verdadero en alumnos que dicen *aprender con alguna dificultad* de ambos tramos (34% TI-23% TF) Además, se observan diferencias claras entre los alumnos del tramo inicial respecto de sus pares que están concluyendo la carrera. Para los alumnos que *aprenden fácilmente*, esta situación muestra porcentajes bajos en ambos tramos.

En las carreras objeto de estudio (cf. tabla N° 11), a los alumnos del tramo inicial les cuesta más retener y recordar que a los alumnos del tramo final, en especial en Trabajo Social (32% TI-13% TF) y en menor medida en Medicina (20% TI-4% TF), Pedagogía (19% TI-8% TF) y Ciencias de la Educación (15% TI-6% TF).

Esta tendencia se revierte en Ciencia Política, pues parece que a los alumnos del tramo final les resulta más difícil el retener y recordar que a los del tramo inicial. (16% TI-20% TF).

*Estudio pero cuando rindo me va mal* es una situación que le sucede a veces a una proporción considerable de alumnos que dicen *aprender con dificultad* en ambos tramos (39% TI-34% TF), mientras que en quienes dicen *aprender fácilmente*, esta problemática es prácticamente inexistente.

Aunque los porcentajes son bajos, es más alto el porcentaje de alumnos en el tramo final que en el tramo inicial (11% TI-16% TF), especialmente entre quienes aprenden con dificultad.

Al interior de las carreras, la situación de estudiar y no aprobar es poco frecuente en la mayoría de los alumnos. Sólo resulta verdadero para el 15% de los alumnos de Trabajo Social que están iniciando sus estudios. En las otras cuatro carreras los porcentajes son más bajos en ambos tramos.

*APRENDER A APRENDER* COMO META DE LA EDUCACIÓN SUPERIOR

## 4.6. Expresión

Tabla N° 6. Expresión. Distribución por tramo según autopercepción

| | | | Tramo Inicial | | | | Tramo final | | | |
|---|---|---|---|---|---|---|---|---|---|---|
| | | | Autop. dicotómica | | | | Autop. dicotómica | | | |
| | | | Fácilmente | Con dificultad | NS/NC | Total | Fácilmente | Con dificultad | NS/NC | Total |
| Me cuesta expresar por escrito lo que he estudiado | VERDADERO | Recuento | 16 | 38 | 0 | 54 | 18 | 18 | 0 | 36 |
| | | % en el ítem | 9,94% | 23,46% | 0,00% | 16,56% | 16,07% | 29,03% | 0,00% | 20,57% |
| | A VECES | Recuento | 33 | 40 | 1 | 74 | 22 | 13 | 1 | 36 |
| | | % en el ítem | 20,50% | 24,69% | 33,33% | 22,70% | 19,64% | 20,97% | 100,00% | 20,57% |
| | FALSO | Recuento | 111 | 82 | 2 | 195 | 72 | 29 | 0 | 101 |
| | | % en el ítem | 68,94% | 50,62% | 66,67% | 59,82% | 64,29% | 46,77% | 0,00% | 57,71% |
| | NS/NC | Recuento | 1 | 2 | 0 | 3 | 0 | 2 | 0 | 2 |
| | | % en el ítem | 0,62% | 1,23% | 0,00% | 0,92% | 0,00% | 3,23% | 0,00% | 1,14% |

*Me cuesta expresar por escrito lo que he estudiado* es verdadero en alumnos que dicen *aprender con alguna dificultad* de ambos tramos (23% TI-29% TF), con un porcentaje levemente superior al finalizar que al iniciar los estudios. Esta tendencia también se mantiene en los que dicen *aprender fácilmente* (10% TI-16% TF).

Esto se observa con claridad en alumnos de Trabajo Social, donde el 13% del tramo inicial y el 27% del tramo final reconocen que les sucede (cf. tabla N° 12).

En Ciencia Política el 25% de los alumnos que inician los estudios consideran tener problemas al expresar por escrito lo estudiado, similar a lo que ocurre al 27% de los que están por terminar la carrera.

En Medicina, sólo al 3% de los alumnos del tramo inicial les cuesta expresar por escrito lo que ha estudiado, mientras que, en el tramo final, lo planteado le sucede a un 20%.

En la carrera de Pedagogía -de la UFRJ- también se observa un porcentaje considerable de alumnos a quienes les cuesta expresarse por escrito, pero a diferencia de otras carreras, esto se manifiesta más en los alumnos del tramo inicial (24% TI-18% TF).

En Ciencias de la Educación la problemática es reconocida por un 13% de alumnos en ambos tramos.

## 5. Discusión de resultados

El título de nuestra investigación incluye un interrogante: ¿Llega el estudiante universitario a aprender a aprender?, y anticipa que el centro de atención es el comportamiento de los procesos, estrategias y actitudes del alumno universitario en el transcurso de la carrera.

La hipótesis que orientó el trabajo es que los alumnos que se encuentran en el tramo final de la carrera se diferencian de los alumnos del tramo inicial respecto de los procesos que emplean para aprender.

Específicamente, nos abocamos a estudiar los procesos que realizan los estudiantes universitarios para aprender, con el objetivo de *comparar los resultados obtenidos en alumnos de los dos primeros años –tramo inicial- con los obtenidos en el tramo final de las carreras en estudio, a fin de estimar el desarrollo (o no) de competencias académicas.*

Parece un ideal bastante ambicioso esperar que el estudiante desarrolle competencias académicas, pero consideramos que podría suponerse que, como fruto de la experiencia académica, es esperable que vaya ampliando y optimizando los recursos y las estrategias que le permiten tener éxito en la carrera.

Para contrastarla en el plano empírico, analizamos el comportamiento de cada uno de los procesos en el tramo inicial y en el tramo final de los estudios universitarios distinguiendo, dentro de cada tramo, lo que sucede en los dos segmentos -alumnos que dicen aprender fácilmente y alumnos que dicen aprender con alguna dificultad- y las particularidades por carrera.

En el *proceso de concentración*, las problemáticas más claras se observan en alumnos que aprenden con alguna dificultad, en comparación con sus pares que aprenden fácilmente. Además, son estos alumnos quienes muestran que en la finalización de la carrera la dificultad de concentrarse persiste, especialmente si deben hacerlo por períodos más prolongados.

Sin embargo, para los alumnos que dicen aprender fácilmente, la concentración es un proceso que no parece resultar complicado en la etapa final de los estudios, como les sucede a quienes recién inician. Esto se observa en casi todas las carreras de la UNCuyo, especialmente en Trabajo Social, Ciencia Política y Medicina. La carrera que plantea una situación diferente es Pedagogía de la UFRJ, en la cual concentrarse por períodos breves es más frecuente en estudiantes del tramo final que del inicial.

Estos datos nos hacen pensar que la concentración puede ser un proceso que causa ciertos inconvenientes a los alumnos. Nos preguntamos: ¿será ésta una característica propia de nuestra época? ¿Será que los procesos de concentración tienen que ver con una cultura del *zapping mental* (Ferrés i Prats, 2000), como entienden algunos autores que caracterizan el pensamiento de la posmodernidad? ¿Será el proceso de la concentración un factor determinante en el rendimiento académico?, ¿o simplemente un aspecto que los alumnos manejan en función de sus tiempos y sus recursos?

En el *proceso de lectura*, las dificultades no son tan claras como las referidas a concentración y, nuevamente, los mayores problemas se manifiestan en quienes dicen aprender con alguna dificultad, aunque en este caso, tanto en el tramo inicial como final.

La carrera que muestra tal situación es Ciencia Política, mientras que Trabajo Social sólo presenta dificultades en el tramo inicial. En Pedagogía (UFRJ), a los alumnos del tramo final les resulta más complicado comprender lo que leen que a sus pares del tramo inicial, lo que ya observamos también en el proceso de la concentración.

Llama la atención que la lectura no sea percibida por los estudiantes como una instancia problemática, mientras que sí lo es la *comprensión*, en la que se informan las mayores dificultades. Por otra parte, al estudiar este proceso, los alumnos no manifiestan conflicto para entender e interpretar las consignas de examen, pero una proporción considerable señala que tiene que leer varias veces un texto para comprenderlo, lo cual parece una contradicción. En una línea semejante, los datos muestran que un porcentaje elevado responde que no tiene problemas en lectura, y una proporción considerable responde que tiene dificultad para comprender lo que lee, lo cual sugiere otra contradicción.

Tal situación se muestra prioritariamente en alumnos que se autoperciben con dificultades para aprender, tanto en el tramo inicial como en el tramo final (aunque en menor proporción).

Por otra parte, se manifiesta -en diferentes proporciones- en todas las carreras, pero en Trabajo Social la problemática es informada por la mitad de la población en estudio del tramo inicial.

Esto resulta preocupante y nos alerta sobre la necesidad de ejercitar estrategias para optimizar los procesos de comprensión en las etapas de ingreso y primeros años de la carrera.

Desde la perspectiva del tramo, en todas las carreras de la UNCuyo, la dificultad se manifiesta en menor proporción entre quienes están terminando sus estudios que entre quienes están al inicio. En cambio, en la UFRJ la situación es diferente; son más los alumnos del tramo final –respecto del inicial- los que señalan esta complicación. Diferencias semejantes se observaron en algunos de los procesos descriptos anteriormente, no obstante no representa una tendencia que pueda ser generalizada, porque en los procesos subsiguientes ya no sucede lo mismo.

Nuestros resultados sugieren la necesidad de retomar en futuros estudios la indagación sobre la lectura y la comprensión, a partir de la experiencia del alumno y según planteos situados.

En el *proceso de elaboración* hemos indagado si los alumnos estudian por resúmenes prestados, si les cuesta distinguir ideas principales y si tienen dificultad para resumir porque todo les parece importante.

De esta manera, ahondamos en el análisis y síntesis, siendo esta última la que presenta mayores complicaciones. Lleva a pensar así que una proporción elevada de alumnos manifiestan que les cuesta resumir porque todo les parece importante, tanto en quienes aprenden fácilmente como en quienes aprenden con dificultad, pero éstos en mayor medida.

Es llamativo que en alumnos que aprenden con dificultad, esta problemática no disminuya en el tramo final, sino que por el contrario, el porcentaje es más elevado que en el tramo inicial. Esta tendencia se ve en forma clara en las carreras de Medicina y Pedagogía. No así en las otras.

El análisis que implica tener que diferenciar las ideas principales de las secundarias se presenta como un problema de menor incidencia que el resumir. No obstante, se observa la misma tendencia que en la mayoría de los procesos; es mayor la proporción de alumnos que aprenden con dificultad que informan problemas en este aspecto, respecto de sus pares que dicen aprender fácilmente.

En cuanto a la comparación por tramos, a quienes cursan el tramo inicial les cuesta más distinguir ideas principales que a los que están en el tramo final, y esto sucede en casi todas las carreras, a excepción de Medicina.

Al parecer, la mayoría de los alumnos de la UNCuyo y de la UFRJ no estudian por resúmenes prestados, excepto algunos alumnos de Ciencia Política que *confiesan* hacerlo en ambos tramos, mayormente al finalizar la carrera. Nos preguntamos sobre la veracidad de estas respuestas, ya que es frecuente escuchar a los alumnos por los pasillos comentar sobre el préstamo de apuntes o resúmenes entre compañeros, lo que tiene una valoración negativa por parte de sus docentes. A eso se debe el uso de nuestro término *confiesan*, ya que no todos los alumnos se animan a hacerlo explícito.

En el *proceso de recuperación*, analizamos el retener y recordar lo estudiado y el consiguiente éxito en los exámenes. Al comparar segmentos, los datos sugieren que quienes dicen aprender con dificultad toman conciencia del problema del almacenamiento y evocación de la información, mientras que en quienes aprenden fácilmente esta situación parece *prácticamente inexistente.*

Al comparar tramos, se observa menor proporción de alumnos del tramo final -respecto del inicial- que informa esta dificultad. Esto se muestra en cuatro de las cinco carreras que participan en esta investigación, y es Ciencia Política la única que muestra, en alumnos de los años superiores, dificultades para recordar lo estudiado.

Por otra parte, fracasar en los exámenes después de haber estudiado es una experiencia informada sólo por una pequeña proporción de alumnos de Trabajo Social que están iniciando sus estudios. Tal situación llevaría a pensar que no han sido utilizados los procesos de recuperación adecuados para obtener resultados académicos óptimos, a la vez que llamaría a la reflexión sobre la relación que se establece entre el fracaso académico y la baja autoestima.

Las diferencias entre tramos respecto del proceso de recuperación sugieren cómo en el aprendizaje se establece una relación sustancial de aprendizajes previos (Ausubel, 1998) y llevan a pensar que los procesos van mejorando a medida que se practican en forma consciente y voluntaria, lo cual redunda en beneficio de mejores logros académicos.

En el *proceso de expresión*, tanto en alumnos que dicen aprender fácilmente como en quienes consideran que aprenden con cierta dificultad, la proporción que reconoce la problemática planteada es más alta en el tramo final y más clara en el segundo segmento.

Una situación similar se observa en la mayoría de las carreras, ya que en Trabajo Social, Ciencia Política y Medicina los alumnos a punto de terminar el cursado aceptan tener inconvenientes para expresar por escrito lo aprendido en proporción mayor que los que se encuentran al inicio de carrera, con porcentajes que superan el cuarto de la población en estudio.

Éste debería ser un punto de alerta para docentes y autoridades, ya que la expresión escrita constituye un pilar importante para el desarrollo de competencias profesionales en las Ciencias Sociales.

En Pedagogía de la UFRJ, en cambio, es superior la proporción en alumnos del tramo inicial –respecto del final- que considera verdadero que les cuesta expresarse por escrito.

## Consideraciones finales

Después de haber analizado los procesos que realizan los alumnos para aprender, recuperamos algunas características que llaman a la reflexión y en las cuales conviene detenerse.

1) Parece ser una constante que los alumnos que dicen aprender con alguna dificultad encuentren problemática la realización de la mayoría de los procesos. Por el contrario, los alumnos que dicen aprender fácilmente, encuentran inconvenientes en muy pocos subprocesos.

2) En el análisis general, en algunos procesos, tales como la concentración, la lectura, la elaboración -específicamente al resumir-, la recuperación en los exámenes y la expresión escrita, los alumnos que dicen aprender con dificultad del tramo final son quienes informan mayores dificultades que sus pares del tramo inicial.

Ante estos resultados nos preguntamos si esto tiene que ver con la autopercepción y la autoestima que los lleva a considerar siempre las dificultades, sin permitirles tener una visión optimista de sus posibilidades.

3) Sin embargo, en la comprensión, en un aspecto de la elaboración -el distinguir ideas principales- y en el subproceso de retener y recordar, los alumnos que se encuentran en los años iniciales muestran mayores dificultades que sus pares que cursan el tramo final.

Esto parece más coherente con la mirada del docente, pues quienes trabajamos con estudiantes que se encuentran a punto de recibirse tenemos la expectativa de que ciertas dificultades se superen a través del trayecto formativo y que el estudiante llegue a concluir sus estudios con procesos cognitivos y de regulación metacognitiva acordes con los desafíos que enfrentará en el futuro.

4) Resulta curioso que, en términos generales, sea baja la proporción de alumnos que reconoce problemáticas en el proceso de la lectura, ya que es la base para que luego puedan realizar los siguientes procesos de comprensión, elaboración, recuperación y expresión. Desde otra perspectiva, esto no se condice con lo que frecuentemente expresan los docentes universitarios sobre el aprendizaje de sus alumnos.

Sin embargo, esto parece contradecirse con los resultados referidos a comprensión -específicamente leer varias veces para comprender-, donde los alumnos reconocen claramente que esto *les cuesta* en porcentajes que se acercan a la mitad de la población en estudio.

5) Los subprocesos que presentan una mayor proporción de alumnos –generalmente que aprenden con alguna dificultad- a quienes les cuesta su realización son: la concentración por períodos prolongados, la comprensión al leer y tener que hacerlo varias veces -como mencionamos anteriormente-, el resumir, ya que todo parece importante, y el retener y recordar. Todas estas actividades constituyen una problemática para más del cuarto de la población en estudio.

6) En el análisis por carreras, se cumple nuestro supuesto de que hay diferencias en los procesos que realizan los alumnos del tramo inicial y los del tramo final. Estas diferencias consisten en que los alumnos del tramo final no tienen tantas dificultades en la realización de los procesos como los alumnos del tramo inicial.

Desde nuestra mirada docente, ésta sería la situación ideal en todos los procesos y en todas las carreras. Cabría esperar que los alumnos del tramo final mostraran mejores porcentajes en la utilización de los diferentes procesos que sus pares que recién se inician, pero esto no sucede en la carrera de Pedagogía de la UFRJ en los procesos de concentración, lectura y comprensión, en la carrera de Medicina de la UNCuyo en el proceso de síntesis, tanto al tener que distinguir ideas importantes como al resumir, y en la carrera de Ciencia Política al retener y recordar.

7) Al parecer, cada carrera tiene algún punto débil, es decir, los resultados sugieren problemáticas más claras en algunos procesos que en otros. Por otra parte, es probable que estas diferencias se vinculen con algunas características propias de cada tipo de disciplina.

Para los alumnos de Trabajo Social, es en la concentración por largos períodos, en la comprensión de la lectura analítica, en la elaboración al distinguir ideas principales, en el retener y recordar y expresarse en forma escrita donde muestran elevados porcentajes, especialmente entre los alumnos del tramo inicial.

Los alumnos de Ciencia Política también muestran proporciones más elevadas que otras carreras en la concentración, en la lectura, en la comprensión, al resumir y en la expresión escrita. Son el único caso destacable donde reconocen que estudian por resúmenes prestados para ir más rápido.

Los alumnos de Medicina *llevan la delantera* en los porcentajes referidos a concentrarse en las clases expositivas. Cabe suponer que incide el carácter eminentemente teórico-práctico del contenido y de la propuesta pedagógica de esta carrera.

Los alumnos de Ciencias de la Educación son los que informan menores complicaciones en todos los procesos; sólo podemos destacar cierta dificultad en la comprensión, ya que reconocen que deben leer varias veces para entender los textos, aunque no es la carrera que muestra los mayores porcentajes en este aspecto. Cabe preguntarse si el tipo de estudios y la formación docente que reciben los llevan a desplegar procesos metacognitivos que repercuten favorablemente en sus propias formas de aprender.

8) Ante esta consideración, sería esperable que se mostrara una situación análoga en la carrera de Pedagogía -por

la similitud de sus estudios-, sin embargo, estos estudiantes, además de la comprensión, también encuentran dificultad al concentrarse por períodos breves, al expresarse en forma escrita y fundamentalmente al resumir, porque todo les parece importante.

Esta situación sugiere la necesidad de indagar en futuros estudios qué características tiene la propuesta académica de la UFRJ en la carrera de Pedagogía, en particular, el plan de estudios, la organización curricular, la modalidad de la carrera y las formas de evaluar. Contar con dicha información permitirá comprender mejor las diferencias entre los procesos que realizan para aprender los alumnos de una universidad y de otra.

A modo de conclusión, retomamos una vez más la hipótesis que planteamos al inicio: los alumnos que se encuentran en el tramo final de la carrera se diferencian de los alumnos del tramo inicial respecto de los procesos que emplean para aprender, y respondemos que, en función de los resultados de base empírica obtenidos en nuestra población, estas diferencias no son del todo claras.

Esto nos lleva a considerar, por un lado, que el solo hecho de estar expuesto a la experiencia académica no da lugar a la mejora en los procesos que realiza el estudiante. Por otro lado, trae a primer plano la importancia de constituir el *aprender a aprender* en un contenido de aprendizaje tan relevante como el contenido disciplinar, a fin de promover un aprendizaje autorregulado, que prepare para seguir aprendiendo a lo largo de la vida.

En este sentido recuperamos lo expuesto al comienzo de este capítulo sobre la posibilidad de enseñar intencionalmente, de ejercitar y de regular a través de la metacognición, el empleo óptimo de los procesos para aprender. Sin dejar de lado la construcción del conocimiento disciplinar, se trata de promover el desarrollo de los procesos para su adquisición.

Tabla N° 7. Proceso: concentración. Distribución según carreras

| | | | Carrera | | | | | | | | | | | | | | |
|---|---|---|---|---|---|---|---|---|---|---|---|---|---|---|---|---|---|
| | | | Ciencias de la Educación | | | Trabajo Social | | | Ciencia Política | | | Medicina | | | Pedagogía | | |
| | | | Tramo | | | Tramo | | | Tramo | | | Tramo | | | Tramo | | |
| | | | Inicial | Final | Total | Inicial | Final | Total | Inicial | Final | Total | Inicial | Final | Total | Inicial | Final | Total |
| Me concentro por períodos muy breves | Verdadero | Recuento | 11 | 4 | 15 | 24 | 5 | 29 | 25 | 11 | 36 | 17 | 6 | 23 | 19 | 18 | 37 |
| | | % en el ítem | 18,33% | 13,33% | 16,67% | 40,00% | 16,67% | 32,22% | 44,64% | 36,67% | 41,86% | 28,33% | 24,00% | 27,06% | 21,11% | 30,00% | 24,67% |
| | A veces | Recuento | 20 | 8 | 28 | 26 | 10 | 36 | 10 | 9 | 19 | 24 | 11 | 35 | 32 | 17 | 49 |
| | | % en el ítem | 33,33% | 26,67% | 31,11% | 43,33% | 33,33% | 40,00% | 17,86% | 30,00% | 22,09% | 40,00% | 44,00% | 41,18% | 35,56% | 28,33% | 32,67% |
| | Falso | Recuento | 29 | 18 | 47 | 8 | 15 | 23 | 19 | 10 | 29 | 18 | 7 | 25 | 38 | 23 | 61 |
| | | % en el ítem | 48,33% | 60,00% | 52,22% | 13,33% | 50,00% | 25,56% | 33,93% | 33,33% | 33,72% | 30,00% | 28,00% | 29,41% | 42,22% | 38,33% | 40,67% |
| | NS/NC | Recuento | 0 | 0 | 0 | 2 | 0 | 2 | 2 | 0 | 2 | 1 | 1 | 2 | 1 | 2 | 3 |
| | | % en el ítem | 0,00% | 0,00% | 0,00% | 3,33% | 0,00% | 2,22% | 3,57% | 0,00% | 2,33% | 1,67% | 4,00% | 2,35% | 1,11% | 3,33% | 2,00% |
| | Total | Recuento | 60 | 30 | 90 | 60 | 30 | 90 | 56 | 30 | 86 | 60 | 25 | 85 | 90 | 60 | 150 |
| | | % en el ítem | 100,00% | 100,00% | 100,00% | 100,00% | 100,00% | 100,00% | 100,00% | 100,00% | 100,00% | 100,00% | 100,00% | 100,00% | 100,00% | 100,00% | 100,00% |

*APRENDER A APRENDER* COMO META DE LA EDUCACIÓN SUPERIOR

| | | | | | | | | | | | | | | | | | |
|---|---|---|---|---|---|---|---|---|---|---|---|---|---|---|---|---|---|
| Me cuesta seguir las clases expositivas | Verdadero | Recuento | 4 | 1 | 5 | 7 | 5 | 12 | 5 | 3 | 8 | 12 | 5 | 17 | 13 | 8 | 21 |
| | | % en el item | 6,67% | 3,33% | 5,56% | 11,67% | 16,67% | 13,33% | 8,93% | 10,00% | 9,30% | 20,00% | 20,00% | 20,00% | 14,44% | 13,33% | 14,00% |
| | A veces | Recuento | 13 | 9 | 22 | 24 | 8 | 32 | 17 | 10 | 27 | 16 | 7 | 23 | 26 | 22 | 48 |
| | | % en el item | 21,67% | 30,00% | 24,44% | 40,00% | 26,67% | 35,56% | 30,36% | 33,33% | 31,40% | 26,67% | 28,00% | 27,06% | 28,89% | 36,67% | 32,00% |
| | Falso | Recuento | 41 | 20 | 61 | 28 | 15 | 43 | 34 | 16 | 50 | 31 | 13 | 44 | 51 | 30 | 81 |
| | | % en el item | 68,33% | 66,67% | 67,78% | 46,67% | 50,00% | 47,78% | 60,71% | 53,33% | 58,14% | 51,67% | 52,00% | 51,76% | 56,67% | 50,00% | 54,00% |
| | NS/NC | Recuento | 2 | 0 | 2 | 1 | 2 | 3 | 0 | 1 | 1 | 1 | 0 | 1 | 0 | 0 | 0 |
| | | % en el item | 3,33% | 0,00% | 2,22% | 1,67% | 6,67% | 3,33% | 0,00% | 3,33% | 1,16% | 1,67% | 0,00% | 1,18% | 0,00% | 0,00% | 0,00% |
| | Total | Recuento | 60 | 30 | 90 | 60 | 30 | 90 | 56 | 30 | 86 | 60 | 25 | 85 | 90 | 60 | 150 |
| | | % en el item | 100,00% | 100,00% | 100,00% | 100,00% | 100,00% | 100,00% | 100,00% | 100,00% | 100,00% | 100,00% | 100,00% | 100,00% | 100,00% | 100,00% | 100,00% |
| Me resulta casi imposible quedarme más de una hora sentado/a estudiando | Verdadero | Recuento | 7 | 3 | 10 | 19 | 3 | 22 | 17 | 5 | 22 | 16 | 6 | 22 | 15 | 6 | 21 |
| | | % en el item | 11,67% | 10,00% | 11,11% | 31,67% | 10,00% | 24,44% | 30,36% | 16,67% | 25,58% | 26,67% | 24,00% | 25,88% | 16,67% | 10,00% | 14,00% |
| | A veces | Recuento | 15 | 7 | 22 | 18 | 8 | 26 | 12 | 14 | 26 | 13 | 9 | 22 | 20 | 20 | 40 |
| | | % en el item | 25,00% | 23,33% | 24,44% | 30,00% | 26,67% | 28,89% | 21,43% | 46,67% | 30,23% | 21,67% | 36,00% | 25,88% | 22,22% | 33,33% | 26,67% |
| | Falso | Recuento | 37 | 20 | 57 | 23 | 19 | 42 | 26 | 10 | 36 | 31 | 9 | 40 | 54 | 33 | 87 |
| | | % en el item | 61,67% | 66,67% | 63,33% | 38,33% | 63,33% | 46,67% | 46,43% | 33,33% | 41,86% | 51,67% | 36,00% | 47,06% | 60,00% | 55,00% | 58,00% |
| | NS/NC | Recuento | 1 | 0 | 1 | 0 | 0 | 0 | 1 | 1 | 2 | 0 | 1 | 1 | 1 | 1 | 2 |
| | | % en el item | 1,67% | 0,00% | 1,11% | 0,00% | 0,00% | 0,00% | 1,79% | 3,33% | 2,33% | 0,00% | 4,00% | 1,18% | 1,11% | 1,67% | 1,33% |
| | Total | Recuento | 60 | 30 | 90 | 60 | 30 | 90 | 56 | 30 | 86 | 60 | 25 | 85 | 90 | 60 | 150 |
| | | % en el item | 100,00% | 100,00% | 100,00% | 100,00% | 100,00% | 100,00% | 100,00% | 100,00% | 100,00% | 100,00% | 100,00% | 100,00% | 100,00% | 100,00% | 100,00% |

## Tabla N° 8. Proceso: lectura. Distribución según carreras

| | | Carrera | | | | | | | | | | | | | | | | | |
|---|---|---|---|---|---|---|---|---|---|---|---|---|---|---|---|---|---|---|---|
| | | Ciencias de la Educación | | | Trabajo Social | | | Ciencia Política | | | Medicina | | | Pedagogía | | | | | |
| | | Tramo | | | Tramo | | | Tramo | | | Tramo | | | Tramo | | | | | |
| | | Inicial | Final | Total | Inicial | Final | Total | Inicial | Final | Total | Inicial | Final | Total | Inicial | Final | Total | | | |
| Me cuesta comprender lo que leo | Verdadero | Recuento | 10 | 3 | 13 | 14 | 5 | 19 | 13 | 6 | 19 | 4 | 1 | 5 | 7 | 11 | 18 | | |
| | | % en el ítem | 16,67% | 10,00% | 14,44% | 23,33% | 16,67% | 21,11% | 23,21% | 20,00% | 22,09% | 6,67% | 4,00% | 5,88% | 7,78% | 18,33% | 12,00% | | |
| | A veces | Recuento | 21 | 4 | 25 | 27 | 6 | 33 | 17 | 7 | 24 | 9 | 6 | 15 | 40 | 20 | 60 | | |
| | | % en el ítem | 35,00% | 13,33% | 27,78% | 45,00% | 20,00% | 36,67% | 30,36% | 23,33% | 27,91% | 15,00% | 24,00% | 17,65% | 44,44% | 33,33% | 40,00% | | |
| | Falso | Recuento | 28 | 23 | 51 | 19 | 19 | 38 | 26 | 14 | 40 | 46 | 17 | 63 | 43 | 29 | 72 | | |
| | | % en el ítem | 46,67% | 76,67% | 56,67% | 31,67% | 63,33% | 42,22% | 46,43% | 46,67% | 46,51% | 76,67% | 68,00% | 74,12% | 47,78% | 48,33% | 48,00% | | |
| | NS/NC | Recuento | 1 | 0 | 1 | 0 | 0 | 0 | 0 | 3 | 3 | 1 | 1 | 2 | 0 | 0 | 0 | | |
| | | % en el ítem | 1,67% | 0,00% | 1,11% | 0,00% | 0,00% | 0,00% | 0,00% | 10,00% | 3,49% | 1,67% | 4,00% | 2,35% | 0,00% | 0,00% | 0,00% | | |
| | Total | Recuento | 60 | 30 | 90 | 60 | 30 | 90 | 56 | 30 | 86 | 60 | 25 | 85 | 90 | 60 | 150 | | |
| | | % en el ítem | 100,00% | 100,00% | 100,00% | 100,00% | 100,00% | 100,00% | 100,00% | 100,00% | 100,00% | 100,00% | 100,00% | 100,00% | 100,00% | 100,00% | 100,00% | | |

*APRENDER A APRENDER* COMO META DE LA EDUCACIÓN SUPERIOR

Tabla N° 9. Proceso: comprensión. Distribución según carreras

| | | | Carrera | | | | | | | | | | | | | |
|---|---|---|---|---|---|---|---|---|---|---|---|---|---|---|---|---|
| | | | Ciencias de la Educación | | | Trabajo Social | | | Ciencia Política | | | Medicina | | | Pedagogía | | |
| | | | Tramo | | | Tramo | | | Tramo | | | Tramo | | | Tramo | | |
| | | | Inicial | Final | Total | Inicial | Final | Total | Inicial | Final | Total | Inicial | Final | Total | Inicial | Final | Total |
| En los exámenes, me cuesta entender lo que me preguntan | Verdadero | Recuento | 8 | 2 | 10 | 6 | 6 | 12 | 7 | 3 | 10 | 4 | 3 | 7 | 10 | 8 | 18 |
| | | % en el item | 13,33% | 6,67% | 11,11% | 10,00% | 20,00% | 13,33% | 12,50% | 10,00% | 11,63% | 6,67% | 12,00% | 8,24% | 11,11% | 13,33% | 12,00% |
| | A veces | Recuento | 17 | 4 | 21 | 21 | 7 | 28 | 10 | 8 | 18 | 9 | 6 | 15 | 17 | 14 | 31 |
| | | % en el item | 28,33% | 13,33% | 23,33% | 35,00% | 23,33% | 31,11% | 17,86% | 26,67% | 20,93% | 15,00% | 24,00% | 17,65% | 18,89% | 23,33% | 20,67% |
| | Falso | Recuento | 35 | 23 | 58 | 33 | 16 | 49 | 37 | 19 | 56 | 46 | 16 | 62 | 63 | 38 | 101 |
| | | % en el item | 58,33% | 76,67% | 64,44% | 55,00% | 53,33% | 54,44% | 66,07% | 63,33% | 65,12% | 76,67% | 64,00% | 72,94% | 70,00% | 63,33% | 67,33% |
| | NS/NC | Recuento | 0 | 1 | 1 | 0 | 1 | 1 | 2 | 0 | 2 | 1 | 0 | 1 | 0 | 0 | 0 |
| | | % en el item | 0,00% | 3,33% | 1,11% | 0,00% | 3,33% | 1,11% | 3,57% | 0,00% | 2,33% | 1,67% | 0,00% | 1,18% | 0,00% | 0,00% | 0,00% |
| | Total | Recuento | 60 | 30 | 90 | 60 | 30 | 90 | 56 | 30 | 86 | 60 | 25 | 85 | 90 | 60 | 150 |
| | | % en el item | 100,00% | 100,00% | 100,00% | 100,00% | 100,00% | 100,00% | 100,00% | 100,00% | 100,00% | 100,00% | 100,00% | 100,00% | 100,00% | 100,00% | 100,00% |

| | | | Carrera | | | | | | | | | | | | | |
|---|---|---|---|---|---|---|---|---|---|---|---|---|---|---|---|---|
| | | | Ciencias de la Educación | | | Trabajo Social | | | Ciencia Política | | | Medicina | | | Pedagogía | | |
| | | | Tramo | | | Tramo | | | Tramo | | | Tramo | | | Tramo | | |
| | | | Inicial | Final | Total | Inicial | Final | Total | Inicial | Final | Total | Inicial | Final | Total | Inicial | Final | Total |
| Tengo que leer varias veces para comprender | Verdadero | Recuento | 18 | 8 | 26 | 32 | 5 | 37 | 23 | 10 | 33 | 16 | 3 | 19 | 20 | 18 | 38 |
| | | % en el item | 30,00% | 26,67% | 28,89% | 53,33% | 16,67% | 41,11% | 41,07% | 33,33% | 38,37% | 26,67% | 12,00% | 22,35% | 22,22% | 30,00% | 25,33% |
| | A veces | Recuento | 21 | 9 | 30 | 18 | 10 | 28 | 19 | 12 | 31 | 28 | 13 | 41 | 42 | 21 | 63 |
| | | % en el item | 35,00% | 30,00% | 33,33% | 30,00% | 33,33% | 31,11% | 33,93% | 40,00% | 36,05% | 46,67% | 52,00% | 48,24% | 46,67% | 35,00% | 42,00% |
| | Falso | Recuento | 21 | 13 | 34 | 10 | 15 | 25 | 14 | 8 | 22 | 16 | 8 | 24 | 26 | 21 | 47 |
| | | % en el item | 35,00% | 43,33% | 37,78% | 16,67% | 50,00% | 27,78% | 25,00% | 26,67% | 25,58% | 26,67% | 32,00% | 28,24% | 28,89% | 35,00% | 31,33% |
| | NS/NC | Recuento | 0 | 0 | 0 | 0 | 0 | 0 | 0 | 0 | 0 | 0 | 1 | 1 | 2 | 0 | 2 |
| | | % en el item | 0,00% | 0,00% | 0,00% | 0,00% | 0,00% | 0,00% | 0,00% | 0,00% | 0,00% | 0,00% | 4,00% | 1,18% | 2,22% | 0,00% | 1,33% |
| | Total | Recuento | 60 | 30 | 90 | 60 | 30 | 90 | 56 | 30 | 86 | 60 | 25 | 85 | 90 | 60 | 150 |
| | | % en el item | 100,00% | 100,00% | 100,00% | 100,00% | 100,00% | 100,00% | 100,00% | 100,00% | 100,00% | 100,00% | 100,00% | 100,00% | 100,00% | 100,00% | 100,00% |

Tabla N° 10. Proceso: elaboración. Distribución según carreras

| | | | Carrera | | | | | | | | | | | | | | | | |
|---|---|---|---|---|---|---|---|---|---|---|---|---|---|---|---|---|---|---|---|
| | | | Ciencias de la Educación | | | Trabajo Social | | | Ciencia Política | | | Medicina | | | Pedagogía | | |
| | | | Tramo | | | Tramo | | | Tramo | | | Tramo | | | Tramo | | |
| | | | Inicial | Final | Total | Inicial | Final | Total | Inicial | Final | Total | Inicial | Final | Total | Inicial | Final | Total |
| Estudio por resúmenes prestados para ir más rápido | Verdadero | Recuento | 1 | 1 | 2 | 7 | 4 | 11 | 11 | 10 | 21 | 3 | 2 | 5 | 7 | 5 | 12 |
| | | % en el ítem | 1,67% | 3,33% | 2,22% | 11,67% | 13,33% | 12,22% | 19,64% | 33,33% | 24,42% | 5,00% | 8,00% | 5,88% | 7,78% | 8,33% | 8,00% |
| | A veces | Recuento | 11 | 10 | 21 | 13 | 10 | 23 | 22 | 10 | 32 | 13 | 5 | 18 | 18 | 8 | 26 |
| | | % en el ítem | 18,33% | 33,33% | 23,33% | 21,67% | 33,33% | 25,56% | 39,29% | 33,33% | 37,21% | 21,67% | 20,00% | 21,18% | 20,00% | 13,33% | 17,33% |
| | Falso | Recuento | 48 | 19 | 67 | 40 | 16 | 56 | 22 | 10 | 32 | 44 | 17 | 61 | 64 | 46 | 110 |
| | | % en el ítem | 80,00% | 63,33% | 74,44% | 66,67% | 53,33% | 62,22% | 39,29% | 33,33% | 37,21% | 73,33% | 68,00% | 71,76% | 71,11% | 76,67% | 73,33% |
| | NS/NC | Recuento | 0 | 0 | 0 | 0 | 0 | 0 | 1 | 0 | 1 | 0 | 1 | 1 | 1 | 1 | 2 |
| | | % en el ítem | 0,00% | 0,00% | 0,00% | 0,00% | 0,00% | 0,00% | 1,79% | 0,00% | 1,16% | 0,00% | 4,00% | 1,18% | 1,11% | 1,67% | 1,33% |
| | Total | Recuento | 60 | 30 | 90 | 60 | 30 | 90 | 56 | 30 | 86 | 60 | 25 | 85 | 90 | 60 | 150 |
| | | % en el ítem | 100,00% | 100,00% | 100,00% | 100,00% | 100,00% | 100,00% | 100,00% | 100,00% | 100,00% | 100,00% | 100,00% | 100,00% | 100,00% | 100,00% | 100,00% |

| | | | Carrera | | | | | | | | | | | | | | | |
|---|---|---|---|---|---|---|---|---|---|---|---|---|---|---|---|---|---|---|
| | | | Ciencias de la Educación | | | Trabajo Social | | | Ciencia Política | | | Medicina | | | Pedagogía | | |
| | | | Tramo | | | Tramo | | | Tramo | | | Tramo | | | Tramo | | |
| | | | Inicial | Final | Total | Inicial | Final | Total | Inicial | Final | Total | Inicial | Final | Total | Inicial | Final | Total |
| Me cuesta distinguir las ideas principales | Verdadero | Recuento | 12 | 1 | 13 | 14 | 2 | 16 | 10 | 4 | 14 | 3 | 4 | 7 | 18 | 8 | 26 |
| | | % en el item | 20,00% | 3,33% | 14,44% | 23,33% | 6,67% | 17,78% | 17,86% | 13,33% | 16,28% | 5,00% | 16,00% | 8,24% | 20,00% | 13,33% | 17,33% |
| | A veces | Recuento | 8 | 3 | 11 | 21 | 4 | 25 | 10 | 4 | 14 | 15 | 3 | 18 | 26 | 14 | 40 |
| | | % en el item | 13,33% | 10,00% | 12,22% | 35,00% | 13,33% | 27,78% | 17,86% | 13,33% | 16,28% | 25,00% | 12,00% | 21,18% | 28,89% | 23,33% | 26,67% |
| | Falso | Recuento | 40 | 26 | 66 | 25 | 24 | 49 | 36 | 20 | 56 | 42 | 17 | 59 | 46 | 36 | 82 |
| | | % en el item | 66,67% | 86,67% | 73,33% | 41,67% | 80,00% | 54,44% | 64,29% | 66,67% | 65,12% | 70,00% | 68,00% | 69,41% | 51,11% | 60,00% | 54,67% |
| | NS/NC | Recuento | 0 | 0 | 0 | 0 | 0 | 0 | 0 | 2 | 2 | 0 | 1 | 1 | 0 | 2 | 2 |
| | | % en el item | 0,00% | 0,00% | 0,00% | 0,00% | 0,00% | 0,00% | 0,00% | 6,67% | 2,33% | 0,00% | 4,00% | 1,18% | 0,00% | 3,33% | 1,33% |
| | Total | Recuento | 60 | 30 | 90 | 60 | 30 | 90 | 56 | 30 | 86 | 60 | 25 | 85 | 90 | 60 | 150 |
| | | % en el item | 100,00% | 100,00% | 100,00% | 100,00% | 100,00% | 100,00% | 100,00% | 100,00% | 100,00% | 100,00% | 100,00% | 100,00% | 100,00% | 100,00% | 100,00% |

*APRENDER A APRENDER* COMO META DE LA EDUCACIÓN SUPERIOR

| | | | Carrera | | | | | | | | | | | | | | |
|---|---|---|---|---|---|---|---|---|---|---|---|---|---|---|---|---|---|
| | | | Ciencias de la Educación | | | Trabajo Social | | | Ciencia Política | | | Medicina | | | Pedagogía | | |
| | | | Tramo | | | Tramo | | | Tramo | | | Tramo | | | Tramo | | |
| | | | Inicial | Final | Total | Inicial | Final | Total | Inicial | Final | Total | Inicial | Final | Total | Inicial | Final | Total |
| Cuando resumo todo me parece importante | Verdadero | Recuento | 8 | 4 | 12 | 19 | 6 | 25 | 16 | 6 | 22 | 14 | 8 | 22 | 44 | 25 | 69 |
| | | % en el ítem | 13,33% | 13,33% | 13,33% | 31,67% | 20,00% | 27,78% | 28,57% | 20,00% | 25,58% | 23,33% | 32,00% | 25,88% | 48,89% | 41,67% | 46,00% |
| | A veces | Recuento | 15 | 5 | 20 | 19 | 7 | 26 | 12 | 13 | 25 | 13 | 8 | 21 | 25 | 24 | 49 |
| | | % en el ítem | 25,00% | 16,67% | 22,22% | 31,67% | 23,33% | 28,89% | 21,43% | 43,33% | 29,07% | 21,67% | 32,00% | 24,71% | 27,78% | 40,00% | 32,67% |
| | Falso | Recuento | 37 | 20 | 57 | 21 | 17 | 38 | 28 | 11 | 39 | 33 | 9 | 42 | 21 | 11 | 32 |
| | | % en el ítem | 61,67% | 66,67% | 63,33% | 35,00% | 56,67% | 42,22% | 50,00% | 36,67% | 45,35% | 55,00% | 36,00% | 49,41% | 23,33% | 18,33% | 21,33% |
| | NS/NC | Recuento | 0 | 1 | 1 | 1 | 0 | 1 | 0 | 0 | 0 | 0 | 0 | 0 | 0 | 0 | 0 |
| | | % en el ítem | 0,00% | 3,33% | 1,11% | 1,67% | 0,00% | 1,11% | 0,00% | 0,00% | 0,00% | 0,00% | 0,00% | 0,00% | 0,00% | 0,00% | 0,00% |
| | Total | Recuento | 60 | 30 | 90 | 60 | 30 | 90 | 56 | 30 | 86 | 60 | 25 | 85 | 90 | 60 | 150 |
| | | % en el ítem | 100,00% | 100,00% | 100,00% | 100,00% | 100,00% | 100,00% | 100,00% | 100,00% | 100,00% | 100,00% | 100,00% | 100,00% | 100,00% | 100,00% | 100,00% |

Tabla N° 11. Proceso: recuperación. Distribución según carreras

| | | | Carrera | | | | | | | | | | | | | |
|---|---|---|---|---|---|---|---|---|---|---|---|---|---|---|---|---|
| | | | Ciencias de la Educación | | | Trabajo Social | | | Ciencia Política | | | Medicina | | | Pedagogía | | |
| | | | Tramo | | | Tramo | | | Tramo | | | Tramo | | | Tramo | | |
| | | | Inicial | Final | Total | Inicial | Final | Total | Inicial | Final | Total | Inicial | Final | Total | Inicial | Final | Total |
| Me cuesta retener y recordar lo que estudio | Verdadero | Recuento | 9 | 2 | 11 | 19 | 4 | 23 | 9 | 6 | 15 | 12 | 1 | 13 | 17 | 5 | 22 |
| | | % en el item | 15,00% | 6,67% | 12,22% | 31,67% | 13,33% | 25,56% | 16,07% | 20,00% | 17,44% | 20,00% | 4,00% | 15,29% | 18,89% | 8,33% | 14,67% |
| | A veces | Recuento | 12 | 6 | 18 | 19 | 4 | 23 | 12 | 13 | 25 | 15 | 6 | 21 | 29 | 23 | 52 |
| | | % en el item | 20,00% | 20,00% | 20,00% | 31,67% | 13,33% | 25,56% | 21,43% | 43,33% | 29,07% | 25,00% | 24,00% | 24,71% | 32,22% | 38,33% | 34,67% |
| | Falso | Recuento | 39 | 22 | 61 | 20 | 20 | 40 | 35 | 10 | 45 | 33 | 18 | 51 | 43 | 31 | 74 |
| | | % en el item | 65,00% | 73,33% | 67,78% | 33,33% | 66,67% | 44,44% | 62,50% | 33,33% | 52,33% | 55,00% | 72,00% | 60,00% | 47,78% | 51,67% | 49,33% |
| | NS/NC | Recuento | 0 | 0 | 0 | 2 | 2 | 4 | 0 | 1 | 1 | 0 | 0 | 0 | 1 | 1 | 2 |
| | | % en el item | 0,00% | 0,00% | 0,00% | 3,33% | 6,67% | 4,44% | 0,00% | 3,33% | 1,16% | 0,00% | 0,00% | 0,00% | 1,11% | 1,67% | 1,33% |
| | Total | Recuento | 60 | 30 | 90 | 60 | 30 | 90 | 56 | 30 | 86 | 60 | 25 | 85 | 90 | 60 | 150 |
| | | % en el item | 100,00% | 100,00% | 100,00% | 100,00% | 100,00% | 100,00% | 100,00% | 100,00% | 100,00% | 100,00% | 100,00% | 100,00% | 100,00% | 100,00% | 100,00% |

# APRENDER A APRENDER COMO META DE LA EDUCACIÓN SUPERIOR

| | | | Carrera | | | | | | | | | | | | | | |
|---|---|---|---|---|---|---|---|---|---|---|---|---|---|---|---|---|---|
| | | | Ciencias de la Educación | | | Trabajo Social | | | Ciencia Política | | | Medicina | | | Pedagogía | | |
| | | | Tramo | | | Tramo | | | Tramo | | | Tramo | | | Tramo | | |
| | | | Inicial | Final | Total | Inicial | Final | Total | Inicial | Final | Total | Inicial | Final | Total | Inicial | Final | Total |
| Estudio pero cuando rindo me va mal | Verdadero | Recuento | 6 | 1 | 7 | 9 | 2 | 11 | 2 | 2 | 4 | 3 | 2 | 5 | 2 | 7 | 9 |
| | | % en el item | 10,00% | 3,33% | 7,78% | 15,00% | 6,67% | 12,22% | 3,57% | 6,67% | 4,65% | 5,00% | 8,00% | 5,88% | 2,22% | 11,67% | 6,00% |
| | A veces | Recuento | 8 | 4 | 12 | 25 | 5 | 30 | 16 | 8 | 24 | 11 | 3 | 14 | 26 | 18 | 44 |
| | | % en el item | 13,33% | 13,33% | 13,33% | 41,67% | 16,67% | 33,33% | 28,57% | 26,67% | 27,91% | 18,33% | 12,00% | 16,47% | 28,89% | 30,00% | 29,33% |
| | Falso | Recuento | 45 | 25 | 70 | 25 | 22 | 47 | 38 | 18 | 56 | 46 | 19 | 65 | 62 | 35 | 97 |
| | | % en el item | 75,00% | 83,33% | 77,78% | 41,67% | 73,33% | 52,22% | 67,86% | 60,00% | 65,12% | 76,67% | 76,00% | 76,47% | 68,89% | 58,33% | 64,67% |
| | NS/NC | Recuento | 1 | 0 | 1 | 1 | 1 | 2 | 0 | 2 | 2 | 0 | 1 | 1 | 0 | 0 | 0 |
| | | % en el item | 1,67% | 0,00% | 1,11% | 1,67% | 3,33% | 2,22% | 0,00% | 6,67% | 2,33% | 0,00% | 4,00% | 1,18% | 0,00% | 0,00% | 0,00% |
| | Total | Recuento | 60 | 30 | 90 | 60 | 30 | 90 | 56 | 30 | 86 | 60 | 25 | 85 | 90 | 60 | 150 |
| | | % en el item | 100,00% | 100,00% | 100,00% | 100,00% | 100,00% | 100,00% | 100,00% | 100,00% | 100,00% | 100,00% | 100,00% | 100,00% | 100,00% | 100,00% | 100,00% |

Tabla N° 12. Proceso: expresión. Distribución según carreras

| | | | Carrera | | | | | | | | | | | | | | | | | |
|---|---|---|---|---|---|---|---|---|---|---|---|---|---|---|---|---|---|---|---|---|
| | | | Ciencias de la Educación | | | Trabajo Social | | | Ciencias Políticas | | | Medicina | | | Pedagogía | | |
| | | | Tramo | | | Tramo | | | Tramo | | | Tramo | | | Tramo | | |
| | | | Inicial | Final | Total | Inicial | Final | Total | Inicial | Final | Total | Inicial | Final | Total | Inicial | Final | Total |
| Me cuesta expresar por escrito lo que he estudiado | Verdadero | Recuento | 8 | 4 | 12 | 8 | 8 | 16 | 14 | 8 | 22 | 2 | 5 | 7 | 22 | 11 | 33 |
| | | % en ítem | 13,33% | 13,33% | 13,33% | 13,33% | 26,67% | 17,78% | 25,00% | 26,67% | 25,58% | 3,33% | 20,00% | 8,24% | 24,44% | 18,33% | 22,00% |
| | A veces | Recuento | 16 | 9 | 25 | 17 | 2 | 19 | 9 | 4 | 13 | 10 | 2 | 12 | 22 | 19 | 41 |
| | | % en ítem | 26,67% | 30,00% | 27,78% | 28,33% | 6,67% | 21,11% | 16,07% | 13,33% | 15,12% | 16,67% | 8,00% | 14,12% | 24,44% | 31,67% | 27,33% |
| | Falso | Recuento | 36 | 16 | 52 | 33 | 20 | 53 | 33 | 17 | 50 | 48 | 18 | 66 | 45 | 30 | 75 |
| | | % en ítem | 60,00% | 53,33% | 57,78% | 55,00% | 66,67% | 58,89% | 58,93% | 56,67% | 58,14% | 80,00% | 72,00% | 77,65% | 50,00% | 50,00% | 50,00% |
| | NS/NC | Recuento | 0 | 1 | 1 | 2 | 0 | 2 | 0 | 1 | 1 | 0 | 0 | 0 | 1 | 0 | 1 |
| | | % en ítem | 0,00% | 3,33% | 1,11% | 3,33% | 0,00% | 2,22% | 0,00% | 3,33% | 1,16% | 0,00% | 0,00% | 0,00% | 1,11% | 0,00% | 0,67% |
| | Total | Recuento | 60 | 30 | 90 | 60 | 30 | 90 | 56 | 30 | 86 | 60 | 25 | 85 | 90 | 60 | 150 |
| | | % en ítem | 100,00% | 100,00% | 100,00% | 100,00% | 100,00% | 100,00% | 100,00% | 100,00% | 100,00% | 100,00% | 100,00% | 100,00% | 100,00% | 100,00% | 100,00% |

# Capítulo 4
## El desarrollo de estrategias de aprendizaje en la trayectoria académica universitaria

*Viviana Garzuzi*

## 1. Antecedentes en el estudio de estrategias de aprendizaje en universitarios

Las estrategias de aprendizaje constituyen uno de los constructos psicológicos que mayor aceptación han tenido en las últimas décadas por parte de los expertos en Psicología Educacional. La literatura científica que aborda el tema actualmente es extensa, tanto desde el punto de vista de la investigación como desde la intervención educativa (Beltrán Llera, 2003).

Las estrategias que los estudiantes ponen en marcha durante el proceso de aprender han sido blanco de interés, especialmente, desde la década de 1980 (Donolo, 2008). También en estos últimos años, la producción en el área ha desarrollado un vasto cuerpo de investigación relativo a la naturaleza, orígenes y desarrollo de los procesos que activa el alumno a la hora de aprender. Otros estudios, que centran la discusión en el análisis de la dinámica de la enseñanza y el aprendizaje, se han referido a la promoción de las estrategias de autorregulación como una de las principales contribuciones para incrementar la motivación y el desempeño académico.

El análisis del empleo de estrategias de aprendizaje en la universidad -tema de este capítulo- ha sido objeto de estudios como el de Rosário *et al.* (2007), quienes, sin descartar la importancia de los factores del contexto, se focalizan en las estrategias a partir de la perspectiva del alumno universitario, y asumen que la forma como los alumnos encaran la tarea intelectual modela sus intenciones, lo que da lugar a distintos enfoques de aprendizaje que impactarán en su rendimiento académico.

Como se mencionó, la investigación sobre estrategias se ha constituido en una rama fértil, tanto desde el punto de vista psicológico, por sus aportes para comprender el proceso de aprendizaje, como desde sus proyecciones pedagógicas con vistas a mejorar los resultados en dicho proceso (De la Barrera, 2007). Sin embargo, a pesar de la vasta bibliografía y numerosos artículos que se han publicado, siguen latentes algunos de los interrogantes inicialmente planteados. Este hecho abre la puerta para avanzar en nuevos estudios en relación con la adquisición y desarrollo de estrategias que contribuyan al aprendizaje autónomo y de calidad, que redunde en favor de la permanencia en la carrera hasta el egreso y en la preparación para desempeñarse en la sociedad del conocimiento, tal como el que se presenta en nuestra investigación. De hecho, docentes y autoridades universitarias esperan que los estudiantes posean al ingresar al nivel superior las herramientas intelectuales que les permitan estudiar y aprender en el contexto académico. Pero ¿con qué estrategias cuentan desde el inicio de la carrera? ¿Qué estrategias de aprendizaje se desarrollan a lo largo de ella? ¿Cuáles, a pesar de haber transcurrido años de cursado, aún no han adquirido? ¿Hay variaciones entre alumnos que se perciben con dificultades y quienes no lo hacen? ¿Hay diferencias entre carreras en el logro de estrategias de aprendizaje?

En este capítulo se presentan elementos para responder a esas preguntas y contribuir con un aporte significativo al tema en cuestión. Se exponen los hallazgos referidos a las estrategias para aprender obtenidos en proyectos de investigación aprobados por la SeCTyP, UNCuyo, los que responden a la línea de investigación sobre *aprender en la universidad* (cf. capítulo 1). El conocimiento de base empírica se construye a partir de la experiencia que informan 501 estudiantes. Entre 2007 y 2011 participaron alumnos que cursaban el segundo año de la carrera -tramo inicial- y entre 2011 y 2013, alumnos de cuarto año -tramo final-.

## 2. Aspectos teóricos en relación con las estrategias de aprendizaje

### 2.1. Patrones, enfoques, creencias y estrategias de aprendizaje

Antes de centrarnos en la conceptualización de estrategias de aprendizaje es ineludible la referencia a aportes teóricos que las consideran integradas a constructos más amplios como "patrones de aprendizaje" y "enfoques de aprendizaje". Para estos desarrollos las estrategias ingresan en vinculación con los procesos y en combinación con las creencias, la motivación, la concepción del aprendizaje, entre otros.

En relación con los *patrones de aprendizaje*, cabe destacar que desde finales de la década de 1970 se inician distintas líneas de trabajo relativas a las formas de enseñar y aprender en la universidad. Así, desde dichos aportes, se han destacado las creencias, las estrategias cognitivas y metacognitivas, los dominios específicos, los contextos, la motivación, entre otros factores, que son claves necesarias para analizar, explicar y fomentar el aprendizaje universitario (Martínez Fernández, 2012).

En esa línea se encuentra el modelo teórico-metodológico de Vermunt (1998, 2005), que aproxima y combina cuatro factores: las concepciones de aprendizaje, las estrategias de procesamiento, las estrategias de regulación y la orientación motivacional hacia el aprendizaje. En función de cómo se caracteriza el propio estudiante en cada uno de ellos, y según una serie de combinaciones entre las subcategorías de dichos factores, se identifican estilos de aprendizaje que, posteriormente, el propio autor ha preferido definir como "patrones de aprendizaje" (Vermunt, 2005), dado que es un término más acorde con su naturaleza relativamente estable -pero no inmutable-, que permite el desarrollo de los factores que los componen. La siguiente tabla explicita las características de los estudiantes en cada uno de ellos:

Tabla Nº 1. Patrones de aprendizaje según Vermunt (2005)

| Dirigido a la reproducción | Dirigido al significado (comprensión) | Dirigido a la aplicación | No dirigido |
|---|---|---|---|
| Prefieren estrategias de procesamiento memorísticas aunque con interés por el análisis. Basan su trabajo en una regulación externa. Asumen que el aprendizaje es una copia que se debe fijar. Se orientan a la obtención de buenas calificaciones y certificados. | Prefieren estrategias de procesamiento basadas en la elaboración-estructuración de la información y el procesamiento crítico. Guían su trabajo por la autorregulación. Asumen el aprendizaje como construcción del conocimiento. Se orientan por un interés personal por el aprendizaje. | Prefieren estrategias de procesamiento concreto. Guían su trabajo tanto por la autorregulación como por la regulación externa. Asumen el conocimiento como información que se debe utilizar o que debe ser útil. Se orientan por la vocación (la profesión). | Asumen el aprendizaje como un proceso que debe ser estimulado desde el docente. No se interesan por la regulación de su trabajo. Basan su aprendizaje en la cooperación. Se muestran ambivalentes en sus motivos para estudiar. |

Fuente: elaboración propia sobre la base de Martínez Fernández (2012: 169).

Queda de manifiesto la complejidad del aprendizaje, considerando que en él se conjugan diferentes factores - entre los que se encuentran las estrategias de aprendizaje-.

Otro aporte teórico de relevancia es el constructo *enfoques del aprendizaje*. Las investigaciones sobre la temática tienen su origen en Suecia, con el estudio de Marton y Säljö (1976), quienes se preguntaron: ¿cómo podemos explicar las diferencias cualitativas en el resultado de aprendizaje? ¿A qué se debe que, al leer un texto, se adviertan tantas diferencias en su comprensión? Marton y su equipo partieron de la suposición de que las divergencias de resultado se podrían deber a las diferencias en el proceso. Plantean dos *niveles de procesamiento*, claramente distinguibles, para describir el foco de atención de los estudiantes frente a los materiales de estudio: 1) un nivel *profundo*, en el que el alumno "se dirige hacia el contenido intencional del material de aprendizaje (*qué significa*), esto es, hacia la comprensión de lo que el autor quiere decir acerca de, por ejemplo, un cierto problema científico o principio" (Marton y Säljö, 1976: 7); 2) un nivel *superficial,* en el que el alumno se centra "en el texto en sí (*los signos*), esto es, tiene una concepción 'reproductiva' del aprendizaje que significa que está más o menos forzado a atenerse a una estrategia de aprendizaje memorístico" (*ibid*.: 8). Estos resultados condujeron a los autores a introducir el concepto de enfoque (*approach*), y asociaron dicho término con las estrategias que emplea el estudiante durante el aprendizaje.

Un *enfoque superficial* conduce a un resultado de aprendizaje que es esencialmente

> una reproducción literal de las palabras de los autores de un texto o de los profesores. [...] no incluye la percepción de la estructura holística de la información sino que más bien la atomiza en trozos y piezas desconectados que se memorizan por repetición. De este modo, las personas

con un enfoque superficial poseen probablemente una concepción cuantitativa del proceso. [...] Fracasan en derivar el significado pleno, que incluya las implicaciones y conexiones [...]. No perciben que dos cosas están relacionadas y menos aun, que están jerárquicamente relacionadas (Schmeck, 1988: 321).

El *enfoque profundo* implica

la percepción de la organización holística del material estudiado, y los componentes del resultado de aprendizaje son dispuestos jerárquicamente [...]. La persona que adopta un enfoque profundo para aprender tiene una concepción cualitativa del proceso, incluyendo la interpretación de la experiencia... (*ibid.*).

Otro autor que efectúa aportes en relación con este tema es Entwistle (1988), quien plantea que "enfoque de aprendizaje" es una manera de abordar un contenido de aprendizaje, la que tanto responde a una intención particular del sujeto como supone un carácter relacional entre el aprendiz y el contexto en el cual se desenvuelve. Para este autor no se debe clasificar a los alumnos como "profundos" o "superficiales", puesto que sus enfoques pueden variar de una tarea a otra y de un profesor a otro. En consecuencia, lo que se clasifica es el enfoque y no el estudiante. Partiendo pues de esa premisa, sostiene que -en un contexto real de desempeño académico- los alumnos abordan su trabajo de diferentes maneras, las que corresponderían a tres tipos particulares de enfoques, que se describen a continuación:

Tabla N° 2. Enfoques de aprendizaje según Entwistle

| Dirigido a la reproducción | Dirigido al significado | Dirigido al resultado |
|---|---|---|
| Intención de cumplir los requisitos de la tarea. Memoriza la información necesaria para exámenes. Encara la tarea como imposición externa. Ausencia de reflexión acerca de propósitos o estrategia. Foco en elementos sueltos sin integración. No distingue principios a partir de ejemplos. | Intención de comprender. Fuerte interacción con el contenido. Relación de nuevas ideas con el conocimiento anterior. Relación de conceptos con la experiencia cotidiana. Relación de datos con conclusiones. Examen de la lógica del argumento. | Intención de obtener notas lo más altas posible. Uso de exámenes previos para predecir preguntas. Atento a pistas acerca de esquemas de puntuación. Organiza el tiempo y distribuye el esfuerzo para obtener mejores resultados. Asegura materiales adecuados y condiciones de estudio. |

Fuente: elaboración propia sobre la base de Entwistle (1988).

Por su parte, Biggs (1988) analiza la interacción entre elementos situacionales y personales, y el resultado de esa interacción sería el enfoque de aprendizaje, el cual es entendido como procesos de aprendizaje que surgen de las percepciones del estudiante de una tarea académica, influenciadas por sus características personales. Propone tres enfoques -superficial, profundo y de logro-, que describimos brevemente:

- Los estudiantes que adoptan un *enfoque superficial* están instrumental o pragmáticamente motivados; por ejemplo, están en la universidad para obtener una calificación con el mínimo de esfuerzo, aunque dando la sensación de satisfacer los requerimientos. Una tarea, tal como un ensayo, es vista como una exigencia que hay que cumplir, una imposición necesaria. La estrategia general que suscita esta orientación está centrada en reproducir el contenido de estudio lo más exactamente posible y omite o evita las interrelaciones que podrían existir entre los componentes de la tarea, la que no es vista como un todo unificado.

- El *enfoque profundo* se deriva de la necesidad de abordar la tarea de forma adecuada y significativa. Cuando los estudiantes sienten esta necesidad de saber, procuran centrarse en el significado subyacente: en las ideas principales, temas, principios o aplicaciones satisfactorias. En consecuencia, adoptan estrategias que les ayuden a satisfacer su curiosidad buscando el significado inherente a la tarea. Personalizan la tarea, y así la hacen coherente con su propia experiencia y la integran con el conocimiento formal existente, o teorizan sobre ella, formulando hipótesis. Parten con un interés intrínseco en la tarea y con la expectativa de disfrute al realizarla.
- La orientación afectiva de los estudiantes que adoptan un *enfoque de logro* (enfoque dirigido al resultado, para Entwistle) se basa en buscar la excelencia y conseguir calificaciones lo más altas posible. Este enfoque implica el logro de la autoestima a través del éxito, la programación y organización del tiempo y los recursos (Valle Arias, 2000). La estrategia asociada se distinguen de las de los enfoques profundo y superficial en que no se interesa tanto por el contenido como por la organización, especialmente del manejo del tiempo.

Los enfoques profundo y superficial difieren del enfoque de logro. Las estrategias empleadas en los dos primeros describen las maneras en que los estudiantes se comprometen con la tarea, mientras que la estrategia de logro refiere la manera como el estudiante organiza los contextos temporal y espacial de dicha tarea. En este sentido, se puede considerar que mientras los enfoques profundo y superficial son excluyentes, el enfoque de logro puede asociarse a una aproximación profunda o superficial dependiendo del contexto particular de aprendizaje. Por ejemplo, dentro de estos factores contextuales se señala el papel que desempeñan las modalidades y criterios de evaluación en la adopción de un enfoque de logro por parte de los estudiantes (intención de alcanzar altas calificaciones), combinado con un enfoque profundo o superficial (Valle, 2000).

No se pueden dejar de mencionar las *concepciones de aprendizaje* por parte de los alumnos y su vinculación con el modo de aprender y la aplicación de estrategias de aprendizaje, como se menciona en el capítulo 2 del presente libro. Los estudios en relación al tema plantean que a la base de las actividades que efectúa el estudiante para aprender, se encuentra un conjunto de conceptos y supuestos sobre éste:

> Es decir, el nivel operativo de las acciones o estrategias -lo que se hace- viene precedido por un nivel de carácter teórico y epistemológico que filtra las creencias del alumno acerca del aprendizaje -lo que se dice sobre el aprendizaje y lo que se dice que se hace- (Martínez Fernández, 2007: 7).

Este autor agrega que estas concepciones acerca del aprendizaje se organizan en categorías que pueden oscilar entre el aprendizaje memorístico, asociativo, reproductivo o cuantitativo; y el aprendizaje reflexivo, constructivo, profundo o cualitativo. Esta interesante relación -vinculación de concepciones y estrategias de aprendizaje- queda abierta para profundizar en nuevas investigaciones en nuestro contexto.

Todos los aportes mencionados conducen a adoptar una mirada amplia y cualitativa de los procesos de aprendizaje, en los que se considera a las estrategias de aprendizaje integradas y combinadas con otros aspectos (motivación, intenciones del alumno, concepciones, contexto, etc.) que influyen en el aprendizaje en la universidad. No obstante, dado los objetivos de nuestro capítulo nos centraremos en la conceptualización y análisis de estrategias de aprendizaje.

## 2.2. Aproximaciones al concepto de estrategias de aprendizaje

¿Qué entendemos por estrategias de aprendizaje? Desde un punto de vista general, las estrategias de aprendizaje pueden ser concebidas como conductas y pensamientos que un aprendiz utiliza durante el aprendizaje cuando lleva en ejecución los procesos. Incluye pensamientos, comportamientos, creencias o emociones que facilitan la adquisición, comprensión y posterior transferencia de conocimientos y habilidades (De la Barrera, 2007). Sin embargo, si tenemos en cuenta los aportes relativos a patrones y enfoques del aprendizaje, las estrategias por sí mismas no son favorecedoras ni facilitadoras del aprendizaje; aunque cuando resultan efectivas, sí lo son. Es decir, entre las estrategias aplicadas para adquirir, procesar, organizar y comunicar la información por parte de los estudiantes se encuentran estrategias tales como organización conceptual, pensamiento crítico, etc., pero también están la repetición, el ensayo y error, entre otras. Dependerá de la interacción con otros factores su incidencia en la situación concreta de aprendizaje.

De un modo más particular, se definen como los procedimientos, operaciones, actividades, actitudes "dirigidas a hacer más efectivo el procesamiento de un texto, el aprendizaje, el pensamiento, etc." (Mayor, Suengas y González Márquez, 1993: 68). Su funcionamiento supone operaciones cognitivas y metacognitivas apropiadas a los requerimientos de diferentes situaciones, las que se realizan en forma deliberada y consciente para alcanzar objetivos de aprendizaje del modo más eficaz posible.

En el mismo sentido, Monereo y Pozo definen las *estrategias de aprendizaje* como:

> ... procesos de toma de decisiones (conscientes e intencionales) en los cuales el alumno elige y recupera, de manera coordinada, los conocimientos que necesita para cumplimentar una determinada demanda u objetivo, dependiendo de las características de la situación educativa en que se produce la acción (Monereo y Pozo, 2003: 27).

Por lo tanto, la aplicación de estrategias de aprendizaje implica evaluar las características y exigencias de cada situación concreta, y es el análisis de estas situaciones particulares lo que luego sustenta la toma de decisiones para actuar de forma estratégica.

Otras aproximaciones conceptuales destacan que las estrategias no implican una necesaria coordinación entre ellas si no media una conciencia metacognitiva. Los aportes constructivistas del aprendizaje realzan el papel de los procesos cognitivos aplicados en la elaboración del conocimiento, en la memoria, en la selección, la organización y la integración de éste. Sin embargo, destacan también que este proceso de construcción exige una dirección y una coordinación de tales aspectos, al que denominan "control metacognitivo" o "ejecutivo" (Mayer, 2000).

Para Martínez Fernández (2004: 106):

> ... las estrategias de aprendizaje, desde el marco teórico de la psicología cognitiva y del procesamiento de la información, se erigen como los procesos que permiten hacer un buen uso de la información, que facilitan la atención, la motivación, el aprendizaje, el recuerdo, la comprensión y la recuperación de información, así como el control de los procesos cognitivos; se asumen, por tanto, como los procesos que sirven de base a las tareas intelectuales en general (Danserau, 1978; Decharms, 1972; Dweck, 1975; Mischel y

Baker, 1975; Nisbet y Shucksmith, 1987; Valle *et al.*, 1999; Vermunt, 1996, 1998).

Según Gagné (1962), estas estrategias se conciben como destrezas del manejo de sí mismo que el estudiante adquiere durante varios años, y que lo habilitan para controlar y dirigir sus propios procesos de atención, aprendizaje y pensamiento, entre otros, destacando la existencia no sólo de contenidos sino también de procesos. "Por tanto, se definen estas estrategias como la acción combinada de ciertas actividades de pensamiento e implican una secuencia de actividades de carácter consciente e intencional orientadas al aprendizaje" (Martínez Fernández, 2004: 106).

Por su parte, Beltrán Llera (1998) afirma que las estrategias de aprendizaje son actividades u operaciones mentales que el estudiante realiza para mejorar el aprendizaje, tienen un carácter intencional e implican un plan de acción.

Es importante destacar que las estrategias de aprendizaje se diferencian de los procedimientos o técnicas de estudio, lo cual expresan claramente Monereo *et al.* (1999: 23):

> ... el uso reflexivo de los procedimientos que se utilizan para realizar una determinada tarea supone la utilización de estrategias de aprendizaje, mientras que la mera comprensión y utilización (o aplicación) de los procedimientos se acerca más al aprendizaje de las llamadas "técnica de estudios". [...] ésta es una afirmación que puede hacerse extensiva a la mayoría de situaciones de enseñanza-aprendizaje, sean cuales sean los parámetros concretos que las definan. [...] La técnica requiere un empleo más o menos mecánico, mientras que las estrategias son siempre conscientes e intencionales, dirigidas a un objetivo relacionado con el aprendizaje. [...] Es decir, la estrategia se considera como una guía de las acciones que hay que seguir, y que, obviamente, es anterior a la elección de cualquier otro procedimiento para actuar.

Esta distinción es relevante puesto que en la universidad se esperaría la aplicación de estrategias de aprendizaje y no la simple aplicación de técnicas. Las primeras favorecen el logro de objetivos amplios de aprendizaje, además de ir generando hábitos inherentes al *aprender a aprender*. "La concepción del aprendizaje permanente y la necesidad de lograrlo está presente en todos los niveles educativos" (Nuñez *et al.*, 2006: 139), de allí la relevancia de conocer la aplicación de estrategias de aprendizaje en universitarios en el tramo inicial y final de sus carreras.

Para precisar mejor el concepto, citaremos una serie de características que los investigadores han atribuido a las estrategias de aprendizaje, y que son sintetizadas por Donolo (2008):
- Son *procedimentales*, ya que son aplicables en diversas situaciones de aprendizaje.
- *Son intencionales*, puesto que implican una acción deliberada para alcanzar una meta.
- Son *esenciales*, puesto que revisten un carácter necesario para lograr experticia.
- Son *facilitadoras*, ya que están vinculadas a buenos desempeños académicos.
- Implican *esfuerzo deliberado y aplicación de la voluntad*, ya que los estudiantes deben fijarse metas y elaborar planes, sosteniendo el esfuerzo y la voluntad para conseguirlas.

Vermunt y Verloop (1999) organizan las actividades de aprendizaje atendiendo a tres componentes principales: actividades de procesamiento cognitivo, actividades de regulación metacognitiva y actividades afectivas/motivacionales. Las actividades metacognitivas incluyen orientación/planificación -por ejemplo, prever el proceso de aprendizaje en función de las características de la tarea y situación, pensar en metas y recursos-; monitoreo/diagnóstico, que implican observar el propio proceso durante la tarea –por ejemplo, darse cuenta de cuando no se comprende, observar si se pueden reproducir los elementos de una definición o de una fórmula–; ajuste, que supone incorporar cambios en función de los resultados del monitoreo -por ejemplo, pedir ayuda a un compañeros, dedicar más tiempo a un tema-; y evaluación/reflexión para considerar si los avances están de acuerdo con las metas previstas -por ejemplo, resolver exámenes de ensayo, pensar en actividades que podrían funcionar mejor en una próxima instancia similar-. Se advierte que estas actividades son próximas a las propuestas por nuestra investigación, como se observa en la tabla N° 3 del presente capítulo.

### 2.3. Clasificación de estrategias de aprendizaje en el nivel superior

Como se mencionó, la literatura sobre las estrategias es abundante y su clasificación y denominaciones cambian según los aportes teóricos de los investigadores.

Las tendencias actuales de su estudio analizan los comportamientos estratégicos desde enfoques integrales, que contemplan las relaciones de las acciones cognitivas con diversas variables, entre ellas, la incidencia de factores contextuales y situacionales. A continuación, se recuperan y comentan algunas de las estrategias más mencionadas por autores especialistas en el tema.

Un autor clásico en este tópico, Beltrán Llera (1998), distingue los tipos de estrategias implementadas en función de los momentos del proceso de aprendizaje. Aclara que todos estos procesos están estrechamente relacionados entre sí, y sólo es posible separarlos a efectos didácticos:
- Proceso de sensibilización. Constituye el marco inicial del aprendizaje. Representa el contexto mental y afectivo del aprendizaje y está configurado por motivaciones,

emociones y actitudes. Las *estrategias de apoyo* (actitudes y expectativas) y *afectivas* (motivación) constituyen procedimientos para facilitar y optimizar este proceso inicial.
- Proceso de atención y selección de la información. Se concreta en elegir cuánto y qué se va aprender.
- Proceso de adquisición. Una vez que el alumno ha atendido y seleccionado el material, ya está en condiciones de darle sentido y comprenderlo. Este proceso se ve facilitado por las siguientes estrategias:

*Estrategias de selección.* Tienen que ver con separar lo relevante de lo irrelevante, para facilitar la aproximación a la comprensión. Por ejemplo, el subrayado, la selección de ideas importantes, el resumen son técnicas que favorecen esta estrategia.

*Estrategias de elaboración.* Permiten establecer conexiones externas entre el conocimiento recién adquirido y el conocimiento existente en la estructura cognitiva, de modo que se lo hace especialmente significativo para el estudiante. Algunas técnicas que contribuyen al desarrollo de la elaboración son tomar notas, palabras clave, frases.

*Estrategias de organización.* Permiten estructurar los contenidos estableciendo conexiones internas entre ellos y tratando de combinar los elementos de la información en un todo coherente y significativo. Estas estrategias llevan a una modificación de la información y a una reorganización de los conocimientos previos del alumno. Clasificaciones, taxonomías, tipologías, mapas conceptuales son algunas técnicas que favorecen esta estrategia.

*Estrategias de repetición.* Mantienen el material en un circuito permanente en la memoria a corto plazo y ayudan a transferirlo a la memoria a largo plazo. Tienen como función principal la retención sin

llegar a promover relaciones entre los conocimientos ni modificaciones entre las estructuras de la información. Consisten básicamente en repetir los estímulos a aprender a través de una memorización mecánica, por ello se relacionan con aprendizaje asociativo o con un enfoque superficial de aprendizaje.
- Proceso de personalización y control. Se relaciona con las actividades y disposiciones que permiten al sujeto asumir de forma personalizada, creativa y crítica el aprendizaje de nuevos conocimientos.
- Proceso de recuperación. Consiste en acceder a la información almacenada en la memoria y situarla en la conciencia.
- Proceso de transferencia. Se manifiesta en la aplicación de los aprendizajes a nuevas situaciones. Se realiza mediante *estrategias de transferencia o generalización*.
- Proceso de evaluación. Su finalidad es comprobar si se han alcanzado los objetivos propuestos.

Por su parte, Donolo (2008) recoge y sintetiza la experiencia de autores como Chiecher y Rinaudo, 2006; Esteban, 2003; Pintrich, 2003; Weinstein, 2000 y Zimmerman, 1999, y presenta la siguiente clasificación de estrategias:
- Estrategias cognitivas. Dentro de este grupo se identifican las siguientes estrategias:
*De repetición, asociativas, de repaso*. Son los procedimientos más simples e incluyen operaciones básicas que favorecen el recuerdo de la información mediante repetición o recitación. Ejemplos son: memorizar una lista de conceptos o decir en voz alta el texto. No parecen ayudar a construir conexiones internas o a integrar la nueva información con el conocimiento previo. Por eso se dice que permiten más bien un procesamiento superficial de la información.

*De elaboración.* Constituyen un nivel intermedio entre las asociativas y las de organización. Permiten el establecimiento de relaciones entre los conocimientos previos y los proporcionados por el nuevo material. Ejemplos son: elaborar un resumen, parafrasear una idea, explicar un texto, relacionar y comparar ideas extraídas de diversas fuentes, etc.

*De organización.* Constituyen un nivel de mayor complejidad, pues implican la modificación de la información y una reestructuración de los conocimientos previos del estudiante. Ejemplos son: elaborar cuadros, diagramas, tablas, gráficos que ayuden a comprender y relacionar, clasificar, comparar la información. Conducen a una comprensión más profunda y permiten la construcción de conexiones internas en el material a aprender.

*De pensamiento crítico.* Constituyen el intento del estudiante de pensar de un modo más reflexivo el material de estudio, cuestionándolo. Ejemplos son: buscar evidencias, argumentar, cuestionar, desarrollar puntos de vistas personales o ideas alternativas a partir de un contenido.

- Estrategias metacognitivas. La idea de que los alumnos, en el nivel universitario, deben asumir la responsabilidad de sus aprendizajes es indiscutida entre los investigadores. El concepto clave está dado por la metacognición, que se refiere en términos generales a la conciencia, conocimiento y control que el sujeto tiene sobre su cognición. Pintrich y García (1993, en Donolo, 2008) sugieren que involucra tres procesos generales:

*Planificar.* Fijar metas de aprendizaje y planificar las tareas.

*Controlar.* El propio pensamiento y el desempeño en las actividades, evaluar y cuestionarse.

*Regular*. Mantener un continuo ajuste de acciones. Ello forma parte del concepto de aprendizaje autorregulado, ya que los estudiantes autorregulados, son conscientes de sus propios procesos cognitivos, pueden controlarlos y son protagonistas activos de sus aprendizajes.
- Estrategias de manejo de recursos. Se refieren a comportamientos estratégicos que ayudan al estudiante a manejar, controlar y cambiar -si fuera necesario- factores del contexto con el objetivo de alcanzar sus metas. Estas estrategias incluyen la organización del tiempo, manejo del ambiente, la regulación del esfuerzo, el aprendizaje con pares y la búsqueda de ayuda (Pintrich *et al.* 1991; Pintrich y García, 1993, en Donolo, 2008: 39).

*Manejo del tiempo*. Implica programar los momentos de estudio, proponerse metas realistas y hacer un uso eficaz del tiempo disponible.

*Manejo del ambiente*. Se refiere a la determinación por parte del estudiante de buscar las condiciones adecuadas en su lugar de trabajo.

*Regulación del esfuerzo*. Alude a la habilidad del estudiante para persistir en las tareas a pesar de las distracciones o la falta de interés en ellas. Implica compromiso con las actividades y es de gran importancia para el éxito académico.

*Aprendizaje con pares y búsqueda de ayuda*. Se refiere a comportamientos estratégicos relacionados con la disposición de los estudiantes para plantear sus dificultades e interactuar con compañeros y docentes. Son de importancia dado el valor pedagógico que posee el diálogo docente-alumno y los procesos de recibir ayuda de otros (Coll y Solé, 1990; Chiecher y Rinaudo, 2006, en Donolo, 2008: 39).

## 2.4. Importancia de las estrategias de aprendizaje en estudiantes universitarios

¿Por qué son importantes las estrategias de aprendizaje? Se sabe desde la orientación educativa universitaria que actualmente ingresan a la universidad poblaciones estudiantiles de formación académica previa variada, con hábitos y estrategias heterogéneas; ello plantea la necesidad de conocer, mediante un diagnóstico psicoeducativo, sus fortalezas y debilidades en cuanto a estrategias de aprendizaje, para acompañar y fortalecer su trayectoria académica.

Las estrategias de aprendizaje están relacionadas con la calidad del aprendizaje del estudiante y permiten identificar -entre otros- algunos motivos de su alto o bajo rendimiento. Así, puede encontrarse que dos alumnos que tienen el mismo potencial intelectual, participan del mismo sistema de enseñanza y poseen el mismo grado de motivación utilizan estrategias de aprendizaje distintas y, por tanto, pueden alcanzar rendimientos diferentes. Entonces, la identificación de las estrategias utilizadas por los alumnos permitiría diagnosticar uno de los factores que afecta su rendimiento y efectuar propuestas para mejorar el aprendizaje (Beltrán Llera, 2003).

Por otro lado, la literatura sobre formación de los alumnos en estrategias refiere las relaciones positivas entre ésta y progresos en el aprendizaje (Alexander, Graham y Harris, 1998, en De la Barrera, 2007).

En otras palabras, la calidad del aprendizaje no depende sólo del nivel intelectual del alumno ni del dominio de contenidos y de técnicas para estudiar, sino de su capacidad para advertir y responder a las exigencias de las tareas, e implementar -en forma consciente y autorregulada- las estrategias pertinentes en cada caso; además, para controlar, monitorear y evaluarse en dicha situación. Así, "un proceder estratégico se liga con la autorregulación de la conducta y juega un papel clave en el éxito académico y en cualquier contexto vital" (Núñez *et al.*, 2006: 143).

La sociedad actual, en continuo proceso de desarrollo y cambio, demanda una alta capacitación en los alumnos para *aprender a aprender* y para lograr un aprendizaje permanente a lo largo de la vida; capacitación que se logra, en gran medida, con el empleo cada vez más eficaz, flexible y pertinente de estrategias de aprendizaje. De allí nuestra intención en profundizar esta temática.

## 3. Propósitos, preguntas de investigación y supuestos

El propósito del presente análisis es *comparar el esquema de resultados obtenidos en alumnos de los dos primeros años (tramo inicial) con los resultantes en alumnos que cursan el último año (tramo final) de las carreras en estudio, para estimar el desarrollo (o no) de competencias académicas en el transcurso de la carrera*. En el presente apartado se abordará el logro de este objetivo en relación con las *estrategias de aprendizaje*. Las preguntas que nos orientan son:

- ¿Qué estrategias de aprendizaje emplean los alumnos de la universidad en el inicio de la carrera?
- ¿Qué estrategias de aprendizaje se desarrollan a lo largo de la carrera?
- ¿Cuáles, a pesar de haber transcurrido años de cursado, aún no se han adquirido?
- ¿Hay diferencias entre alumnos que se perciben con dificultades para aprender y quienes no se perciben así respecto de las estrategias que emplean?
- ¿Hay diferencias entre alumnos que cursan diferentes carreras en el logro de estrategias de aprendizaje?

Se intentará responder a estas preguntas en el desarrollo de los resultados que se exponen.

Nos motiva indagar en este estudio si *los alumnos que se encuentran en el tramo final de la carrera se diferencian de los alumnos del tramo inicial respecto de las estrategias que emplean para aprender.* Es decir, se espera que al finalizar la carrera los alumnos manifiesten -luego de su paso por la vida universitaria- diferencias en cuanto a la aplicación de estrategias de aprendizaje respecto de los alumnos que están en el tramo inicial.

Las estrategias analizadas en nuestra investigación, en estudiantes universitarios que se encuentran en el inicio y aquellos que se encuentran en el final de la carrera, se detallan en la siguiente tabla.

Tabla Nº 3. Tipos de estrategias de aprendizaje abordadas en la investigación

| Estrategias indagadas en nuestra investigación | Tipo de estrategias de aprendizaje |
|---|---|
| Planificar los tiempos<br>Planificar los tiempos antes de preparar una materia<br>Distribuir el tiempo dedicado al estudio | Metacognitivas:<br>-*Planificar*<br>De manejo de recursos:<br>-*Manejo del tiempo* |
| Consultar y preguntar<br>Asistir a horas de consulta<br>Preguntar cuando no comprenden<br>Participar, preguntar y opinar en clases | De manejo de recursos:<br>-*Búsqueda de ayuda* |
| Tomar apuntes | Estrategias cognitivas:<br>-*De elaboración* |
| Ordenar el material | Estrategias cognitivas:<br>-*De elaboración* |
| Analizar<br>Tomar cada tema por separado.<br>Destacar ideas más importantes | Estrategias cognitivas:<br>-*De elaboración*<br>-*De selección* |

| Estrategias indagadas en nuestra investigación | Tipo de estrategias de aprendizaje |
|---|---|
| Sintetizar<br>Hacer cuadros, esquemas, resúmenes<br>Encontrar relación entre temas | Estrategias cognitivas:<br>-*De organización* |
| Expresar lo aprendido<br>Expresar con facilidad en forma oral<br>Repetir | Estrategias cognitivas:<br>-*De elaboración*<br>-*De repetición, asociativas, de repaso* |
| Repasar | Estrategias cognitivas:<br>-*De repetición, asociativas, de repaso* |

Fuente: elaboración propia.

## 4. Breve explicación metodológica y del análisis

El relevamiento de la información sobre estrategias de aprendizaje se lleva a cabo a través de una Escala Likert que forma parte del INCEAPU (Inventario de Concepciones y Experiencias de aprender en la universidad) (Morchio, 2007, 2014). En él se presentan enunciados que plantean la situación ideal en relación con las estrategias explicitadas en la tabla N° 3.

Para el análisis de los datos, se realizan primeras aproximaciones desde una mirada transversal en la que se estudian tres cohortes, a saber, las cohortes 07-09 y 09-011, correspondientes a alumnos de segundo año, que denominaremos "tramo inicial", y la cohorte 011-013, correspondiente a estudiantes del último año, que llamaremos de "tramo final". Se procede según una lógica comparativa desde tres perspectivas: 1) la autopercepción de la competencia para aprender expresada en la pregunta 4 del INCEAPU, en la que el estudiante señala si considera que *aprende fácilmente* o *aprende con alguna dificultad*;[1] por esta vía quedan definidos dos segmentos: alumnos con y sin dificultades para aprender; 2) el tramo de la carrera que cursa el estudiante: inicial (N=323)[2] o final (N=174)[3] y 3) la carrera que estudia: Ciencias de la Educación, Trabajo Social, Ciencia Política y Medicina de la Universidad Nacional de Cuyo (UNCuyo), y Pedagogía de la Universidad Federal de Río de Janeiro (UFRJ).

La prueba estadística que se emplea es $X^2$, ya que permite someter a prueba hipótesis referidas a distribuciones de frecuencia. En seis casos (cf. tabla N° 4), se reemplaza por la V de Cramer porque éstos exceden el criterio exigido por aquélla de no más del 20% de las casillas con una frecuencia esperada inferior a 5.

A continuación, se presentan las comparaciones en función de resultados obtenidos por autopercepción de competencia para aprender y por tramo. Finalmente, se elaboran conclusiones con los aspectos más relevantes que surgen del análisis, para intentar iluminar los resultados desde aportes teóricos.

Planteada la definición y relevancia del tema, y habiendo hecho algunas aclaraciones sobre el análisis de los datos y su interpretación, se avanza en los resultados.

## 5. Principales resultados[4]

En la tabla N° 4 se muestran los datos que acompañan el análisis descriptivo y estadístico que se organiza por estrategia.

---

[1] Aclaración: en el desarrollo de los resultados, la categoría "Aprende con dificultad"
[2] En el tramo inicial, el número de estudiantes excluidos del análisis por ítem oscila entre 1 y 7.
[3] En el final, el número de casos desestimados oscila entre 1 y 5.
[4] El análisis estadístico e informe de los resultados, que se expone a continuación, fue realizado por la Dra. Hilda Difabio de Anglat.

Tabla N° 4. Resultados de la prueba de asociación en cada estrategia según autopercepción y carrera

| | Según autopercepción[5] | | | Según carrera[6] | |
|---|---|---|---|---|---|
| | General | Tramo inicial | Tramo final | Tramo inicial | Tramo final |
| Planifico mis tiempos al empezar a preparar una materia | ($X^2$=2,996; p=0,224) | ($X^2$=3,153; p=0,207) | ($X^2$=0,595; p=0,743) | ($X^2$=43,132; p=0,000) | ($X^2$=36,339; p=0,000) |
| El tiempo que le dedico al estudio es suficiente para aprobar | ($X^2$=33,383; p=0,000) | ($X^2$=30,219; p=0,000) | ($X^2$=4,706; p=0,095) | ($X^2$=30,704; p=0,000) | ($X^2$=12,380; p=0,135) |
| Cuando preparo una materia, voy a horas de consulta | ($X^2$=6,495; p=0,039) | ($X^2$=3,266; p=0,195) | ($X^2$=4,781; p=0,092) | ($X^2$=112,823; p=0,000) | ($X^2$=30,184; p=0,000) |
| Pregunto cuando no entiendo | ($X^2$=7,814; p=0,020) | ($X^2$=2,497; p=0,287) | ($X^2$=6,192; p=0,045) | ($X^2$=22,925; p=0,000) | ($X^2$=9,620; p=0,293) |
| En clase participo, pregunto, opino | ($X^2$=11,653; p=0,003) | ($X^2$=2,883; p=0,237) | ($X^2$=8,402; p=0,015) | ($X^2$=51,118; p=0,000) | ($X^2$=11,408; p=0,180) |
| Me resultan útiles los apuntes que tomo en clase | ($X^2$=0,333; p=0,847) | ($X^2$=0,294; p=0,863) | ($X^2$=2,807; p=0,246) | ($X^2$=26,030; p=0,001) | ($X^2$=5,538; p=0,699) |
| Ordeno todo el material antes de comenzar a estudiar | ($X^2$=12,347; p=0,002) | ($X^2$=7,469; p=0,024) | ($X^2$=7,445; p=0,024) | ($X^2$=14,845; p=0,062) | (V de Cramer=0,327; p=0,019) |
| Tomo cada tema por separado y estudio parte por parte | ($X^2$=0,774; p=0,679) | ($X^2$=1,454; p=0,483) | ($X^2$=1,866; p=0,393) | ($X^2$=13,389; p=0,099) | ($X^2$=10,033; p=0,263) |

| | | | | |
|---|---|---|---|---|
| Al estudiar voy destacando las ideas que creo más importantes | ($X^2$=4,187; p=0,123) | ($X^2$=2,818; p=0,244) | (V de Cramer=0,086; p=0,527) | (V de Cramer=0,093; p=0,948) | (V de Cramer=0,246; p=0,231) |
| Hago sinópticos, esquemas, resúmenes mientras estudio | ($X^2$=5,370; p=0,068) | ($X^2$=0,478; p=0,788) | ($X^2$=14,106; p=0,001) | ($X^2$=19,249; p=0,014) | ($X^2$=14,256; p=0,075) |
| Cuando estudio trato de encontrar relación entre los temas | ($X^2$=18,403; p=0,000) | ($X^2$=13,267; p=0,001) | ($X^2$=4,327; p=0,115) | (V de Cramer=0,150; p=0,519) | (V de Cramer=0,161; p=0,812) |
| Me expreso con facilidad en forma oral | ($X^2$=36,455; p=0,000) | ($X^2$=12,827; p=0,002) | ($X^2$=24,747; p=0,000) | ($X^2$=19,699; p=0,012) | ($X^2$=10,295; p=0,245) |
| Repito varias veces lo que dice el libro o el apunte hasta que puedo recordarlo | ($X^2$=16,998; p=0,000) | ($X^2$=7,645; p=0,022) | ($X^2$=6,634; p=0,036) | ($X^2$=21,859; p=0,005) | ($X^2$=11,793; p=0,161) |
| Cuando estudio una materia, dedico los últimos dos o tres días a repasar | ($X^2$=8,442; p=0,015) | ($X^2$=11,889; p=0,003) | ($X^2$=0,471; p=0,790) | ($X^2$=27,139; p=0,001) | ($X^2$=26,858; p=0,001) |

5   En el análisis según autopercepción de la competencia para aprender, gl=2.
6   En el análisis según carrera, gl=8.

## 5.1. Planificar los tiempos

*Planificar los tiempos antes de preparar una materia*
En este indicador no se hallan diferencias estadísticamente significativas por segmento en la muestra completa ni en tramo alguno.

En cambio, las discrepancias alcanzan significatividad estadística según carrera. En el tramo inicial, el porcentaje más alto en la categoría *verdadero* corresponde a Ciencias de la Educación (74,5%), seguida por Ciencia Política (68,5%), Trabajo Social (59%) y Medicina (53%); el más bajo aparece en Pedagogía (28%). Como es de esperar, en relación con la opción *falso*, el porcentaje superior corresponde a Pedagogía (37%) y el inferior a Ciencias de la Educación (5,5%).

En el tramo final, se replica la distribución señalada *supra*, aunque en este caso el valor que alcanza Ciencias de la Educación en la categoría *verdadero* es sensiblemente más alto que en el tramo inicial (90%), y la siguen Trabajo social (77%) y Ciencia Política (73%); también se repite la ubicación de Pedagogía (34,5%) en la frecuencia más baja; Medicina, por su parte, alcanza 50%. De allí que respecto de la opción *falso*, el porcentaje superior corresponda a Pedagogía (41%) y el inferior a Ciencias de la Educación (7%).

En consecuencia, en la mayoría de las carreras de la UNCuyo los alumnos emplean la estrategia de *planificar sus tiempos al empezar a preparar una materia* con más frecuencia al finalizar la carrera, lo que resulta más claro en Ciencias de la Educación y Ciencia Política. La única carrera que no incrementa la planificación es Medicina, pues los porcentajes son homogéneos entre tramos.

En el caso de Pedagogía (UNRJ), al aproximarse a la finalización de la carrera, es levemente mayor la cantidad de alumnos que planifican sus tiempos; sin embargo, representa un tercio de la población bajo estudio.

*Tiempo que dedican al estudio*

En el ítem *El tiempo que le dedico al estudio es suficiente para aprobar*, la discrepancia significativa en la muestra total por segmento ($X^2=33,383$; $p=0,000$) más saliente se refiere a que los alumnos del segmento *aprenden fácilmente*[7] se concentran en la categoría *verdadero* (66%), al tiempo que los estudiantes del segmento *aprenden con alguna dificultad* se distribuyen entre dicha opción (39,5%) y *a veces verdadero* (40,5%). Esto es, la autorregulación esperada respecto de la dedicación parecería errática en los segundos, pero sí predomina en el segmento AF.

Dicha significatividad estadística se refrenda en el tramo inicial ($X^2=30,219$; $p=0,000$); no así en el final. En el primero, se halla la misma relación que en la muestra completa y con porcentajes similares: mientras que en el grupo AF una frecuencia considerable (68%) corresponde a la categoría *verdadero*, en el segmento AD son muy cercanas entre esta opción (37%) y *a veces verdadero* (41%).

Según carrera, también se hallan diferencias significativas sólo en el tramo inicial ($X^2=30,704$; $p=0,000$): el porcentaje más alto en la categoría *verdadero* se verifica en Pedagogía (68,5%); en tres de las restantes carreras (Ciencias de la Educación, Ciencia Política y Medicina), este valor ronda en torno del 50%; por su parte, Trabajo Social manifiesta el porcentaje más bajo (27%), en tanto se concentra en la opción *a veces verdadero* (51%). De interés es que los estudiantes de disciplinas afines (Pedagogía y Ciencias de la Educación) muestran el índice inferior en la categoría *falso* (10% en ambos casos).

---

[7] En adelante, se utilizará en el análisis de los resultados AF (Aprende fácilmente) y AD (Aprende con dificultad).

Parece constituir, entonces, una diferencia por segmento o carrera asociada con el tramo, ya que sólo se verifica en el tramo inicial.

## 5.2. Consultar y preguntar

*Asistir a horas de consulta*
Respecto del ítem *Cuando preparo una materia, voy a horas de consulta*, la significatividad de las discrepancias en la muestra completa ($X^2$=6,495; p=0,039) no reside en la categoría *falso* (41% en AF y 42,5% en AD), sino -aunque las diferencias son pequeñas- en las opciones *verdadero* (32% en AF vs. 22,5% en AD) y *a veces verdadero* (27% vs. 35%, respectivamente).

La magnitud de las discrepancias explica que por tramo no resulten estadísticamente significativas; se trata, entonces, de una diferencia por segmento.

Por el contrario, cuando se analizan por carrera, es notoria la variabilidad de los resultados tanto en el tramo inicial ($X^2$=112,823; p=0,000) como en el final ($X^2$=30,184; p=0,000).

En la opción *verdadero* en el primer tramo, el porcentaje más alto acaece en Ciencias de la Educación (68%), con una discrepancia notable con las restantes (valores de 20% y 29% en Pedagogía y Ciencia Política, respectivamente; 9% y 5% en Trabajo Social y Medicina). Ahora bien, de interés resulta la distribución del porcentaje remanente, ya que mientras Medicina se concentra en *falso* (83%), Pedagogía, Ciencia Política y Trabajo Social se distribuyen equitativamente entre esta opción y *a veces verdadero*.

En el tramo final, nuevamente Ciencias de la Educación se ubica en primer lugar (57%), pero en este caso, a excepción de Medicina (4%), las demás incrementan su frecuencia en mayor o menor medida: 25%, Pedagogía; 35%, Ciencia Política; 43%, Trabajo Social. En *a veces verdadero*, a excepción de Pedagogía (que alcanza el 40%), los valores rondan en torno de 23%. En *falso*, el porcentaje superior se verifica en Medicina (76%), seguida por Ciencia Política (41%), y el más bajo, en Ciencias de la Educación (20%).

En suma, en el análisis según autopercepción de competencia para aprender, se observa que son pocos los alumnos de ambas universidades que asisten *regularmente* a horas de consulta. Por carrera, a excepción de los estudiantes de Ciencias de la Educación, tampoco es una estrategia empleada por la mayoría de los estudiantes del tramo inicial.

*Preguntar cuando no comprenden*

En la muestra total por segmento, se halla una asociación significativa ($X^2$=7,814; p=0,020) en el ítem *Pregunto cuando no entiendo*: el 60% de los estudiantes del segmento AF selecciona *verdadero* (vs. el 49% del segmento AD); también aparece una discrepancia, pero marginal, en la categoría *falso* (12% y 20%, respectivamente).

Por tramo, las diferencias alcanzan significatividad estadística sólo en el tramo final ($X^2$=6,192; p=0,045), en el que se replican los resultados de la muestra completa: el 66% de los alumnos del segmento AF selecciona *verdadero* (vs. el 53% del segmento AD), aunque es mayor la discrepancia en la opción *falso* (6% en AF vs. 18% en AD). Se trata, entonces, de una diferencia por segmento asociada con el tramo.

En el análisis según carrera, acaece la situación contraria: es en el tramo inicial en el que se verifica la asociación estudiada ($X^2$=22,925; p=0,000). Las divergencias más notables se verifican en la categoría *verdadero*: en tanto que Ciencias de la Educación se ubica en primer lugar (76%), en tres de las carreras (Trabajo Social, Ciencia Política y Medicina) los porcentajes se concentran alrededor del 50%, y en Pedagogía es menor (41%). Los porcentajes son bajos en la opción *falso*: se distribuyen entre 5% en Ciencias de la Educación y 24% en Trabajo Social y Pedagogía.

En suma, se observa una mayor frecuencia de alumnos que emplean la estrategia en el segmento AF, especialmente en el tramo inicial. Por carrera, en el tramo final, el análisis muestra una tendencia positiva a preguntar cuando no comprenden.

*Participar, preguntar y opinar en clases*

Con respecto al ítem *En clase participo, pregunto, opino*, en la muestra completa ($X^2$=11,653; p=0,003) nuevamente las divergencias -aunque pequeñas- se verifican en las categorías *verdadero* (43% en AF vs. 30% en AD) y *falso* (23% en AF vs. 35% en AD).

Sin embargo, en el tramo inicial desaparece la significatividad estadística de las diferencias por segmento que se encontraba en la muestra completa, y se conservan en el tramo final ($X^2$=8,402; p=0,015): las discrepancias aparecen en la categoría *verdadero* (54% en AF vs. 33% en AD) y *falso* (16% en AF vs. 31% en AD). Se reitera, por ende, el carácter de discrepancia por segmento asociada con el tramo.

El análisis por carrera manifiesta resultados contrarios: asociación entre empleo de la estrategia y carrera ($X^2$=51,118; p=0,000) en el tramo inicial y no en el final. En el primero, mientras que los estudiantes de Ciencias de la Educación se concentran en las categorías *verdadero* (59%) y *a veces verdadero* (33%), los alumnos de Ciencia Política y de Medicina lo hacen en las opciones *a veces verdadero* (45% y 48%, respectivamente) y *falso* (30% y 28%). Por su parte, Trabajo Social manifiesta el porcentaje más alto de la muestra en *falso* (60%), y en Pedagogía se halla una distribución homogénea en las tres categorías de respuesta.

En síntesis, se observa una actitud activa en clase en alumnos del grupo AF, específicamente, en quienes se acercan a la finalización de sus estudios. Por carrera, la asociación se verifica en Ciencias de la Educación en el tramo inicial.

### 5.3. Tomar apuntes

Es el único indicador en el cual la significatividad estadística de la asociación se alcanza en un *solo estrato del análisis*: en el tramo inicial según carrera ($X^2$=26,030; p=0,001). El 83% de los estudiantes de Ciencias de la Educación, el 79% de Pedagogía y el 74% de Trabajo Social juzgan verdadera la afirmación *Me resultan útiles los apuntes que tomo en clase*. En las restantes dos carreras (Ciencia Política y Medicina), este valor ronda alrededor del 53%. En estos dos últimos casos, por otra parte, es alto el porcentaje que se observa en la categoría *a veces verdadero* (32% y 38%, respectivamente). La categoría *falso* no supera el 13% (frecuencia correspondiente a Ciencia Política).

Es un resultado que puede vincularse con la organización de los diseños curriculares de las carreras: dado que durante los primeros años se espera que el alumno "incorpore" el contenido tal como se presenta, los apuntes son una vía regia para dicha incorporación. En los años superiores, las expectativas docentes se orientan hacia una elaboración personal del contenido por la integración de fuentes (cf. capítulo 2).

### 5.4. Ordenar el material

En cuanto al ítem *Ordeno todo el material antes de comenzar a estudiar*, en la muestra completa ($X^2$=12,347; p=0,002) las diferencias -pequeñas- por segmento aparecen en las categorías *a veces* (9% en AF vs. 17% en AD) y *falso*

(13% y 6%, respectivamente), ya que en la opción *verdadero* los porcentajes resultan homogéneos (78% y 77%).

De igual manera, en el tramo inicial ($X^2=7,469$; p=0,024), los valores son similares en la última categoría (76% y 78%) y se hallan discrepancias, también pequeñas, en *a veces* (11% en AF vs. 16% en AD) y en *falso* (14% en AF y 6% en AD).

En el tramo final ($X^2=7,445$; p=0,024), aunque se mantiene la magnitud de las diferencias, aparecen en las tres categorías de respuesta: *verdadero* (83% en AF vs. 74% en AD), *a veces* (6% vs. 20%) y *falso* (11% y 6%).

Según carrera, la asociación sólo se verifica en el tramo final (V de Cramer=0,327; p=0,019): el porcentaje más alto en la opción *verdadero* corresponde a Ciencias de la Educación y Ciencia Política (93% en ambos casos), seguidas por Trabajo Social (83%), Medicina (72%) y Pedagogía (67%). En *falso*, oscilan entre 0% (Ciencias de la Educación) y 19% (Pedagogía). Esto es, la mayoría de los alumnos de todas las carreras valora esta estrategia autorreguladora de ordenar el material.

5.5. Analizar

*Tomar cada tema por separado*
Junto con el ítem que sigue, se trata de los únicos dos indicadores en los que no aparecen diferencias estadísticamente significativas en ninguna perspectiva del análisis. En este sentido, en la muestra completa, el 50% de los alumnos de ambos segmentos juzga *verdadera* la afirmación *Tomo cada tema por separado y estudio parte por parte*, y *a veces verdadera*, en el 32% de los casos. Relación que se mantiene por tramo según carrera, a excepción de Trabajo Social, en la que se distribuyen de modo homogéneo entre las tres opciones.

*Destacar las ideas más importantes*

En el caso del ítem *Al estudiar voy destacando las ideas que creo más importantes*, se advierte una escasísima variabilidad de los porcentajes, los que se nuclean en la categoría *verdadero*: en la muestra completa, 87% en el segmento AF y 81% en el AD, con una leve diferencia por tramo (inicial: 85% en AF y 80% en AD; final: 89% en AF y 84% en AD); según carrera, entre 79% (Pedagogía) y 86% (Ciencias de la Educación) en el tramo inicial, y entre 77% (Trabajo Social) y 93% (Ciencias de la Educación) en el final. Por otra parte, a través del análisis, el porcentaje en la categoría *falso* no sobrepasa el 4%.

En suma, es una estrategia empleada por la amplia mayoría de los alumnos en ambos segmentos y en todas las carreras bajo estudio, sin diferencias notables al inicio y en los años finales.

## 5.6. Sintetizar

*Hacer cuadros, esquemas, resúmenes*

En oposición a la muestra completa y al tramo inicial por segmentos, en el ítem *Hago sinópticos, esquemas, resúmenes mientras estudio*, las discrepancias en el tramo final sí alcanzan significatividad estadística ($X^2$=14,106; p=0,001), las que resultan notorias en las opciones *verdadero* (62% en el segmento AF vs. 35% en AD) y *falso* (18% en AF y 40% en AD).

Según carrera, se verifica la situación contraria: es el tramo inicial el que manifiesta la asociación esperada ($X^2$=19,249; p = 0,014). En este caso, Trabajo Social evidencia el porcentaje más alto en la categoría *verdadero* (66%), inmediatamente seguida por Ciencias de la Educación (64%); las restantes carreras manifiestan valores entre 46% y 52%. Respecto de la opción *falso*, el porcentaje superior corresponde a Pedagogía (32%) y el inferior a Ciencias de la Educación (7%).

Se trata, entonces, de diferencias por segmento o carrera asociadas con el tramo.

*Encontrar relación entre temas*

Con respecto al ítem *Cuando estudio trato de encontrar relación entre los temas*, las discrepancias significativas ($X^2$=18,403; p=0,000) de mayor interés aparecen en las categorías *verdadero* (84% en el segmento AF vs. 67% en AD) y *a veces verdadero* (12,5% en AF y 26% en AD). Esta relación se mantiene en el tramo inicial ($X^2$=13,267; p=0,001), con porcentajes idénticos o muy similares.

Ni en el tramo final por segmento ni en el análisis según carrera, la asociación alcanza significatividad estadística, ya que las diferencias son reducidas. En el primer caso, 84% en el segmento AF y 71% en el AD en la opción *verdadero*; por carrera, la mayor frecuencia en dicha opción en el tramo inicial oscila entre 71% (Ciencia Política) y 86% (Ciencias de la Educación); en el final, entre 75% (Pedagogía) y 88% (Medicina).

En resumen, establecer relaciones entre los temas es una estrategia de síntesis que emplea la mayoría de los alumnos que aprenden fácilmente y de todas las carreras, especialmente en el tramo final.

5.7. Expresar lo aprendido

*Expresar en forma oral*

El análisis por segmento manifiesta una clara asociación en la muestra completa ($X^2$ = 36,455; p = 0,000) y por tramo ($X^2$=12,827; p=0,002; $X^2$=24,747; p=0,000). En la primera, al tiempo que el 59% de los estudiantes del grupo AF estiman *verdadera* la afirmación *Me expreso con facilidad en forma oral*, los alumnos del segmento AD se distribuyen de modo homogéneo en las tres categorías de respuesta. Esta relación se replica en el tramo inicial, si bien desciende la frecuencia (52%) de la opción *verdadero* en el grupo AF. En cambio, en el tramo final, aquélla se incrementa a 69% y los estudiantes del segmento AD manifiestan el porcentaje mayor en la categoría *a veces verdadero* (41%). Esto es, independientemente del segmento, se advierte un cierto progreso hacia la finalización de los estudios.

Según carrera, las diferencias resultan estadísticamente significativas sólo en el tramo inicial ($X^2=19,699$; p=0,012). El valor más alto en la categoría *verdadero* se verifica en Medicina (51%), seguida por Ciencias de la Educación (49%), Ciencia Política (47%) y Pedagogía (43%), carreras que por otra parte manifiestan porcentajes entre 32% y 35,5% en la opción *a veces verdadero*; es decir que en cuatro de las carreras en análisis, desde el 79% (en Ciencia Política) al 86% (Medicina) de los alumnos consideran que emplean la estrategia con cierta regularidad. En cambio, este porcentaje es de 61% en los estudiantes de Trabajo Social, nucleados por otra parte en la opción *a veces verdadero* (41%).

En el tramo final, las discrepancias no alcanzan significatividad estadística porque, a excepción de Pedagogía y Ciencia Política, que no manifiestan variaciones relevantes, se incrementan sensiblemente los porcentajes en la categoría *verdadero*: 70% (Ciencias de la Educación), 63% (Medicina) y 57% (Trabajo Social).

En suma, se detecta que la habilidad para expresar lo aprendido está presente en los alumnos que aprenden fácilmente, sin divergencias de mayor interés en el tramo final en todas las carreras.

*Repetir*
En el ítem *Repito varias veces lo que dice el libro o el apunte hasta que puedo recordarlo*, se halla una asociación

significativa tanto en la muestra completa ($X^2$=16,998; p=0,000) como por tramos ($X^2$=7,645; p=0,022; $X^2$=6,634; p=0,036). En la primera, mientras que los alumnos del segmento AF se concentran en las categorías *a veces verdadero* (30,5%) y *falso* (50%), los estudiantes del grupo AD se distribuyen de modo homogéneo en las tres opciones de respuesta. En el tramo inicial, se repite esta relación, con una leve variación en los porcentajes del grupo AF (34% y 43%, respectivamente). En el caso del tramo final, en cambio, las diferencias -pequeñas- se verifican en las tres categorías de respuesta: los alumnos del segmento AF eligen la opción *verdadero* en 14% de los casos (vs. 26% en AD), *a veces verdadero* en un 26% (vs. 34%) y *falso* en un 60% (vs. 40%).

Según la carrera, nuevamente, las diferencias estadísticamente significativas ($X^2$=21,859; p=0,005) sólo acaecen en el tramo inicial: los alumnos de Ciencias de la Educación y de Medicina se concentran en las categorías *a veces verdadero* (40% y 35%, respectivamente) y *falso* (35% y 43%), Pedagogía lo hace en la última opción (51%) y las restantes carreras (Trabajo Social y Ciencia Política), en *verdadero* (44% y 36%, respectivamente) y en *a veces verdadero* (35% y 38%).

Recapitulando, la estrategia de repetir no es frecuente en la mayoría de los estudiantes del segmento AF, sobre todo del tramo final, sin discrepancias significativas por carrera.

5.8. Repasar

Respecto del último indicador en análisis, aparece una asociación significativa por segmento tanto en la muestra completa ($X^2$=8,442; p=0,015) como en el tramo inicial ($X^2$=11,889; p=0,003). En el primer caso -muestra completa-, el 52% del grupo AF juzga verdadero el ítem *Cuando estudio una materia dedico los últimos dos o tres días a repasar*, al tiempo que este valor se reduce a 39% en el segmento AD; por otra parte, el porcentaje restante de cada grupo se distribuye de modo uniforme en las otras dos categorías. En el segundo caso -tramo inicial-, se halla la misma relación en el 55% del grupo AF y el 36% en el segmento AD.

Según carrera, son significativas las discrepancias tanto en el tramo inicial ($X^2=27,139$; $p=0,001$) como en el final ($X^2=26,858$; $p=0,001$). En el primero, el porcentaje más alto en la opción *verdadero* corresponde a Ciencias de la Educación (63%), seguida por Ciencia Política (51%) y Medicina (49%); en cambio, en Trabajo Social ello resulta *verdadero* y *a veces verdadero* en la misma proporción (38,5%), y en Pedagogía el porcentaje más alto se verifica en la categoría *falso* (41%). Estos resultados se replican en el tramo final en las tres primeras carreras (67% en Ciencias de la Educación y Ciencia Política; 60% en Medicina); Trabajo Social manifiesta ascenso en la opción *verdadero* (50%), mientras que Pedagogía queda lejos de este rango (22%) y a ella corresponde el porcentaje más alto en la categoría *falso* (41%; el mismo valor que en el tramo inicial).

Se observa, entonces, que el repaso como estrategia de aprendizaje caracteriza a los alumnos que aprenden fácilmente, sobre todo al inicio de la carrera, y a los estudiantes de la UNCuyo, especialmente hacia la finalización de ésta.

## 6. Conclusiones

### 6.1. Conclusiones principales

En una articulación de los resultados de esta investigación con la experiencia profesional en el tema, se alcanzan conclusiones relevantes inherentes al aprendizaje universitario, que se presentan a continuación.

Se halló una relación positiva entre aprender fácilmente y la aplicación de algunas estrategias de aprendizaje. Ello sugiere características o rasgos de los alumnos universitarios que informan que *aprenden fácilmente*, quienes manifiestan:
- dedicación al estudio
- actitud activa y participativa en la vida universitaria: preguntan cuando no comprenden, participan y opinan en clase
- toma de apuntes en clase y su empleo para estudiar
- identificación de lo importante al estudiar
- aplicación de estrategias de elaboración y organización de la información
- expresión en forma oral
- no acudir a la repetición memorístico-mecánica para aprender
- aplicación del repaso antes del examen

Por otro lado, se encontraron con frecuencia en los alumnos que consideran que *aprenden con alguna dificultad* características particulares en su estudio, tales como poco empleo de estrategias de análisis y organización de la información, repetición no significativa del contenido y falta de repaso.

Las diferencias encontradas en cuanto a la aplicación de estrategias de aprendizaje en alumnos con dificultad y sin dificultad para aprender en la universidad sugieren ciertas tendencias, las cuales son expresadas en la tabla N° 5:

Tabla N° 5. Síntesis de resultados: diferencias en alumnos con/sin dificultades para aprender en la universidad

| Estrategias indagadas en nuestra investigación | Alumnos sin dificultades | Alumnos con dificultades |
|---|---|---|
| Planificar los tiempos Planificar los tiempos antes de preparar una materia Tiempo que dedica al estudio | Dedicación al estudio | Menor dedicación al estudio |
| Consultar y preguntar Asistir a horas de consulta Preguntar cuando no comprende Participar, preguntar y opinar en clases | Actitud activa en la vida universitaria: preguntan cuando no comprenden, participan y opinan en clases | Menor actitud activa en la vida universitaria, menor participación y preguntas en clase |
| Tomar apuntes | Toma de apuntes en clase | Menor aplicación de toma de apuntes |
| Ordenar el material | No se observaron diferencias | |
| Analizar Tomar cada tema por separado Destacar ideas más importantes | Identifican lo importante al estudiar | Aplican escasas estrategias de análisis |
| Sintetizar Hacer cuadros, esquemas, resúmenes Encontrar relación entre temas | Aplican estrategias de elaboración y organización de la información | Escasa aplicación de estrategias de organización de la información |
| Expresar lo aprendido Expresar con facilidad en forma oral Repetir | Se expresan con facilidad en forma oral. No emplean repetición memorística mecánica para aprender | Realizan una repetición no significativa del contenido a aprender |
| Repasar | Repasan antes del examen | No acuden al repaso |

Fuente: elaboración propia.

Con respecto a uno de los objetivos de la línea de investigación sobre *aprender en la universidad: comparar el esquema de resultados obtenidos en alumnos del tramo inicial y del tramo final de las carreras en estudio a fin de estimar el desarrollo (o no) de competencias académicas en el transcurso de la carrera*, los hallazgos en relación con *estrategias de aprendizaje* indican que al llegar a los últimos años, los alumnos informan con mayor frecuencia el empleo de la siguientes estrategias:
- Planificación de los tiempos (en las cuatro carreras)
- Consulta y pregunta a docentes (en tres carreras)
- Participación y opinión en clases
- Toma de apuntes
- Síntesis y relación de la información
- Orden del material (presente desde el inicio de la carrera)
- Identificación de lo más relevante del material del estudio (presente desde el inicio de la carrera)

Los resultados sugieren entonces que entre el tramo inicial y final de la carrera universitaria el estudiante desarrolla algunas competencias de autorregulación académica. De esta manera, se puede afirmar en parte el supuesto que guía este capítulo: *Los alumnos que se encuentran en el tramo final de la carrera se diferencian de los estudiantes del tramo inicial respecto de las estrategias que emplean para aprender.* De acuerdo con nuestra investigación, los alumnos presentan mayor aplicación en el tramo final -en relación con el tramo inicial- en su organización del tiempo, en el logro de una actitud más activa en las clases -que se refleja en mayor consulta y pregunta a profesores y toma de apuntes- y en la síntesis de la información. Respecto de ordenar el material y de identificar lo más relevante, son estrategias empleadas por una proporción semejante de alumnos en el tramo inicial y en el tramo final. Con ello se puede pensar que durante la trayectoria académica se consolidan las estrategias logradas en la formación previa.

No obstante, al aproximarse al final de la carrera, en la población bajo estudio, se encontraron estrategias aún no suficientemente logradas luego de los años de recorrido académico, tales como: dedicación suficiente al estudio, asistencia a horas de consulta, análisis y repaso (esta última en alumnos con dificultades).

Se sintetizan las tendencias halladas en los resultados en la investigación en relación con el empleo de estrategias de aprendizaje comparando tramo inicial y tramo final en la siguiente tabla:

Tabla N° 6. Síntesis de resultados: diferencias en el tramo inicial y final de la carrera

| Estrategias indagadas en nuestra investigación | Diferencias tramo inicial y final |
|---|---|
| Planificar los tiempos<br>Planificar los tiempos antes de preparar una materia<br>Tiempo que dedica al estudio | Se emplea con mayor frecuencia en el tramo final |
| Consultar y preguntar<br>Asistir a horas de consulta<br>Preguntar cuando no comprende<br>Participar, preguntar y opinar en clases | No hay diferencias entre tramos<br>Se emplea con mayor frecuencia en el tramo final<br>Se emplea con mayor frecuencia en el tramo final |
| Tomar apuntes | Se emplea con mayor frecuencia en el tramo final |
| Ordenar el material | No hay diferencias entre tramos |
| Analizar<br>Tomar cada tema por separado<br>Destacar ideas más importantes | No hay diferencias entre tramos. |
| Sintetizar<br>Hacer cuadros, esquemas, resúmenes<br>Encontrar relación entre temas | Se emplea con mayor frecuencia en el tramo final (en alumnos sin dificultades)<br>No se emplea con mayor frecuencia en el tramo final (en alumnos con dificultades) |

| Estrategias indagadas en nuestra investigación | Diferencias tramo inicial y final |
|---|---|
| Expresar lo aprendido Expresar con facilidad en forma oral Repetir | Se emplea con mayor frecuencia en el tramo final (en alumnos sin dificultad) No se emplea con mayor frecuencia en el tramo final (en alumnos con dificultad) |
| Repasar | No se emplea con mayor frecuencia en alumnos con dificultades en el tramo final. Sí se emplea con mayor frecuencia en los alumnos que aprenden fácilmente en el tramo final |

Fuente: elaboración propia.

Sería oportuno que la universidad, desde su rol orientador implemente instancias de acompañamiento a alumnos para el desarrollo de estrategias que contribuyan a un aprendizaje autorregulado. También podría pensarse que en el logro de estas estrategias inciden otros factores -no solamente los inherentes a los procesos de aprendizaje desarrollados en vida universitaria-, tales como factores familiares, formación previa de nivel medio, entre otros. Estos interrogantes quedan abiertos para ser retomados en nuevas investigaciones.

## 6.2. Implicancias de los resultados desde el aprendizaje autorregulado

Se consideran relevantes los resultados hallados en orden a reflexionar sobre sus implicancias en el aprendizaje en el ámbito de la universidad.

Se encontró que la aplicación de estrategias cognitivas de análisis (destacando lo más relevante), elaboración y organización de la información caracteriza a alumnos sin dificultad, quienes no utilizan para aprender estrategias meramente repetitivas, que corresponden al aprendizaje superficial, tal como se menciona en nuestro marco teórico (Marton y Säljo, 1976).

En tal sentido se coincide con los aportes teóricos de la autorregulación, ya que entre los aspectos que contribuyen a su consolidación se encuentra el dominio de estrategias cognitivas de elaboración y organización, además de las estrategias metacognitivas, motivacionales, afectivas y de manejo del contexto (Pintrich, 2000, en Daura, 2010).

Es interesante recordar que la estrategia de *repetición* es más frecuentemente empleada en el *inicio* de los estudios, dado que probablemente se la aplique para lograr seguridad, sobre todo en los alumnos que se autoperciben con dificultades, los que adoptarían predominantemente un enfoque superficial, de acuerdo con los aportes teóricos reseñados.

Otra conclusión relevante es la relación hallada entre aprender sin dificultad y la utilización del *repaso*. En este sentido, el repaso se considera una estrategia que permitiría integrar y fortalecer los conocimientos antes de enfrentar la situación de examen, lo que favorecería la autoevaluación y autorregulación previa antes de las evaluaciones. La diferencia encontrada en el uso de esta estrategia -mayor empleo en estudiantes argentinos- invita a pensar que el repaso resultaría funcional en la preparación de los exámenes finales en nuestro país, en relación con las expectativas del alumno en su preparación y del profesor al evaluarlo y a la modalidad y tipo de evaluación empleada, aspecto que podría ingresar en una nueva investigación.

El análisis de nuestros resultados nos permite pensar que las *horas de consulta* -como espacio de interacción entre profesores y alumnos, en el que se resuelven dudas, se plantean orientaciones sobre cómo abordar ciertos temas, se dialoga sobre la evaluación, etc.- pueden ofrecerse en algunas carreras e instituciones más que en otras, lo que hace que el empleo de esta estrategia no dependa de la decisión del estudiante de asistir o no, sino de que esta instancia de encuentro pedagógico sea promovida desde la propuesta académica.

En relación con los aspectos actitudinales implicados en las estrategias de aprendizaje, de no menor importancia por su incidencia en el desempeño académico, la relación positiva encontrada entre actitud activa y participativa y aprender sin dificultad permite rescatar la relevancia de esta actitud para avanzar en el estudio universitario. La posibilidad de *preguntar cuando algo no se comprende* y la clarificación de dudas sería un factor relevante, que impactaría en el éxito con que se aprende en la universidad.

Los resultados de esta investigación invitan a pensar que los alumnos que aprenden *sin dificultad*, principalmente al *finalizar la carrera*, estudian con un enfoque profundo, ya que relacionan la información, son activos y se implican personalmente con el estudio, características del aprendizaje autorregulado. Esta aproximación permite afirmar nuevamente el supuesto que orienta este capítulo: *los alumnos que se encuentran en el* tramo final *de la carrera se diferencian de los alumnos del* tramo inicial *respecto de las estrategias que emplean para aprender*. Dichas estrategias implican en el *tramo final* no sólo mayor elaboración de la información, sino también mayor planificación y control de sus procesos de aprendizaje, aspectos que, entre otros, nos permiten acercarnos a las características de un alumno que adopta, además de un enfoque profundo, un *enfoque orientado al resultado* (Entwistle, 1988) o *de logro* (Biggs, 1988), principalmente en alumnos que se autoperciben sin dificultad para aprender. Sin embargo, estas últimas consideraciones se formulan a modo de aproximación para continuar en futuros estudios, ya que para su confirmación se deberán considerar otros aspectos intervinientes.

Desde las conceptualizaciones de los *patrones de aprendizaje* (Vermunt, 2005) quedan abiertos los siguientes interrogantes: si los estudiantes del *tramo inicial* manifiestan preferencias por el uso de estrategias de procesamiento memorísticas, se trataría de alumnos con preferencia por un patrón de aprendizaje *dirigido a la reproducción*. Y, por otro lado, si los alumnos del *tramo final* aplican estrategias basadas en la elaboración y la estructuración de la información, y guían su trabajo por medio de la autorregulación, se trataría de estudiantes con características de un patrón de aprendizaje *dirigido al significado (comprensión)*. También podría pensarse que si alumnos que *aprenden con dificultad* aplican mayoritariamente estrategias de procesamiento memorísticas, se trataría de estudiantes con preferencia por un patrón de aprendizaje *dirigido a la reproducción*. Y, por otro lado, dado que los alumnos que se *autoperciben con facilidad* para los estudios manifiestan preferencia por aplicar estrategias basadas en la elaboración y la estructuración de la información, y autorregulan sus tiempos, se podría pensar en estudiantes con características de un patrón de aprendizaje *dirigido al significado (comprensión)*. No obstante, para dar respuesta acabada a dichos interrogantes se deberían considerar otros aspectos que integran el constructo teórico *patrones de aprendizaje*, tales como las concepciones de aprendizaje y la orientación motivacional hacia el aprendizaje, tarea que queda propuesta para un nuevo estudio con estudiantes universitarios en nuestro contexto.

### 6.3. Interrogantes y desafíos

Uno de los principales desafíos, a la luz de los resultados expuestos, es la necesidad de profundizar el empleo de estrategias de aprendizaje en estudiantes universitarios.

Con este propósito, algunos autores sugieren programas tanto para la enseñanza como para el entrenamiento en estrategias de autorregulación en la universidad. En concreto, se propone que los estudiantes participen de un programa específico para mejorar significativamente el conocimiento declarativo sobre estrategias de aprendizaje, disminuir el uso del enfoque superficial y promover el pensamiento reflexivo, con lo cual se da la oportunidad de que anticipen algunas situaciones que les pueden ocurrir en su trayectoria académica. Este esfuerzo reflexivo es importante, sobre todo, en los alumnos que llegan a la universidad y no han tenido la oportunidad de detenerse a identificar la diferencia entre la etapa educativa anterior y las demandas de la etapa que se inicia. De acuerdo con investigaciones sobre el tema, esta oportunidad de repensar sobre sí mismos ha contribuido a incrementar la competencia reflexiva de los alumnos sobre su rol académico y a disminuir los enfoques superficiales (Rosário, 2007). Ésta sería entonces una excelente propuesta de trabajo para la Orientación Educativa en la universidad.

Sin embargo, otras investigaciones acentúan el rol del docente en el proceso de desarrollo de estrategias de aprendizaje:

> Formar estudiantes capaces de aprender en forma autónoma debe ser uno de los objetivos más importantes del nivel superior, no sólo porque esta capacidad favorece la obtención de un mejor rendimiento académico, sino también porque es necesaria para desenvolverse en el mundo laboral y para continuar desarrollando aprendizajes durante toda la vida (Pintrich, 1987; Zimmerman, 2002, en Daura, 2010: 8).

La tarea docente debe incluir necesariamente un tiempo y un espacio para enseñar en sus asignaturas las estrategias cognitivas y afectivo-motivacionales que operan en todo proceso de aprendizaje. Es innegable la influencia que puede tener el paso por la universidad y el contacto con los profesores en la adquisición y desarrollo de estrategias de aprendizaje. En la expresión de Carrasco: "El profesor ha de ser muy consciente de que su forma de enseñar influye decisivamente sobre la forma de aprender de sus alumnos" (2007: 138).

El desafío entonces será debatir -en un trabajo colaborativo entre orientadores, asesores y docentes universitarios- sobre las líneas de trabajo mencionadas, para dar respuesta a la formación de los estudiantes en estrategias de aprendizaje, dado su impacto en el rendimiento académico y en el aprender sin dificultad. Desde la experiencia se propone la complementación de ambas perspectivas: el trabajo con los alumnos en estrategias de autorregulación académica y la necesaria promoción y consolidación de dichas estrategias a través de los procesos de enseñanza y aprendizaje propuestos por los docentes en sus prácticas áulicas con los estudiantes.

Retomando nuestros resultados, hay dos estrategias que se caracterizan por ser implementadas desde el inicio de la carrera y mantenidas en el tiempo por ambos segmentos (con/sin dificultad): *ordenar el material* y *destacar lo más importante*. La alta adhesión a estas estrategias sugiere mayor familiaridad y utilización desde la formación secundaria, las que se continúan aplicando en los años de la universidad. Estos hallazgos confirman la importancia de la escuela secundaria en la formación de hábitos y estrategias de estudio que se sostendrán en los niveles superiores.

Los resultados presentados llevan a pensar que la escuela secundaria ha logrado estimular el desarrollo de algunas estrategias, pero no de todas, ya que en el inicio de la carrera, los alumnos de nuestra investigación mostraron escasa aplicación de algunas estrategias, en particular, dedicación al estudio, organización de la información y repaso. Por lo tanto, otro desafío relevante lo constituye el fortalecimiento de estrategias de aprendizaje desde la escuela secundaria para promover en los alumnos ingresantes a la universidad mayor logro de la autorregulación académica. Ello redundará en mayores oportunidades para que la institución universitaria favorezca un aprendizaje profundo y de calidad en la formación de futuros profesionales.

## Capítulo 5
## Relación entre permanencia, autopercepción de competencia para aprender y atribuciones causales en estudiantes universitarios

*Lidia Diblasi*
*Ida Lucía Morchio*

Una comunidad científica reúne a investigadores y equipos dedicados al estudio de ciertos temas, en ciertos campos de dominio, enfocados desde ciertos postulados teóricos y abordados según pautas metodológicas compartidas. Por lo general, cada equipo se concentra en el desarrollo de su proyecto, afanado por lograr los objetivos, llegar a resultados rigurosos y exponerlos en artículos y encuentros científicos..., pero sin entrar en relación con quienes trabajan sobre temáticas que en la realidad están vinculadas, con unidades de observación que se solapan. Avanzan en paralelo, sin compartir los avances y hallazgos respectivos.

### 1. Miradas desde campos disciplinares diferentes que convergen en un único problema

Con el propósito de dar un paso para revertir ese modo de estudiar en forma fragmentada una realidad que en sí misma es una totalidad integrada, nos propusimos como objetivo tender puentes entre los resultados obtenidos a través de estudios realizados en dos unidades académicas de la Universidad Nacional de Cuyo, ambos interesados en el análisis de la trayectoria académica de los estudiantes.

En la Facultad de Ciencias Políticas y Sociales se lleva a cabo una línea de investigación que hace referencia al perfil y evolución del rendimiento académico de los estudiantes a través del seguimiento de cohortes (SeCTyP 2007-2011, Dir. L. Diblasi). Esta línea ha avanzado en forma sostenida, abordando distintos aspectos del tema. En el proyecto *¿Es la universidad una institución inclusiva?*, desarrollado entre 2011 y 2013 (SeCTyP), se recuperaron resultados recopilados durante los cuatro años anteriores, y se los tomó como base para indagar sobre los motivos por los que los estudiantes ingresan, permanecen en la carrera y egresan de ella.

Frente a los datos referidos a permanencia, un aspecto central fue el análisis del rendimiento académico -mediante entrevistas grupales y del análisis documental-, a partir del cual se aplicó un índice de elaboración propia para estos estudios (Diblasi, 2004), que mide cuantitativamente el rendimiento académico, mediante una serie de indicadores.

Se realizó el seguimiento de una cohorte año a año, durante cinco años, de las cuatro carreras que se dictan en dicha facultad, lo que permitió detectar *momentos de deserción y de desgranamiento*, determinar sus posibles causas y analizar el rendimiento. La población en estudio estuvo conformada por estudiantes de las licenciaturas en Sociología, Ciencia Política y Administración Pública, Comunicación Social y Trabajo Social, según se detalla en el siguiente gráfico:

Gráfico N° 1. Estudiantes que componen la población en estudio, cohorte 2008 Facultad de Ciencias Políticas y Sociales

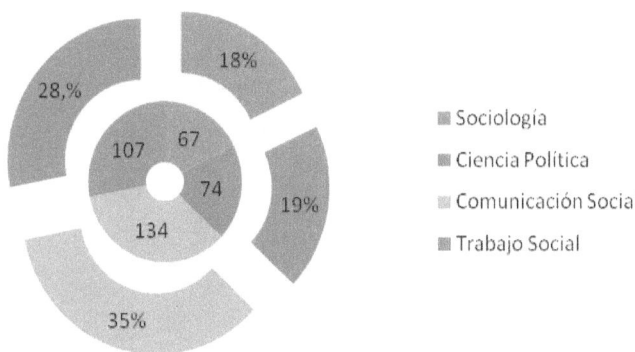

Por otra parte, en la Facultad de Filosofía y Letras se encuentra en desarrollo la línea de investigación sobre *aprender en la universidad*, que presentamos en el capítulo 1. Volvemos sobre algunas de sus notas distintivas pensando en algún lector que decide ingresar al libro por este capítulo. Entre 2007 y 2011 se trabajó con dos cohortes de estudiantes de 2° año (tramo inicial) de cinco carreras: Medicina, Trabajo Social, Ciencia Política y Administración Pública, Ciencias de la Educación (de la Universidad Nacional de Cuyo [UNCuyo], Argentina) y Pedagogía (de la Universidad Federal de Río de Janeiro [UFRJ], Brasil), y en 2011-2013 se trabajó con una tercera cohorte, integrada por estudiantes de las mismas carreras, pero la diferencia es que cursan el último año (tramo final). La composición de la población se puede observar en el siguiente gráfico:

Gráfico N° 2. Estudiantes que componen la población en estudio entre 2007 y 2013 según carrera

**Carrera**

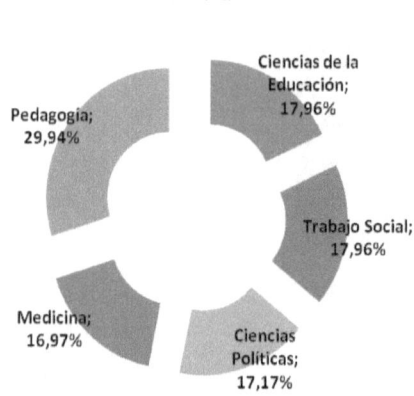

Como mencionamos en el capítulo 1, los resultados fueron obtenidos en 501 estudiantes, repartidos entre los que cursan el 2° y el último año de la trayectoria académica en una de esas carreras. Participaron 326 alumnos del tramo inicial, lo que representa el 65%, y 175 del tramo final, equivalente al 35%.

En el análisis, la población se segmentó según la autopercepción de competencia para aprender expresada por los mismos estudiantes, de modo que quedaron definidos dos segmentos: *aprendo fácilmente* y *aprendo con alguna dificultad*. En el primer segmento se ubican 273 alumnos (54,49%) y en el segundo, 224 casos, que representan el 44,71%.

Luego se procedió a comparar los resultados por segmento, por carrera y por tramo.

Gráfico N° 3.Estudiantes que componen la población en estudio entre 2007 y 2013 según autopercepción de competencia para aprender

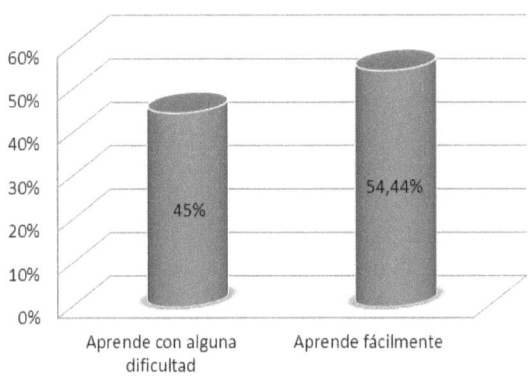

La idea de ambas líneas de investigación de una continuidad en sucesivas cohortes responde al criterio de Ambrosi (2008), quien considera que replicar un estudio en varias muestras constituye una vía para validar los resultados. Por otra parte, la complementación de resultados obtenidos a través de diferentes estudios permite corroborar los aspectos que intervienen como obstaculizadores del *permanecer* y del *aprender* en la universidad.

Retomando lo expuesto al inicio sobre el objetivo de poner en relación los resultados procedentes de estudios realizados en la Facultad de Ciencias Políticas y Sociales (Diblasi *et al.*, 2011-2013) y en la de Filosofía y Letras (Morchio *et al.*, 2011-2013) -ambos interesados en el análisis de la trayectoria académica de los estudiantes-, se tomaron en cuenta variables que sustentan una explicación de corte psicoeducativo: la *autopercepción de competencia para aprender* y las *atribuciones causales*, y variables que permiten una explicación de corte sociológico: *permanencia* (estudiantes activos e inactivos), *nivel de instrucción del padre* y *rendimiento académico*.

## 2. Dos líneas de investigación que se complementan en sus resultados

La presentación de resultados se inicia describiendo por separado el comportamiento de las variables estudiadas en una y otra línea de investigación, según se aclara en el párrafo anterior. Luego se establecen relaciones entre los resultados respectivos, conjugando miradas que convergen en un único problema, que es observado desde distintos puntos de vista, a su vez inscriptos en campos disciplinares diferentes.

Como se desprende de lo expuesto, en ambos estudios participaron estudiantes que están al comienzo y estudiantes que están próximos a finalizar la carrera, sin embargo uno es longitudinal y el otro transversal. La investigación realizada en Ciencias Políticas se refiere a un mismo grupo de alumnos en los primeros y en los últimos años (cohorte); en cambio, en el estudio contextualizado en Filosofía y Letras, se hace referencia a tramo inicial (2° año) y tramo final (último año).

La presentación de resultados intercala descripciones con pruebas estadísticas que las avalan, de modo que los textos se acompañan con tablas -que muestran los datos- y gráficos que contribuyen a una visualización de conjunto de la información.

En el recorrido se incluyen síntesis parciales en las que se explicitan las relaciones entre ambas líneas de investigación.

## 2.1. Autopercepción de competencia para aprender

Recuperando lo dicho en el capítulo 1, la *autopercepción de competencia para aprender* es un constructo que recupera la subjetividad del estudiante. Fue abordada a través del INCEAPU (Inventario de Concepciones y Experiencias de aprender en la universidad). En la pregunta 4, el estudiante señala si *cree que es una persona que aprende fácilmente, que aprende con alguna dificultad o que le cuesta aprender*. Ésta fue la variable de corte con que se segmentó la población al interior de cada carrera y tramo.

### 2.1.1. Análisis por segmento y por tramo

En una primera aproximación, considerando las tres categorías originales de la variable *Autopercepción de competencia para aprender*, pusimos a prueba si la diferencia entre alumnos del tramo inicial y del tramo final eran significativas estadísticamente.

Tabla N° 1. Autopercepción de competencia para aprender según tramo

|  |  | Tramo | | Total |
|---|---|---|---|---|
|  |  | inicial | Final | |
| Autopercepción del aprender | Aprende fácilmente | 161 | 112 | 273 |
|  | Aprende con alguna dificultad | 150 | 50 | 200 |
|  | Le cuesta aprender | 12 | 12 | 24 |
|  | NS/NC | 3 | 1 | 4 |
| Total | | 326 | 175 | 501 |

Las discrepancias entre frecuencias son estadísticamente significativas ($X^2=15,711$; gl=3; p=0,001); luego, se puede concluir, por un lado, que la autopercepción de competencia para aprender y el tramo de la carrera se encuentran asociados.

Por otro lado, se advierte que son muy pocos los alumnos que se ubican en la tercera categoría: *me cuesta aprender*. Ello sugirió la conveniencia de dicotomizar la variable, manteniendo la primera categoría original y agrupando las otras dos en una sola. De este modo, en función de la autopercepción de competencia para aprender, quedaron dos categorías: *aprendo fácilmente* y *aprendo con alguna dificultad*.

Con la nueva categorización los resultados por tramo fueron:

Tabla N° 2. Autopercepción de competencia para aprender (dicotómica) por tramo

|  |  | Tramo | | Total |
|---|---|---|---|---|
|  |  | Inicial | Final |  |
| Aprende fácilmente | Recuento | 161 | 112 | 273 |
|  | % | 59,0% | 41,0% | 100,0% |
| Aprende con alguna dificultad | Recuento | 150 | 50 | 200 |
|  | % | 75,0% | 25,0% | 100,0% |
| Total | Recuento | 311 | 162 | 473 |
|  | % | 65,8% | 34,2% | 100,0% |

Nuevamente, realizamos la prueba estadística y se puede sostener que se verifica una asociación entre autopercepción de competencia para aprender y tramo de la carrera en que se encuentra el estudiante, según los niveles de significación que se muestran en la prueba ($X^2$=13,165; gl=1; p=0,000).

Los datos sugieren que en el tramo inicial es mayor la proporción de alumnos que cree que aprende con dificultad, respecto del tramo final.

### 2.1.2. Análisis por carrera

Trabajando por carrera, con la variable dicotomizada, analizamos nuevamente su significación estadística a través de la prueba de Chi cuadrado de Pearson, y dio un resultado significativo ($X^2=12,694$; gl=4; p=0,013):

Tabla N° 3. Autopercepción de competencia para aprender según carrera

|  | Carrera | | | | | Total |
|---|---|---|---|---|---|---|
|  | Ciencias de la Educación | Trabajo Social | Ciencia Política | Medicina | Pedagogía |  |
| Aprende fácilmente | 56 | 35 | 48 | 50 | 84 | 273 |
| Aprende con alguna dificultad | 30 | 50 | 35 | 34 | 51 | 200 |
| Total | 86 | 85 | 83 | 84 | 135 | 473 |

Este resultado nos motivó a conjugar las dos aproximaciones precedentes, es decir, analizar la autopercepción de competencia para aprender, por tramo, en cada carrera. Por esta vía nos sorprendieron algunas diferencias que en el conjunto pasaban inadvertidas; esto significa que cuando trabajábamos con el total de 501 casos como grupo -sin distinguir tramos- quedaban neutralizadas.

Según esta mirada, en el tramo inicial (tabla N° 4), se observa que Trabajo Social muestra una situación distinta de las otras carreras. Los estudiantes que dicen que aprenden fácilmente representan sólo un 24%, mientras que los que dicen que aprenden con alguna dificultad, representan el 76%. En cambio, en las otras cuatro carreras, el porcentaje de alumnos del tramo inicial que aprenden fácilmente presentan porcentajes que oscilan entre el 52% y el 59%.

Tabla N° 4. Autopercepción de competencia para aprender por carrera en el *tramo inicial*

|  |  |  | Autopercepción de competencia | | Total |
|---|---|---|---|---|---|
|  |  |  | Aprende fácilmente | Aprende con alguna dificultad | |
| Carrera | Ciencias de la Educación | Recuento | 35 | 24 | 59 |
|  |  | % dentro de carrera | 59,3% | 40,7% | 100,0% |
|  | Trabajo Social | Recuento | 14 | 45 | 59 |
|  |  | % dentro de carrera | 23,7% | 76,3% | 100,0% |
|  | Ciencia Política | Recuento | 30 | 25 | 55 |
|  |  | % dentro de carrera | 54,5% | 45,5% | 100,0% |
|  | Medicina | Recuento | 35 | 25 | 60 |
|  |  | % dentro de carrera | 58,3% | 41,7% | 100,0% |
|  | Pedagogía | Recuento | 47 | 43 | 90 |
|  |  | % dentro de carrera | 52,2% | 47,8% | 100,0% |
| Total | | Recuento | 161 | 162 | 323 |
|  | | % dentro de carrera | 49,8% | 50,2% | 100,0% |

Esta vez la significación estadística a través de la prueba Chi cuadrado de Pearson ($X^2$=20,635; gl=4) alcanza un resultado significativo (p=0,000).

En el siguiente gráfico se puede observar claramente la diferencia entre los resultados en Trabajo Social y en las otras carreras estudiadas:

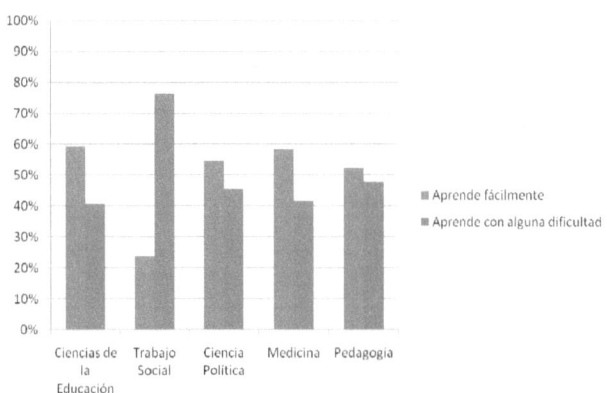

Gráfico N° 4. Autopercepción de competencia para aprender por carrera en el *tramo inicial*

La situación descripta precedentemente muestra un giro interesante en el tramo final. Según el resultado de la prueba de Chi cuadrado ($X^2=1,358$; gl=1; p=0,851), la relación entre autopercepción de competencia para aprender y carrera deja de ser significativa. Esto se explica porque el porcentaje de estudiantes que dicen que aprenden fácilmente es semejante en todas las carreras, con una variación que oscila entre el 60% y el 70% (tabla N° 5). Paradójicamente, en el tramo final, Trabajo Social tiene una de las frecuencias más altas en quienes opinan que aprenden fácilmente.

Los datos que sustentan el planteo anterior se muestran con claridad en la siguiente tabla:

Tabla N° 5. Autopercepción de competencia para aprender por carrera en el *tramo final*

| | | | Autopercepción de competencia | | Total |
|---|---|---|---|---|---|
| | | | Aprende fácilmente | Aprende con alguna dificultad | |
| Carrera | Ciencias de la Educación | Recuento | 21 | 9 | 30 |
| | | % dentro de carrera | 70,0% | 30,0% | 100,0% |
| | Trabajo Social | Recuento | 21 | 9 | 30 |
| | | % dentro de carrera | 70,0% | 30,0% | 100,0% |
| | Ciencia Política | Recuento | 18 | 12 | 30 |
| | | % dentro de carrera | 60,0% | 40,0% | 100,0% |
| | Medicina | Recuento | 15 | 10 | 25 |
| | | % dentro de carrera | 60,0% | 40,0% | 100,0% |
| | Pedagogía | Recuento | 37 | 22 | 59 |
| | | % dentro de carrera | 62,7% | 37,3% | 100,0% |
| Total | | Recuento | 112 | 62 | 174 |
| | | % dentro de carrera | 64,4% | 35,6% | 100,0% |

APRENDER A APRENDER COMO META DE LA EDUCACIÓN SUPERIOR 231

Gráfico N° 5. Autopercepción de competencia para aprender por carrera en el *tramo final*

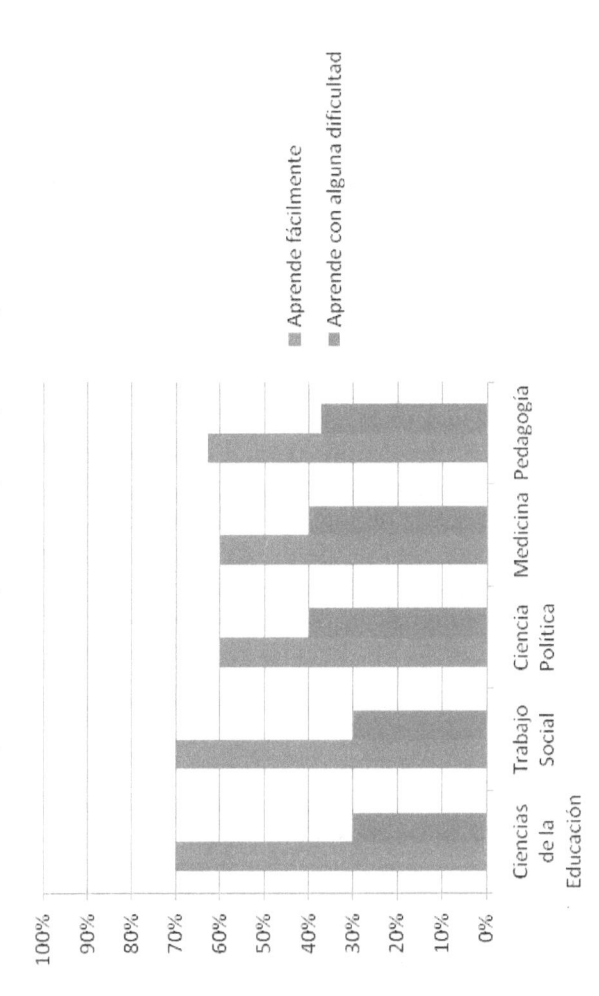

Volveremos sobre estos resultados al analizar la permanencia en relación con el nivel de instrucción de los padres, en el tramo inicial y final de la carrera.

## 2.2. Permanencia en la carrera

Esta variable fue abordada a través de estudios realizados entre 2007-2013 (Diblasi *et al.*). Se trabaja en forma longitudinal a través del seguimiento de la cohorte 2008 en las cuatro carreras que se cursan en la Facultad de Ciencias Políticas y Sociales. Se sigue a un mismo grupo de estudiantes durante los cinco años de duración teórica de la carrera. La *permanencia en la carrera* se analiza en función de la cantidad de alumnos de 1° año que, al finalizar el año académico, están activos o inactivos (según la normativa vigente en la UNCuyo). En la práctica, *inactivo* significa que no ha rendido o aprobado ninguna materia en el año académico y *activo*, que ha aprobado al menos dos materias en ese período. Al finalizar el cursado del 1° año académico, 113 estudiantes (el 30%) habían perdido su condición de activos y pasaron a ser inactivos; del resto de los 382 integrantes del estudio, 240 eran activos (70%).

*2.2.1. Análisis por carrera al finalizar el 1° año académico*

En una primera aproximación -según se observa en la tabla N° 6-, la cantidad de estudiantes que se encontraban activos/inactivos en las cinco carreras que se cursan en la Facultad de Ciencias Políticas al finalizar el primer año de cursado no muestra grandes diferencias porcentuales, aunque se advierte que Sociología tiene mayor cantidad de estudiantes inactivos (42%) que las demás (tienen entre 22 y 30%). Con estos datos, según la prueba Chi cuadrado ($X^2=7,478$; gl=3; p=0,58), no hay una diferencia estadísticamente significativa por carrera.

Tabla N° 6. Alumnos activos e inactivos por carrera al finalizar el 1° año académico

|  |  |  | Condición | | Total |
|---|---|---|---|---|---|
|  |  |  | Inactivos | Activos |  |
| Carrera | Sociología | Recuento | 28 | 39 | 67 |
|  |  | % dentro de carrera | 41,8% | **58,2%** | 100,0% |
|  | Ciencia Política | Recuento | 21 | 53 | 74 |
|  |  | % dentro de carrera | 28,4% | 71,6% | 100,0% |
|  | Comunicación Social | Recuento | 40 | 94 | 134 |
|  |  | % dentro de carrera | 29,9% | 70,1% | 100,0% |
|  | Trabajo Social | Recuento | 24 | 83 | 107 |
|  |  | % dentro de carrera | 22,4% | 77,6% | 100,0% |
| Total |  | Recuento | 113 | 269 | 382 |
|  |  | % dentro de carrera | 29,6% | 70,4% | 100,0% |

**Actividad/inactividad y cantidad de materias rendidas-aprobadas**

Si profundizamos más en el análisis de la permanencia en relación con el rendimiento académico, en el primer año de cursado observamos que la mayoría de los estudiantes quedan inactivos debido a que no han rendido o aprobado ninguna asignatura durante ese período. Esto se puede observar claramente en el siguiente gráfico. Representan, según la carrera, entre un 30 y un 48%. La mayor proporción de inactivos está en Sociología y la menor, en Trabajo Social.

234 APRENDER A APRENDER COMO META DE LA EDUCACIÓN SUPERIOR

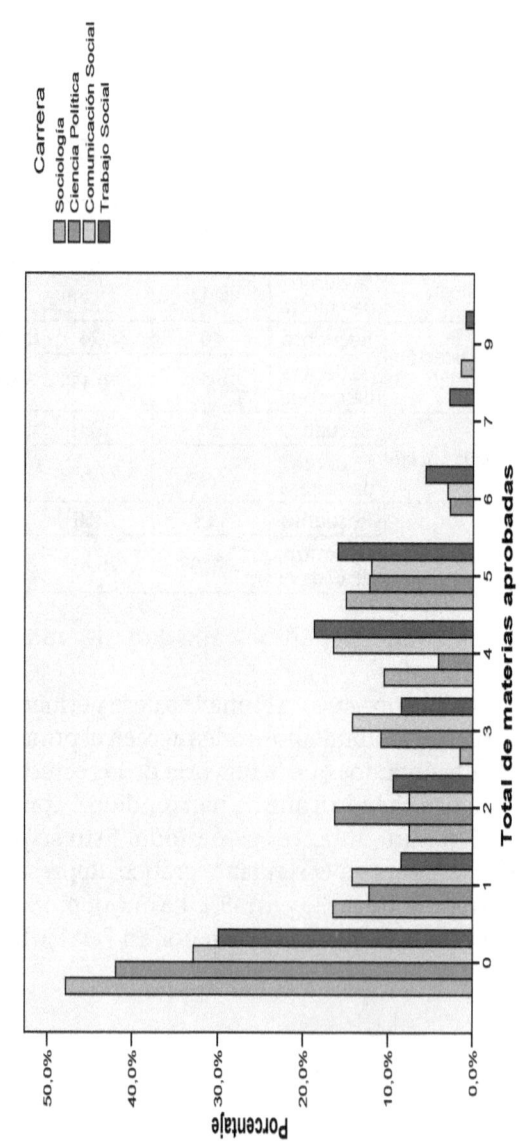

Gráfico N° 6. Porcentaje de materias rendidas-aprobadas en el 1° año académico. Cohorte 2008

Esto corrobora la hipótesis, tanto nuestra como de varios estudiosos de la temática (García Guadilla, 2002; Antoni, 2003; Tinto, 2004; Ezcurra, 2011) que demuestran que las mayores deserciones se producen en el primer año de cursado. Y, si bien las tasas de ingreso han aumentado, no así las tasas de graduación, que no superan el 40% en países como Argentina.

*2.2.2. Análisis por carrera al finalizar el 5° año académico*

Al finalizar el quinto año de cursado (tramo final), podemos observar que las diferencias por carrera se han homogeneizado ($X^2$=3,542; gl=3; p=0,315) y que la cantidad de alumnos inactivos -o que ya no permanecen en la carrera elegida- varía entre el 56 y el 69%. Sigue siendo Sociología la carrera que ha perdido mayor cantidad de estudiantes y Trabajo Social la que muestra la mayor permanencia.

Tabla N° 7. Alumnos activos e inactivos por carrera al finalizar el 5° año académico

|  |  |  | Condición | | Total |
|---|---|---|---|---|---|
|  |  |  | Inactivos | Activos |  |
| Carrera | Sociología | Recuento | 46 | 21 | 67 |
|  |  | % dentro de carrera | 68,7% | 31,3% | 100,0% |
|  | Ciencia Política | Recuento | 46 | 28 | 74 |
|  |  | % dentro de carrera | 62,2% | 37,8% | 100,0% |
|  | Comunicación Social | Recuento | 88 | 46 | 134 |
|  |  | % dentro de carrera | 65,7% | 34,3% | 100,0% |
|  | Trabajo Social | Recuento | 60 | 47 | 107 |
|  |  | % dentro de carrera | 56,1% | 43,9% | 100,0% |
| Total |  | Recuento | 240 | 142 | 382 |
|  |  | % dentro de carrera | 62,8% | 37,2% | 100,0% |

Al finalizar el primer año de cursado, la cantidad de alumnos inactivos en la unidad académica representaba el 30% y el de activos, el 70%, mientras que al finalizar el quinto año de cursado la relación prácticamente se invierte: el 63% está inactivo y el 37% está activo, es decir, permanece en la carrera. A diferencia del impacto que ejercen otras variables (por ejemplo, nivel de instrucción del padre, tipo de colegio secundario, edad), no se verifica asociación entre carrera y actividad-inactividad, si bien se advierte por experiencia que en algunas carreras la tasa de abandono es mayor.

### 2.2.3. Permanencia por carrera según el nivel de instrucción del padre

Los resultados del primer análisis nos motivaron a indagar en las características de los estudiantes que *se van* de la carrera elegida. Según la hipótesis de estudios anteriores, una de las variables que inciden en la permanencia es el nivel de instrucción de los padres -en este caso, del padre-, variable que forma parte de lo que llamamos el *entorno* de los jóvenes (Diblasi *et al.*, 2004).

Para efectuar la comparación, segmentamos el nivel de instrucción de los padres en tres categorías: 1) los padres que tienen un nivel de instrucción hasta primario completo, 2) hasta secundario completo y 3) hasta terciario o universitario completo. A fin de facilitar la descripción nos referiremos a ellos como nivel básico/medio/superior respectivamente. Veamos los resultados en la siguiente tabla:

Tabla N° 8. Relación entre carrera y nivel de instrucción del padre en el *tramo inicial*

| | | | Nivel de instrucción del padre | | | Total |
|---|---|---|---|---|---|---|
| | | | Básico | Medio | Superior | |
| Carrera | Sociología | Recuento | 10 | 22 | 32 | 64 |
| | | % dentro de carrera | 15,6% | 34,4% | 50,0% | 100,0% |
| | Ciencia Política | Recuento | 16 | 27 | 27 | 70 |
| | | % dentro de carrera | 22,9% | 38,6% | 38,6% | 100,0% |
| | Comunicación Social | Recuento | 26 | 54 | 48 | 128 |
| | | % dentro de carrera | 20,3% | 42,2% | 37,5% | 100,0% |
| | Trabajo Social | Recuento | 36 | 43 | 25 | 104 |
| | | % dentro de carrera | 34,6% | 41,3% | 24,0% | 100,0% |
| Total | | Recuento | 88 | 146 | 132 | *366 |
| | | % dentro de carrera | 24,0% | 39,9% | 36,1% | 100,0% |

*La diferencia en las cifras se debe a que muchos legajos no tenían registrado el nivel de instrucción de los padres.

En el tramo inicial realizamos una prueba de Chi cuadrado para identificar si se relacionaban el nivel de instrucción del padre y la situación en la carrera, de la que obtuvimos resultados significativos ($X^2$=16,058; gl=6; p=0,013) e interesantes para seguir el análisis. Los estudiantes de Sociología tienen los porcentajes más altos de padres con nivel de instrucción superior (50%), mientras que en el resto de las carreras los porcentajes más elevados se observan en padres con nivel de instrucción medio (entre el 37 y 42%). Esto nos impulsó a seguir indagando la situación al finalizar el cursado de la carrera.

### 2.2.3.1. Estudiantes activos (1° año) por carrera según el nivel de instrucción del padre

La motivación es seguir avanzando en la contrastación de las hipótesis tanto nuestra (Diblasi, 2004) como de estudiosos de la temática (Engle y Tinto, 2008; Borrell, Perona y Sassaroli, 2009; Tinto, 2004; entre otros), que señalan que hay mayor deserción entre los estudiantes que pertenecen a un estrato social más desfavorecido -que en este caso está representado por el nivel de instrucción del padre-, que entre aquellos cuyos padres tienen niveles de instrucción más alto. En consonancia, Ana M. Ezcurra (2011) plantea que hay mayor deserción o abandono entre los estudiantes de primera generación en la universidad.[1]

Siguiendo con la idea de la apertura de la universidad a estratos sociales más desfavorecidos, se diseñan políticas de inclusión o ingreso de sectores que antes no accedían a este nivel educativo. Si bien esto es una realidad, se transforma rápidamente en una ilusión, ya que ingresan pero no permanecen o, como afirma Vincent Tinto (2004, en Ezcurra 2011: 22), "la presunta puerta abierta al ciclo para aquellos estratos no es tal, sino que se trata de una puerta giratoria", o una "inclusión con exclusión", como la llama A. M. Ezcurra (2011), lo cual remitiría a una cuestión estructural: se reproduce la desigualdad social de los estratos desfavorecidos. Los estudiantes que provienen de estratos socioculturales más bajos suelen tener mayor inseguridad al momento de expresar sus posibilidades para continuar con sus estudios en la universidad y menores recursos de acceso a los bienes culturales.

En un nuevo avance, se segmenta la base y se estudia sólo el nivel de instrucción del padre de los estudiantes activos al terminar el 1° año de la carrera y al finalizar el 5° año (último año).

---

[1] Se entiende por "primera generación en la universidad" al primer integrante de la familia que llega a la universidad.

Tabla N° 9. Relación entre estudiantes de 1° año *activos* por carrera y nivel de instrucción del padre

|  |  |  | Nivel de instrucción del padre | | | Total |
|---|---|---|---|---|---|---|
|  |  |  | Básico | Medio | Superior |  |
| Carrera | Sociología | Recuento | 5 | 14 | 18 | 37 |
|  |  | % dentro de carrera | 13,5% | 37,8% | **48,6%** | 100,0% |
|  | Ciencia Política | Recuento | 9 | 18 | 23 | 50 |
|  |  | % dentro de carrera | 18,0% | 36,0% | **46,0%** | 100,0% |
|  | Comunicación Social | Recuento | 14 | 39 | 37 | 90 |
|  |  | % dentro de carrera | 15,6% | **43,3%** | 41,1% | 100,0% |
|  | Trabajo Social | Recuento | 30 | 30 | 22 | 82 |
|  |  | % dentro de carrera | 36,6% | 36,6% | **26,8%** | 100,0% |
| Total |  | Recuento | 58 | 101 | 100 | 259 |
|  |  | % dentro de carrera | 22,4% | 39,0% | 38,6% | 100,0% |

En los resultados de la prueba de Chi cuadrado ($X^2$=16,439; gl=6) se halla que hay una relación significativa entre el nivel de instrucción del padre y la proporción de alumnos activos por carrera (p=0,012) al finalizar el cursado de 1° año.

### 2.2.3.2. Estudiantes activos (5° año) por carrera según el nivel de instrucción del padre

**Tabla N° 10. Relación entre estudiantes de 5° año *activos* por carrera y nivel de instrucción del padre**

|  |  |  | Nivel de instrucción del padre | | | Total |
|---|---|---|---|---|---|---|
|  |  |  | Básico | Medio | Superior |  |
| Carrera | Sociología | Recuento | 1 | 6 | 13 | 20 |
|  |  | % dentro de carrera | 5,0% | 30,0% | 65,0% | 100,0% |
|  | Ciencia Política | Recuento | 7 | 6 | 15 | 28 |
|  |  | % dentro de carrera | 25,0% | 21,4% | 53,6% | 100,0% |
|  | Comunicación Social | Recuento | 8 | 19 | 17 | 44 |
|  |  | % dentro de carrera | 18,2% | 43,2% | 38,6% | 100,0% |
|  | Trabajo Social | Recuento | 15 | 19 | 13 | 47 |
|  |  | % dentro de carrera | 31,9% | 40,4% | 27,7% | 100,0% |
| Total |  | Recuento | 31 | 50 | 58 | 139 |
|  |  | % dentro de carrera | 22,3% | 36,0% | 41,7% | 100,0% |

Algo semejante sucede al finalizar el cursado: en general, son menos los estudiantes con padres hasta primaria completa (22,3%) que llegan a 5° año y son más los que tienen padres con niveles de instrucción superior (42%), que llegan como activos. La relación es significativa según nos muestra la prueba de Chi cuadrado ($X^2=13,665$; g=6; p=0,034).

Un ejemplo concreto se presenta en la carrera de Sociología, en la que en 1° año hay cinco alumnos activos con padres con nivel de instrucción básico, de los cuales en 5° año sólo queda uno (20%); son 14 los alumnos activos, con padres con nivel de instrucción medio, de los cuales quedan seis (43%); y por último hay 18 alumnos activos con padres con nivel de instrucción superior, de los cuales en 5° año quedan 13 (72%).

# APRENDER A APRENDER COMO META DE LA EDUCACIÓN SUPERIOR   241

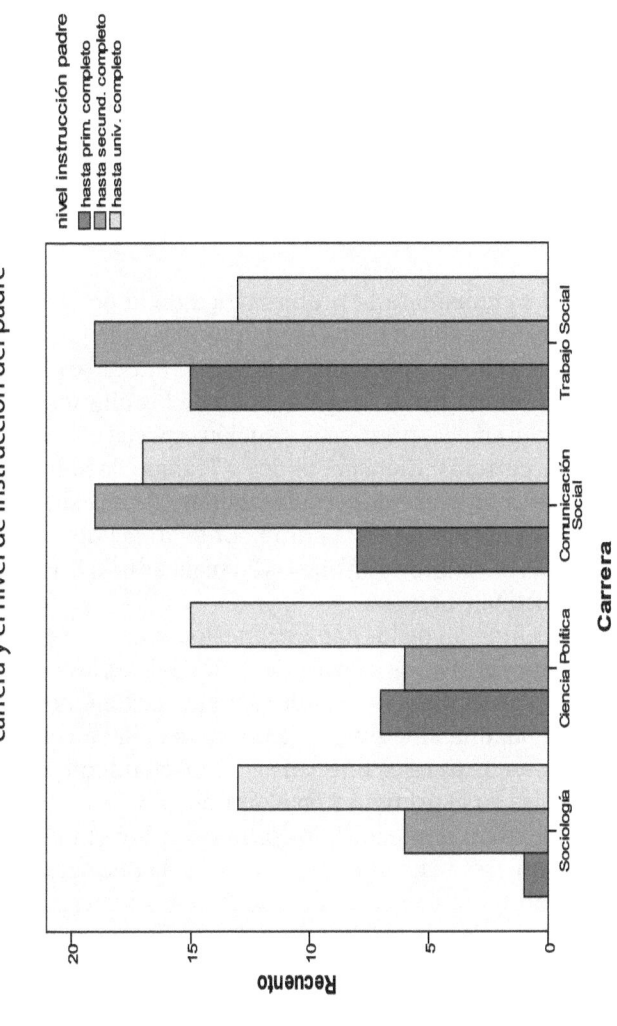

Gráfico N° 7. Relación entre estudiantes *activos* (5° año) por carrera y el nivel de instrucción del padre

Esto no significa que la relación es lineal, que a mayor nivel de instrucción de los padres, mayor egreso. Son varios los factores que intervienen para la permanencia o no en la universidad, el nivel de instrucción es sólo uno de ellos. Por otra parte, es importante reconocer que algunos estudiantes logran superar esta desventaja inicial.

## 3. Primera instancia de complementación entre la mirada psicosocial y la psicoeducativa

Si se considera la problemática de la permanencia en la carrera elegida, nos preguntamos: ¿qué pasa en los primeros años?, ¿qué semejanzas y diferencias se observan entre estudiantes de los primeros y de los últimos años?

En el análisis prestamos atención especial a la situación en dos carreras: Ciencia Política y Trabajo Social -por ser las que están presentes en ambas líneas de investigación-, pero sin perder de vista como contexto las otras cuatro carreras que ingresaron al estudio realizado en la Facultad de Filosofía y Letras.

En función de los datos expuestos, se advierte la relación entre el nivel de instrucción de los padres, la condición en que se percibe el estudiante -aprendo fácilmente/aprendo con alguna dificultad- y la permanencia en la carrera, con diferencias relevantes en el comportamiento de estas variables en el primero y en el último año.

Quedan planteadas dos miradas sobre el mismo fenómeno. Desde un ángulo psicosocial, la permanencia (o no), sobre todo en el tramo inicial de las carreras, se liga con la escolaridad del padre y lleva a suponer que a la base se encuentra una situación estructural, entiéndase: reproducción de la desigualdad, a la manera de Bourdieu (1998), para quien la experiencia en los tramos educacionales previos contribuiría a la acumulación de capital cultural, lo que daría lugar al *background* necesario para el tránsito por la universidad. En este sentido, Tiramonti (2004) observa que el deterioro de la calidad educativa que reciben los sectores más pobres afecta la adquisición de saberes y habilidades que requerirá la universidad.

Desde un ángulo psicoeducativo, la permanencia (o no) podría explicarse desde las dificultades que el mismo estudiante se atribuye respecto de la competencia para aprender (aprendo fácilmente/aprendo con alguna dificultad). En función de algunos elementos descriptos al analizar el comportamiento de esta variable según tramo y carrera, se obtienen resultados que hacen su aporte a la comprensión de un elemento -entre muchos otros posibles- que incide en la permanencia en la carrera. En particular, en el tramo inicial son más los alumnos que consideran que aprenden con alguna dificultad; en cambio, en el tramo final se invierte la situación, con predominio de quienes consideran que aprenden fácilmente. Esta diferencia es notable sobre todo en Trabajo Social, que es la carrera con menor proporción de padres con nivel de instrucción universitario completo.

En el cruce entre ambas miradas, se encuentran los estudiantes en desventaja, y lleva a pensar que les cuesta aprender quizás porque no cuentan con un entorno rico en estímulos (experiencias, lenguaje, conocimiento del mundo, contactos de socialización, etc.); quizás, porque no visualizan la incidencia de la trayectoria educativa en proyección al futuro; quizás, porque no cuentan con una red de contención emocional que valore el avance educativo como vía para el desarrollo personal... Contrastar en el plano empírico estas explicaciones alternativas representa uno de los numerosos desafíos para futuros estudios.

Por otra parte, en un estudio realizado con universitarios en el cual se empleó un modelo de regresión múltiple (Diblasi, 2004), se observa que las probabilidades más altas de egreso son las de aquellos estudiantes que provienen de colegios de jurisdicción de la UNCuyo. Según los resultados de esta investigación, los antecedentes de educación media constituyen el factor más decisivo, aun comparado con nivel de escolaridad de los padres, con el trabajar/no trabajar, con la orientación/modalidad de la escuela media, con la edad al inicio de la carrera, entre otros. Frente a esta situación, recordamos -desde nuestra experiencia como docentes- haber escuchado en el aula a alumnos que expresan tener dificultades al momento de estudiar debido a que *no han formado hábitos de estudio*.

En la misma línea, un trabajo del National Center for Education Statistics, citado por Ezcurra (2011: 37), señala que "una preparación académica rigurosa en la enseñanza media reduce de modo sustancial la brecha de graduación entre alumnos de primera generación y sus pares, cuyos padres consiguieron un grado".

Frente a esta situación, no cabe la desesperanza sino la previsión de propuestas educativas que contribuyan a superar o minimizar las diferencias iniciales -tema que retomaremos más adelante-, y líneas de investigación que analicen su incidencia.

## 4. Atribuciones causales

Si bien son incontables las causas a las que un sujeto puede apelar para explicar lo sucedido en una situación, sobre la base de los desarrollos de Weiner (1974, en Navas *et al.*, 1991) se organizan básicamente en función de tres dimensiones: la internalidad, que puede ser interna o externa al agente; la estabilidad, que se refiere a la frecuencia con que se espera que se produzca cierta situación; y la controlabilidad, que remite al mayor o menor control que tiene el individuo sobre la causa que desencadenó un resultado.

Entendemos por atribuciones las "explicaciones que las personas se dan sobre por qué ellos u otras personas han tenido éxito o han fracasado en algo" (Gagné, 1991: 440). Se trata de un planteo que comienza en lo cognitivo (a qué se debe lo sucedido), gravita en lo emocional (según cuál sea esa explicación se sentirá orgullo, frustración, vergüenza, etc.), condiciona las expectativas respecto de lo que sucederá en el futuro y actúa como organizador de la conducta.

Se consideró relevante incluir esta variable por cuanto el sistema atribucional que emplea el estudiante impacta sobre la motivación y sobre la cantidad de esfuerzo que se dispone a invertir en futuras situaciones análogas. Por ejemplo, si ante un resultado académico desfavorable, atribuye el fracaso a la capacidad -"no soy inteligente"- (atribución interna, estable y difícilmente controlable por él mismo), es probable que sienta frustración y que espere que en el futuro vuelva a suceder algo parecido, por más que se esfuerce. En cambio, si piensa que el resultado adverso (por ejemplo, desaprobar un examen) se debió a la falta de esfuerzo suficiente, puede que sienta vergüenza por lo sucedido y se proponga revertir la situación poniendo más empeño, comenzando a estudiar con más tiempo o "poniéndose las pilas" (atribución interna, variable, sobre la que se puede ejercer control).

Otro alumno puede que explique ese resultado académico desfavorable apelando a la "falta de suerte" o a que el examen era "demasiado complicado", atribución externa, que, según la experiencia previa, llevará a esperar que en situaciones futuras la situación podrá cambiar (o no).

Para estudiar este aspecto se interrogó al estudiante: *¿A qué se deben las dificultades que tienen los alumnos universitarios para aprender?*, y se le solicitó elegir cinco de las opciones que se ofrecen en la lista que presenta la consigna 8 del INCEAPU.

De los 22 enunciados que operativizan la variable *atribuciones causales*, algunos se refieren a las contempladas por la teoría -capacidad, esfuerzo, dificultad de la tarea y suerte- y otros a explicaciones recopiladas en la interacción con los estudiantes en espacios de docencia y orientación educativa. Estos últimos, si bien no son contemplados por la teoría, adquieren en este estudio la validez de procedencia, por cuanto han sido los alumnos consultados quienes los mencionan. Entre ellos se encuentran *Poco tiempo para la preparación de los exámenes, Falta de comprensión por parte de los profesores de otras obligaciones del alumno, Dificultad para reunir el material que se debe estudiar.*

### 4.1. Análisis de la distribución general

Tomando en cuenta las cinco respuestas posibles, en los 501 casos, algunas atribuciones causales se destacan por la frecuencia con que fueron señaladas. Por ejemplo, *Mala previsión de los tiempos para estudiar* fue señalada en 233 oportunidades, seguida por *Poco tiempo para preparación de exámenes finales* (217 oportunidades), *Dificultad para comprender bien lo que leen* (201 oportunidades), *Falta de esfuerzo suficiente* (188 oportunidades), *Falta de comprensión por parte de los profesores de otras obligaciones del alumno* (167 oportunidades), *Dificultad para organizar las ideas* (154 oportunidades), *Dificultad para expresar en el examen lo que se estudió* (143 oportunidades) y *Dificultad para concentrarse por lapsos prolongados* (140 oportunidades).

Las dos primeras hacen referencia al factor tiempo; no obstante, la primera tiene que ver con la organización personal y la previsión; en cambio, la segunda no necesariamente ubica a quien aprende como responsable de la situación, ya que pueden incidir factores de otro tipo, por ejemplo, la programación académica de los turnos de examen. A la luz del sistema atribucional que constituye nuestra base teórica, una es atribución interna, mientras que la otra puede ser interna o externa.

Las otras cuatro opciones más señaladas remiten a atribuciones internas, que tienen que ver con procesos personales y competencias académicas básicas.

4.2. Análisis por tramo

Al comparar la situación en alumnos que cursan el tramo inicial (2° año) y los que cursan el final (último año) de las respectivas carreras, se observan diferencias respecto de las categorías que señalan como explicativas de sus dificultades para aprender. Inicialmente trabajamos con la opción señalada en primer lugar por los 501 estudiantes. En la tabla N° 11, de los 22 enunciados que operativizan la variable se incluyeron los mencionados con mayor frecuencia, a fin de facilitar la lectura.

Tabla N° 11. Atribuciones causales de dificultad para aprender señaladas en primer lugar por tramo

|  |  | Tramo | | Total |
|---|---|---|---|---|
|  |  | Inicial | Final | |
| Poco tiempo para la preparación de los exámenes finales | Recuento | 136 | 80 | 216 |
| | % del total de casos | 63,0% | 37,0% | 100,0% |
| Falta de comprensión por parte de los profesores de otras obligaciones del alumno | Recuento | 54 | 49 | 103 |
| | % del total de casos | 52,4% | 47,6% | 100,0% |
| Dificultad para reunir el material que se debe estudiar | Recuento | 32 | 5 | 37 |
| | % del total de casos | 86,5% | 13,5% | 100,0% |
| Los profesores tienen en general un concepto negativo del alumno | Recuento | 3 | 3 | 6 |
| | % del total de casos | 50,0% | 50,0% | 100,0% |
| Falta de esfuerzo suficiente | Recuento | 52 | 15 | 67 |
| | % del total de casos | 77,6% | 22,4% | 100,0% |
| El material de estudio es muy complejo y difícil | Recuento | 9 | 2 | 11 |
| | % del total de casos | 81,8% | 18,2% | 100,0% |
| Mala previsión de los tiempos necesarios para estudiar | Recuento | 19 | 12 | 31 |
| | % del total de casos | 61,3% | 38,7% | 100,0% |
| Dificultad al dar ejemplos relacionados con los contenidos de las materias | Recuento | 3 | 4 | 7 |
| | % del total de casos | 42,9% | 57,1% | 100,0% |
| Dificultad para comprender bien lo que leen | Recuento | 8 | 4 | 12 |
| | % del total de casos | 66,7% | 33,3% | 100,0% |
| Falta de perseverancia en el estudio | Recuento | 2 | 1 | 3 |
| | % del total de casos | 66,7% | 33,3% | 100,0% |
| Otros | Recuento | 8 | 0 | 8 |
| | % del total de casos | 100,0% | ,0% | 100,0% |
| Total | Recuento | 326 | 175 | 501 |
| | % del total de casos | 65,1% | 34,9% | 100,0% |

La situación de conjunto se puede observar en el siguiente gráfico:

## Gráfico N° 8. Atribuciones causales por tramo

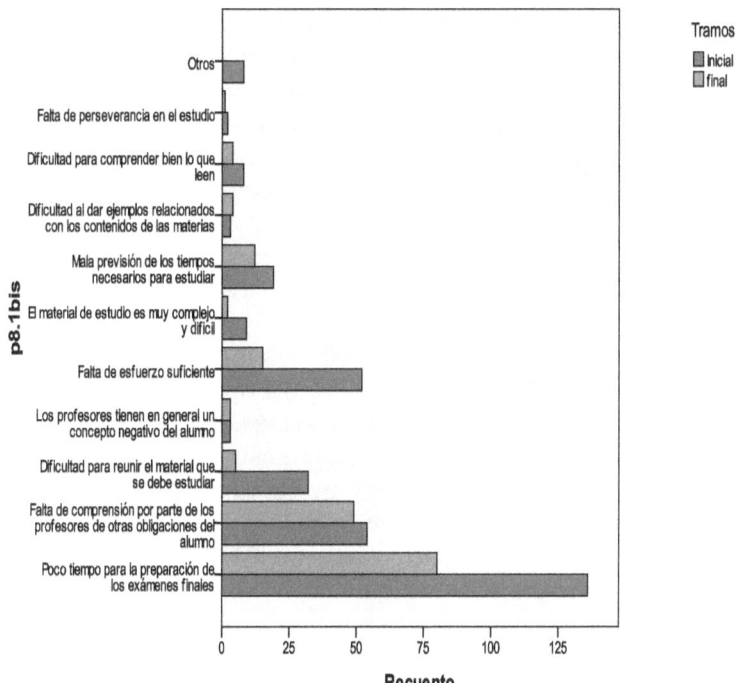

Para verificar si la relación entre atribuciones causales y tramos es significativa estadísticamente, se realizó una prueba de Chi cuadrado. Los resultados ($X^2=27,751$; gl=10) mostraron que sí lo es (p=0,002).

En un análisis más detallado, se compararon las categorías con resultados más disímiles por tramo para examinar si las diferencias de proporciones eran significativas, para lo cual se empleó la prueba "T" de Diferencia de Proporciones.

*Tiempo*

Esta atribución se indagó desde dos perspectivas, la cantidad y la organización.

Atribuir los resultados que obtiene al *poco tiempo para preparación de exámenes finales* se verifica en el 63% de los alumnos en el tramo inicial, mientras que en el tramo final lo hace el 37%.

Esta atribución presenta una situación particular. En el gráfico N° 8 (cf. *supra*), elaborado a partir de frecuencias absolutas del total de casos, resulta perceptualmente llamativa la diferencia entre tramos. No obstante, considerando el total de respuestas posibles (recordamos que se podían marcar hasta cinco opciones) -que representa una segunda forma de aproximación-, la prueba de diferencia de proporciones no resulta significativa. Esto se explica porque, si bien disponer de poco tiempo para la preparación de exámenes finales fue señalado en 137 oportunidades en el tramo inicial y en 80 en el final (frecuencia absoluta), porcentualmente las diferencias representan el 42% y el 46% respectivamente en el conjunto de respuestas posibles. Esto sugiere que es una problemática que afecta a los alumnos en general, tanto al inicio como al final de la carrera.

Por otra parte, llama la atención que esta categoría refleje una preocupación levemente más frecuente en quienes están próximos a terminar la carrera que en quienes están al comienzo.

Con respecto a *Mala previsión de los tiempos necesarios para estudiar*, las proporciones son 61% y 39% para los tramos inicial y final respectivamente (cf. tabla N° 11).

En definitiva, según estos datos, el factor *tiempo* es un condicionante de peso durante toda la carrera, puesto que las frecuencias por tramo en ambas aseveraciones son semejantes y altas.

*Falta de comprensión por parte del profesor de otras obligaciones del estudiante*

En el gráfico N° 8 las barras que corresponden a esta atribución son semejantes; sin embargo, subyacen diferencias. Para indagar con mayor profundidad la situación, primero tomamos en cuenta el total de estudiantes que conforman la población en estudio. En este contexto -501 casos-, de los 103 alumnos que señalan esta atribución causal, 54 son del tramo inicial (52%) y 49 del final (48%) (cf. tabla N° 11). Efectuando la prueba "T" para igualdad de proporciones, la diferencia alcanza significatividad estadística, tanto si se asumen varianzas iguales (p=0,002), como si no se asumen varianzas iguales (p=0,004). La proporción de aquellos estudiantes que mencionan la *Falta de comprensión por parte del profesor de otras obligaciones* para el tramo inicial es del 17%, mientras que para el tramo final es del 28%.

Resulta interesante observar que los alumnos del tramo final eligen esta atribución en una proporción semejante a los del tramo inicial. Esto abre un llamado de atención e invita a plantearlo como una hipótesis explicativa -entre muchas otras posibles- de por qué son pocos los alumnos que terminan las carreras.

*Dificultad para reunir el material de estudio*

A partir de la observación del gráfico N° 8, otra categoría que invitó al análisis en detalle por tramo fue la *Dificultad para reunir el material que se debe estudiar*. Si consideramos como total los 37 estudiantes que señalaron esta atribución, el 86% son del tramo inicial y 14% del final. Si lo analizamos en el conjunto de atribuciones por tramo, 32 del tramo inicial y 5 del final, lo que representa 10% y 3% respectivamente dentro del tramo. En este caso la prueba "T" para diferencia de proporciones mostró una relación significativa (p=0,004 si se asumen varianzas iguales y p=0,001 si no se asumen varianzas iguales), siendo la proporción para el tramo inicial del 10% y la del tramo final del 3%.

*Falta de esfuerzo*

Volviendo al gráfico N° 8, también se muestran diferencias entre tramos respecto de la explicación causal *Falta de esfuerzo suficiente*. Al interior de esta atribución, el 100% son 67 alumnos, de los cuales el 78% corresponde al tramo inicial y el 22% al tramo final. Al realizar la prueba "T" para igualdad de proporciones, la diferencia resulta significativa. En este caso la prueba "T" para diferencia de proporciones mostró una relación significativa (p=0,021 si se asumen varianzas iguales y p=0,012 si no se asumen varianzas iguales), siendo la proporción para el tramo inicial del 16% y la del tramo final del 9%.

Desde otro ángulo, si se considera la suma de las cinco opciones posibles -2.505 respuestas-, esta atribución es señalada en 188 oportunidades; 133 en el tramo inicial (41%) y 55 en el final (31%).

*Suerte*

Esta atribución causal, reconocida por uno de nuestros referentes teóricos (Gagné, 1991), muestra frecuencias bajas; sin embargo, se advierten diferencias según autopercepción de competencia para aprender y según tramo que es interesante destacar. Por un lado, es más elegida por estudiantes que aprenden con alguna dificultad y menos por quienes aprenden fácilmente. Por otro lado, quienes cursan el tramo inicial atribuyen las dificultades a la suerte con mayor frecuencia que los del tramo final.

### 4.3. Análisis según autopercepción de competencia para aprender

Al comparar el comportamiento de las atribuciones en alumnos que autoperciben que aprenden fácilmente y aquellos que autoperciben que aprenden con alguna dificultad, algunas atribuciones son muy frecuentes y tienen resultados semejantes en ambos segmentos -*Poco tiempo para la preparación de los exámenes finales* y *Falta de comprensión por parte de los profesores de otras obligaciones del alumno*-; otras son menos frecuentes, pero semejantes entre segmentos -*Mala previsión de los tiempos*-; y otras, tales como *Falta de esfuerzo suficiente* y el *Material de estudio es muy complejo y difícil*, muestran diferencias entre segmentos, como se puede observar en la siguiente tabla:

Tabla N° 12. Frecuencia por atribución en estudiantes que consideran que aprenden fácilmente y aquellos que consideran que lo hacen con alguna dificultad

|  |  | Autopercepción de competencia | | Total |
|---|---|---|---|---|
|  |  | Aprende fácilmente | Aprende con alguna dificultad |  |
| Poco tiempo para la preparación de los exámenes finales | Recuento | 113 | 101 | 214 |
|  | % del total de casos | 52,8% | 47,2% | 100,0% |
|  | % en autopercepción | 41,4% | 45,1% | 43,1% |
| Falta de comprensión por parte de los profesores de otras obligaciones del alumno | Recuento | 54 | 48 | 102 |
|  | % del total de casos | 52,9% | 47,1% | 100,0% |
|  | % en autopercepción | 19,8% | 21,4% | 20,5% |
| Dificultad para reunir el material que se debe estudiar | Recuento | 19 | 18 | 37 |
|  | % del total de casos | 51,4% | 48,6% | 100,0% |
|  | % en autopercepción | 7,0% | 8,0% | 7,4% |
| Los profesores tienen en general un concepto negativo del alumno | Recuento | 4 | 2 | 6 |
|  | % del total de casos | 66,7% | 33,3% | 100,0% |
|  | % en autopercepción | 1,5% | ,9% | 1,2% |
| Falta de esfuerzo suficiente | Recuento | 46 | 20 | 66 |
|  | % del total de casos | 69,7% | 30,3% | 100,0% |
|  | % en autopercepción | 16,8% | 8,9% | 13,3% |
| El material de estudio es muy complejo y difícil | Recuento | 2 | 9 | 11 |
|  | % del total de casos | 18,2% | 81,8% | 100,0% |
|  | % en autopercepción | ,7% | 4,0% | 2,2% |

|  |  | Autopercepción de competencia | | Total |
|---|---|---|---|---|
|  |  | Aprende fácilmente | Aprende con alguna dificultad |  |
| Mala previsión de los tiempos necesarios para estudiar | Recuento | 17 | 14 | 31 |
|  | % del total de casos | 54,8% | 45,2% | 100,0% |
|  | % en autopercepción | 6,2% | 6,3% | 6,2% |
| Dificultad al dar ejemplos relacionados con los contenidos de las materias | Recuento | 3 | 4 | 7 |
|  | % del total de casos | 42,9% | 57,1% | 100,0% |
|  | % en autopercepción | 1,1% | 1,8% | 1,4% |
| Dificultad para comprender bien lo que leen | Recuento | 8 | 4 | 12 |
|  | % del total de casos | 66,7% | 33,3% | 100,0% |
|  | % en autopercepción | 2,9% | 1,8% | 2,4% |
| Falta de perseverancia en el estudio | Recuento | 3 | 0 | 3 |
|  | % del total de casos | 100,0% | ,0% | 100,0% |
|  | % en autopercepción | 1,1% | ,0% | ,6% |
| Todos los demás | Recuento | 4 | 4 | 8 |
|  | % del total de casos | 50,0% | 50,0% | 100,0% |
|  | % en autopercepción | 1,5% | 1,8% | 1,6% |
| Total | Recuento | 273 | 224 | 497 |
|  | % del total de casos | 54,9% | 45,1% | 100,0% |
|  | % en autopercepción | 100,0% | 100,0% | 100,0% |

En un análisis más detallado se observa que la *Falta de esfuerzo suficiente* es señalada por 66 alumnos, 46 que aprenden fácilmente (17%) y 20 que aprenden con alguna dificultad (9%). En el total de respuestas -considerando las cinco opciones posibles sin jerarquizar-, es señalada en 186 oportunidades; 111 de los que aprenden fácilmente (41%) y 65 de los que aprenden con alguna dificultad (34%). Es relevante que según ambas aproximaciones -por estudiante y por respuestas posibles- la relación entre el esfuerzo invertido en el estudio y el resultado obtenido es una explicación que consideran más quienes aprenden fácilmente que quienes lo hacen con alguna dificultad. Este dato es importante porque sugiere que los primeros se inclinan hacia atribuciones internas y controlables en mayor medida que los segundos.

También resulta interesante que *El material de estudio es complejo y difícil* es señalada por 11 alumnos, dos de los que dicen que aprenden fácilmente (0,7%) y nueve de los que aprenden con alguna dificultad (4%). En el total de las 2.505 respuestas, es señalada en 72 oportunidades; 30, por los que aprenden fácilmente (11%) y 42, por los que aprenden con alguna dificultad (19%).

La *Dificultad para comprender bien lo que leen* es elegida en primer lugar como explicación causal por 12 de los 501 alumnos, ocho de los que aprenden fácilmente (3%) y cuatro de los que aprenden con alguna dificultad (2%). Esta proporción varía cuando se toman en cuenta las 2.505 respuestas -cinco opciones posibles-. En ese caso es señalada en 201 oportunidades; 107, por los que aprenden fácilmente (39%) y 94, por los que aprenden con alguna dificultad (42%). Esto indica que un porcentaje considerable de estudiantes considera que tiene dificultad para comprender lo que lee.

### 4.4. Análisis por carrera y tramo

Para comenzar presentamos el gráfico N° 9 en el que se puede apreciar el comportamiento de las atribuciones en cada carrera, sin distinción de tramo. Para que la mirada de conjunto resulte clara, se han incluido sólo las elegidas con mayor frecuencia.

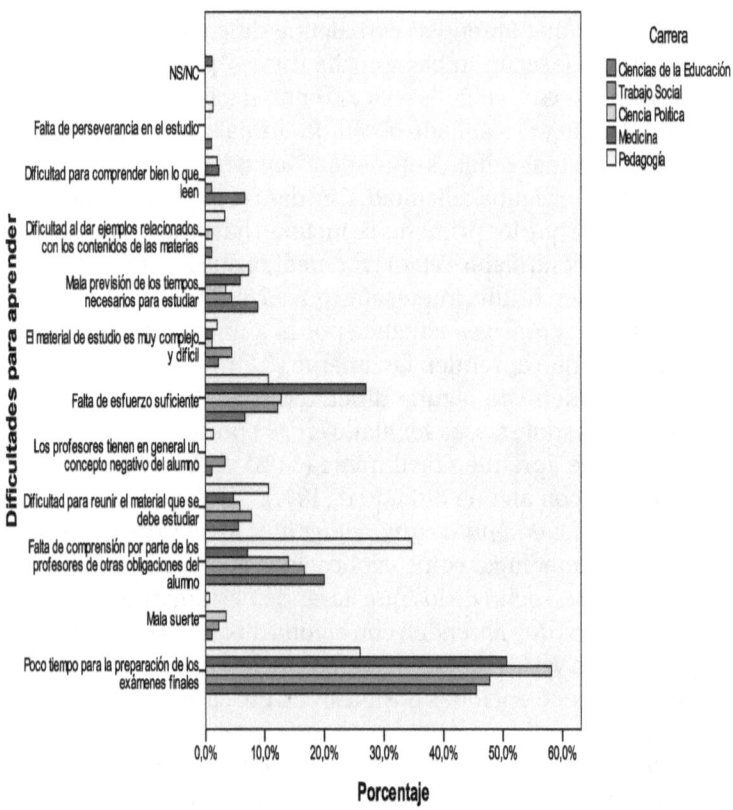

Gráfico N° 9. Atribuciones por carrera en estudiantes de *ambos tramos*

Lo primero que se percibe es que *Poco tiempo para la preparación de los exámenes finales* es la atribución más señalada en cuatro de las cinco carreras, entre las que se destaca Ciencia Política por ser en la que se da con mayor frecuencia. También se advierte que en las cinco carreras una proporción considerable señala la *Falta de comprensión por parte de los profesores de otras obligaciones del alumno*, con la proporción más alta en Pedagogía.

En tercer lugar se ubica *Falta de esfuerzo suficiente*, que alcanza la mayor frecuencia en Medicina, mientras que *Mala previsión de los tiempos* ocupa el cuarto lugar por su frecuencia, siendo Ciencias de la Educación y Pedagogía las carreras que más lo señalan.

Sin perder de vista la perspectiva de conjunto, analizaremos ahora las respuestas según tramo, señalando las tendencias más claras y describiendo especialmente la situación en Ciencia Política y Trabajo Social, por ser las carreras que participan en las investigaciones sobre *aprender en la universidad* -en la Facultad de Filosofía y Letras-, y sobre *permanencia y egreso* -en la Facultad de Ciencias Políticas y Sociales-.

Para complementar la mirada, se incluyen los gráficos N° 10 y 11 (cf. *supra*), en los que se muestra la atribución mencionada en primer lugar en cada tramo.

*Tramo inicial*

En este tramo, se muestran diferencias notables entre los resultados en Pedagogía, que se cursa en la UFRJ (Brasil) y los resultados en las carreras que se cursan en la UNCuyo. Esto sugiere la posible influencia de factores como la organización de la propuesta pedagógica y académica, y de cuestiones idiosincráticas. Según se observa en el gráfico N° 10, esta situación es clara respecto de *Poco tiempo para la preparación de exámenes* y de *Falta de comprensión por parte de los profesores de otras obligaciones del alumno*. En la UNCuyo, las frecuencias más altas para la primera de estas atribuciones corresponden a Ciencia Política y a Trabajo Social, y la más baja, a Medicina.

Gráfico N° 10. Atribuciones por carrera en estudiantes del tramo *inicial*

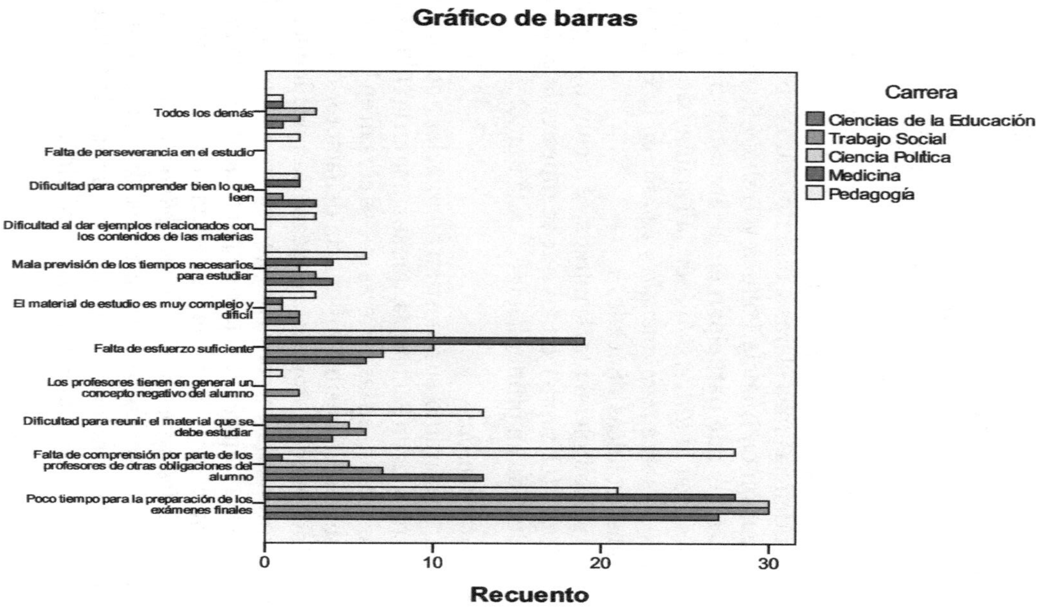

***Tramo final***
En este tramo se reiteran algunas situaciones observadas en el inicial. Una de ellas es que *Poco tiempo para la preparación de los exámenes finales* manifiesta la mayor frecuencia. Le siguen *Falta de comprensión por parte de los profesores de otras obligaciones del alumno, Mala previsión de los tiempos necesarios para estudiar* y *Falta de esfuerzo suficiente* con algunas diferencias por carreras, en particular respecto de Pedagogía.

260 · APRENDER A APRENDER COMO META DE LA EDUCACIÓN SUPERIOR

Gráfico N° 11. Atribuciones por carrera en estudiantes del tramo *final*

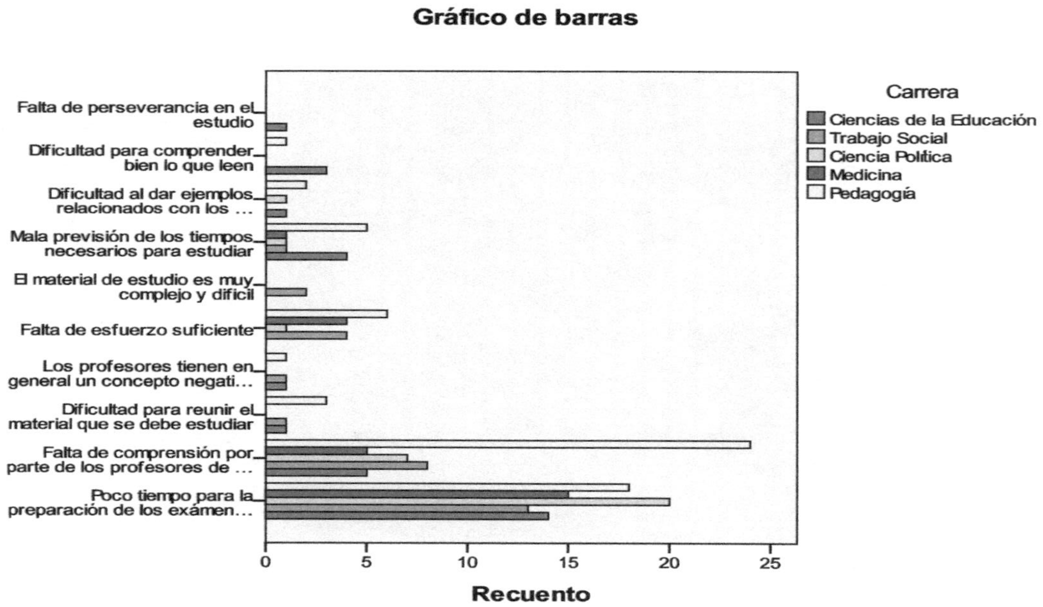

En síntesis, si bien se muestran algunas particularidades por carrera, las diferencias más claras respecto de las explicaciones causales se manifiestan al comparar las respuestas de los estudiantes que se encuentran al inicio y los que están próximos a concluir su trayecto formativo.

## 5. Segunda instancia de complementación entre la mirada psicosocial y la psicoeducativa

En el cruce de las diferentes perspectivas de análisis -distribución general, por tramo y por carrera-, se advierte que las atribuciones causales que emplean los estudiantes se refieren tanto a un *locus* de control externo como interno. El primero está representado principalmente por el poco tiempo para preparar los exámenes, la complejidad del material de estudio y la falta de comprensión de los profesores. En el segundo, se destacan la mala previsión de los tiempos, la falta de esfuerzo suficiente, las dificultades para concentrarse, para perseverar en la tarea, para comprender lo que leen, para organizar las ideas y para expresar en el examen lo aprendido.

## Palabras finales

Las diferencias entre estudiantes que cursan el tramo inicial y los que cursan el tramo final de la carrera respecto del nivel de instrucción del padre, la autopercepción de competencia para aprender y las explicaciones que se dan a sí mismos y a los demás sobre sus logros y dificultades (atribuciones causales) abren posibles hipótesis para explicar la permanencia en la carrera. Esto sugiere que las variables resultaron operativas para identificar aspectos que caracterizan a los alumnos que cursan diferentes tramos y aportan miradas alternativas de por qué el mayor porcentaje de abandono de la carrera se produce durante los primeros años. Asimismo, muestran que en el trayecto académico del estudiante inciden factores de tipo social y de tipo personal que pueden favorecer u obstaculizar la permanencia en la carrera y la *eficacia* del aprender.

Según resultados de la línea de investigación sobre *Permanencia* (Diblasi *et al.*, 2007-2013), el mayor porcentaje de abandono se produce durante los primeros años y, a medida que los estudiantes avanzan en la carrera, la proporción de alumnos activos se estabiliza. Al finalizar el quinto año de cursado (tramo final), la cantidad de alumnos inactivos se reduce, aunque suele aumentar en quinto año, al momento de la tesina de grado.

Para responder a uno de nuestros interrogantes -¿a qué se debe la permanencia en la carrera?-, desde una aproximación sociológica uno de los factores que gravita es el nivel de instrucción de los padres y otro, la experiencia en la educación secundaria, en tanto base de conocimientos previos y hábitos de trabajo intelectual. No obstante, antes de alejarnos de este planteo, creemos importante recuperar la mirada de Zimmerman (1998, en Suárez Riveiro *et al.*, 2006), quien advierte que algunos estudiantes superan una situación inicial desfavorable y llegan a ser estudiantes exitosos gracias a su perseverancia, organización del tiempo, métodos de estudio y orientación a metas.

Desde una aproximación psicoeducativa, basada en los estudios sobre *aprender en la universidad*, se observa en primer lugar que en el tramo inicial predominan los alumnos que consideran que aprenden con alguna dificultad; por el contrario, en el tramo final predominan los que consideran que aprenden fácilmente. Frente a esta situación cabe pensar en dos explicaciones posibles -entre muchas otras-. Una, la *ideal*, es que durante la trayectoria académica los estudiantes *aprendieron a aprender*. Otra, por cierto muy diferente, es que quienes no desarrollaron la concentración, la competencia lectora y la tolerancia a la fatiga que acompaña el procesar material académico abstracto y complejo, ni organizaron los tiempos para llevar las materias al día, no permanecieron en la carrera.

Retomando otro de nuestros interrogantes -¿aprende el estudiante a aprender durante su trayectoria en la universidad?-, en función del conocimiento de base empírica y en el contexto de cada carrera analizada, queda a la vista la necesidad de tender puentes entre lo que el alumno *trae* cuando ingresa y lo que la universidad espera de él. Si la universidad aspira a conjugar una matrícula más numerosa con una mejor tasa de egreso, necesita tener presentes las características del estudiante que ingresa en el siglo XXI -no es tiempo de añorar al alumno *de otra época*-, identificar problemáticas asociadas al logro de un aprendizaje efectivo y actuar en favor de la permanencia en las carreras.

En este sentido, y por tratarse de una investigación de tipo aplicado, corresponde resignificar los resultados con el propósito de contribuir a la solución de problemas *reales*, que en nuestro caso se refieren a la permanencia y al avance regular en las carreras.

En los capítulos anteriores de este libro se ha centrado la atención en el alumno en tanto protagonista de sus procesos cognitivos y metacognitivos, en la construcción del *aprender a aprender*. Como complemento, en este capítulo se esbozan algunas líneas posibles de acción que priorizan la interacción entre quienes aprenden y quienes enseñan, constituidos en mediadores sociales -en sentido vigotskyano-, que aportan andamios para apoyar el desarrollo de la autonomía.

Desde nuestro lugar, en el cruce de la experiencia en docencia y en investigación, una alternativa es fortalecer las instancias iniciales, esto significa implementar cursos poco numerosos en el ingreso y en primer año para llevar a la práctica una mediación pedagógica personalizada -que no es equivalente a individualizada- con docentes que acompañen la construcción de aprendizajes significativos en cada materia; alguien dispuesto a orientar los primeros pasos en el *aprender a aprender* en la universidad, lo que en la práctica trae aparejado explicitar los procesos que hay que realizar. No basta con señalar *qué* se debe saber, sino que es necesario aclarar *cómo* hacer para construir el conocimiento en cada campo de dominio. Un *maestro* que ofrezca guía y retroalimentación en el camino, que anticipe secuencias y posibles obstáculos, que vincule lo que se aprende con el desempeño profesional y laboral, que evalúe con los estudiantes las estrategias que emplearon, que dialogue sobre aspectos de la tarea que les costaron más de lo que habían previsto, que recupere el error como instancia para pensar cómo proceder en situaciones futuras...

No obstante, la interacción entre alumnos que aprenden y profesores que los guían a través de la enseñanza requiere ser estudiada en relación con constructos vigentes, en particular, congruencia y fricción (Vermunt y Verloop, 1999) y consonancia y disonancia (Cano, 2005), a los que hicimos referencia en capítulos anteriores.

Otra alternativa es conjugar la mediación pedagógica para el desarrollo de la competencia para aprender, con factores motivacionales que sostienen el esfuerzo que supone ingresar, permanecer y egresar de una carrera. Significa traer al aula el hilo motivacional del alumno, ponerlo en situación de elaborar y expresar la proyección que hace de sí mismo ejerciendo la carrera que cursa, de imaginar-se haciendo aportes relevantes a la sociedad en función de sus condiciones personales integradas con los aprendizajes construidos durante la vida universitaria.

Al hacer referencia a la motivación, una vez más, se anticipan futuras líneas de investigación en las que se recuperen constructos que ya cuentan con una relevante trayectoria; por ejemplo, en el modelo de patrones de aprendizaje de Vermunt (1998), las orientaciones motivacionales constituyen uno de los cuatro componentes principales.

Desde otro ángulo, la proyección al plano aplicado de los resultados de nuestro estudio se encamina a esbozar políticas preventivas y sistémicas, y entendemos por tales las que actúan para que suceda lo deseado -antes de que se produzca lo no deseado-, las que llegan a todos los implicados en la situación -no sólo a quienes se encuentran en dificultades- y las que atienden a la interacción entre diferentes elementos, evitando explicaciones lineales y simplistas. En este sentido, recuperar -en un contexto situado- resultados de numerosas investigaciones disponibles que ofrecen líneas argumentativas sobre los fenómenos en cuestión permitirá apoyarse en hallazgos avalados por el trabajo científico previo para *construir* a partir de ellos.

Como síntesis, destacamos la importancia de comprender la situación del estudiante que ingresa -desde la experiencia docente, desde la investigación, desde la gestión- para prever acciones que promuevan y apoyen el *aprender a aprender*, a fin de que la equidad de oportunidades no se agote en el ingresar sino que impacte sobre la tasa de egreso.

# Capítulo 6
## Autopercepción de competencia para aprender y características de personalidad en estudiantes universitarios

*Ida Lucía Morchio*
*Hilda Difabio de Anglat*
*Mariela Lourdes González*

**Introducción**

La personalidad es uno de los temas más complejos en Psicología, y su estudio ha sido enfocado desde diferentes perspectivas teóricas y metodológicas. En este sentido, Cervone y Pervin (2013) presentan de manera sintética las teorías más difundidas, entre las que se cuentan: la psicodinámica, la fenomenológica, de los rasgos -paraguas bajo el que se encuentran los desarrollos de Allport (1986), Eysenck y Eysenck (1975), Cattell (1972), como así también los basados en el modelo de los cinco factores de Costa y McCrae (1992)-, la cognitivista, la social cognitiva -con los trabajos de Bandura (2004) y de Mischel *et al.* (1998)- y miradas de base conductista.

Frente a un panorama tan amplio como el mencionado, para nuestro estudio realizamos una primera circunscripción, y nos ubicamos *en el cruce entre personalidad y educación*, en el cual se abordan temas como el aprendizaje, la motivación, la orientación hacia objetivos, las expectativas de logro, entre otros (De Raad y Schouwenburg, 1996).

En la investigación que presentamos en este capítulo se estudia la personalidad en tanto variable psicoeducativa y la aproximación se realiza desde la Psicología Educacional, lo cual representa una segunda circunscripción. El interés principal es indagar si existe (o no) relación entre las características de personalidad que un estudiante reconoce como descriptivas de su persona y la mirada que tiene de sí mismo en tanto aprendiz, formalizada en *aprendo fácilmente/aprendo con alguna dificultad.*

Si ciertas características se vinculan más que otras con la autopercepción de competencia para aprender y este aspecto del autoconcepto incide en el desempeño académico, se puede prever una mejora en el aprender basada en la reestructuración por el propio estudiante del modo en que se ve a sí mismo y a la situación en que está inmerso.

Tales planteos presuponen una inclinación en favor de la estabilidad de las características de personalidad. Sólo si se les reconoce cierta permanencia en el tiempo, tiene sentido indagar su rol como base para encaminar estrategias que favorezcan la autorregulación a través de procesos cognitivos y metacognitivos.

Por ello, nuestra investigación busca responder los siguientes interrogantes: 1) ¿qué relación existe entre las características de personalidad de los estudiantes y su autopercepción de competencia para aprender?, 2) ¿qué diferencias se encuentran entre los alumnos del tramo inicial y los del tramo final de sus carreras respecto de las características de personalidad?, 3) ¿es posible la construcción de un perfil por carrera a partir de las características distintivas de personalidad?

Para dar respuesta a tales cuestiones, se derivan los siguientes objetivos: 1) examinar la relación entre las características de personalidad de los estudiantes y su autopercepción de competencia para aprender, 2) explorar si se manifiestan diferencias entre los alumnos del tramo inicial y los del tramo final de sus carreras respecto de las características de personalidad, 3) ponderar la posibilidad de construir un perfil por carrera a partir de las características distintivas de personalidad.

La relevancia de nuestro estudio parece residir, por un lado, en los constructos que se ponen en relación: la personalidad operacionalizada en características, rasgos que la persona considera representativos de su forma de pensar, sentir y actuar, con la autopercepción de la competencia para aprender -en lugar del rendimiento académico, variable que la investigación previa relaciona con la personalidad-. Por otro lado, estimamos dichas características por medio de una nueva forma de aproximación que toma distancia de pruebas psicométricas y proyectivas.

Hemos dividido este capítulo en los siguientes núcleos temáticos. En el primero, abordamos el debate sobre la consistencia de la personalidad a fin de ubicar luego, en el segundo, la conceptualización en la que nos situamos para su estudio; en el tercero, presentamos sucintamente las formas habituales de estimación de la personalidad y mostramos aquella nueva forma de aproximación a la que hicimos referencia. El cuarto desarrolla la autopercepción de competencia para aprender, variable central para este análisis. En el quinto presentamos el trabajo de campo y sus resultados. Finalmente, en las conclusiones intentamos enlazar nuestros resultados empíricos con el marco teórico de referencia.

## 1. El debate sobre la consistencia de la personalidad

Aún en la actualidad tiene vigencia un debate de larga data referido a si la personalidad se conforma como una estructura interna o es sólo una construcción nominal, lo que dio lugar a la denominada *polémica sobre la consistencia de la personalidad*. Ésta tomó estado público a partir del estudio realizado por Hartshorne y May (1928, en Fierro, 1998) acerca de la estabilidad transituacional de la conducta deshonesta y de la crítica que Allport hizo a dicha investigación. La confrontación adquiere relieve a partir de la década de 1960, cuando se divulgan las ideas de Mischel (1968) a favor de una línea situacionista, enfrentado con quienes adoptan una postura esencialista (Allport, 1937, 1978, 1986; Alker, 1972; Bem, 1972; Bowers, 1973).

Los *esencialistas* conciben la personalidad como una estructura personal estable, que está a la base del modo distintivo de abrirse al mundo. Se trata de una consistencia relativa, ya que reconocen que la persona puede variar con el tiempo y adoptar una conducta diferente en función de situaciones diversas, pero aun así mantiene una consistencia transituacional -si una persona es más impulsiva que otra, se espera que lo sea en cualquier situación-.

Por su parte, la postura *situacionista* (Mischel, 1968, 1996, 2004; Mischel y Shoda, 1998; Endler, 1973) sostiene que las características que un individuo manifiesta en la conducta se explican principalmente por factores de la situación y no se pueden atribuir a una estructura interna estable. Si se observa similitud entre una conducta y otra, es porque las situaciones son semejantes, sin que sea esperable que el individuo se comporte en el futuro en consonancia con un rasgo que lo caracteriza.

La tercera postura, *interaccionista,* busca complementar aspectos de las dos anteriores, y señala que la oposición deriva principalmente de la metodología empleada en los estudios respectivos. Para avanzar en pos de una solución, incorpora el concepto de *coherencia* -la conducta es predecible, sin que sea estable en términos absolutos- y propone la *solución de agregación,* que consiste en el análisis y confrontación de material recogido en diferentes situaciones y momentos, de varias fuentes y a través de variados recursos (Fierro, 1998). Por lo tanto, la conducta resulta de un proceso de *interacción multidireccional* (*feedback*) entre el individuo y la situación (Epstein, 2003).

Si bien la tercera postura es el paradigma actual más relevante en Psicología de la Personalidad, la comunidad científica ha mantenido el interés en esta discusión por "la discrepancia entre la intuición -desde la que resulta indiscutible que la gente muestra patrones consistentes de comportamiento- y los resultados de investigación que fracasan en confirmar esta creencia" (Fierro, 1998: 67).

## 2. Nuestra aproximación al estudio de la personalidad

Como marco general, el enfoque que subyace a la línea de investigación sobre *aprender en la universidad* y la selección de elementos que es fundamental analizar -entre ellos, las características de personalidad- se sustenta en postulados constructivistas vigentes en Psicología Educacional (Coll, Palacios y Marchesi, 2007; Monereo, 1993; Monereo *et al.*, 1997; Monereo y Castelló, 1997; Monereo y Pozo, 2003; Pozo, 1996; Pozo y Monereo, 2000).

Con respecto a la personalidad, un referente clásico para sentar las bases de una mirada psicoeducativa es Fierro (2000), con quien reconocemos que el estudiante es un *sujeto*, que se distingue por sus características, capacidades, aptitudes e intereses, alguien que pone su energía en los procesos que realiza, que piensa en ellos y en su rol como protagonista de éstos.

Según sus desarrollos, la personalidad se caracteriza como sistema que permite identificar características individuales que suponen estabilidad, consistencia y regularidad en el comportamiento, que son activadas intrínsecamente -y no en forma reactiva-, que constituyen un principio de presentación social, acción e interacción con otras personas y con la sociedad. En este *sistema del sí mismo* - que agrupa autoconcepto, autopercepción, autoestima, autoconocimiento, autorregulación-, quedan comprendidos y en interacción fenómenos y procesos de diferente naturaleza (Fierro, 2000): inteligencia, motivación, estilos cognitivos, patrones de reacción, atribuciones, autoeficacia y expectativas de control.

Es fundamental para nuestro trabajo entender que dichos elementos -características, fenómenos, procesos de personalidad-, a la vez que tienden a una estabilidad ligada con el ser uno mismo a través del tiempo y de las situaciones de la vida, son en gran medida aprendidos por la experiencia, la reflexión y la interacción con personas significativas (compañeros, profesores, tutores, orientadores, padres).

También son relevantes los desarrollos de Nuttin (1968), quien concibe que la personalidad es "una configuración estable de todas las capacidades en torno a un fin que opera como valor unitivo interior y de conducta", de manera que otorga "al sujeto y a su actuar un perfil singular y una eficacia real" (Vázquez, 2007: 89).

En la psicología nuttiniana, la personalidad se caracteriza por tres notas que son fundamentales para comprenderla acabadamente: la *unidad*, el *sello* (o *perfil*) *propio* y la *eficacia*. La primera de ellas, la unidad, se origina por el fin del operar, que es el valor interior que el sujeto conoce, recibe afectivamente y elige libremente como verdad de su propia vida, y con el que se configura su personalidad (Vázquez, 2007).

Las otras dos notas, el perfil personal y la eficacia, son una consecuencia de la estructura estable interior. El sello o perfil, por un lado, está dado por las diferencias individuales y por la "unicidad del acto de ser de cada sujeto" (Vázquez, 2007: 91); la eficacia, por su parte, se produce cuanta más unidad se posea, pues en la medida en que distintas fuerzas internas tienden a la misma dirección, se multiplica la potencia de la propia acción.

Nuttin, en consecuencia, se aleja del debate no resuelto sobre la consistencia interna de la personalidad al distinguir dos planos: esencial y funcional. Esencialmente, es la manera típica y única en la que se manifiesta el funcionamiento psíquico de cada hombre, que se caracteriza por brindar unidad e identidad a través del cambio y del tiempo (Nuttin, 1968: 219), gracias a la cual el sujeto puede reconocerse a través de los años y diferenciarse de los demás. En su aspecto funcional, la personalidad es un sistema de funcionamiento que engloba dos polos: *yo-mundo*. El primero abarca el conjunto de funciones y potencialidades psíquicas, mientras que el otro es su objeto o término intrínseco y, por ello, el mundo -de los otros y de los objetos- no es sólo una realidad externa al yo, sino que conforma el contenido de la vida psíquica personalizada (Nuttin, 1968: 192). En efecto, la personalidad y el mundo no son dos realidades que preexisten como tales, situadas una frente a la otra y que luego se vinculan, sino que existen gracias a que se despliegan una serie de interacciones actuales y potenciales.

Para nuestro estudio cabe destacar que las relaciones con el mundo intervienen en la configuración de la personalidad, en la medida en que "son incorporadas en una orientación afectiva y dinámica, es decir, en un sistema de compromiso personal, de interés, de necesidad, de proyecto o de tarea por cumplir" (Nuttin, 1968: 227). Aquí anclamos la motivación de promover el desarrollo de la personalidad -conjugando unidad, dinamismo, apertura, autonomía- en la interacción con un mundo que es la universidad y un proyecto o tarea, que es *aprender a aprender* para avanzar hasta el egreso en la carrera elegida.

A la luz de las bases teóricas expuestas -constructivismo en general y Fierro y Nuttin en particular- nuestra conceptualización de personalidad en el plano funcional se caracteriza por: 1) una tendencia a la estabilidad y a la consistencia que permite el autoconocimiento y el autoconcepto; 2) una autonomía funcional que da lugar al aprendizaje y con él al desarrollo de la personalidad, en el que asignamos un lugar preponderante a la metacognición y a la interacción; 3) un sentido que orienta la configuración dinámica y progresiva de la personalidad, representado en nuestro estudio por una meta significativa para quien aprende.

Por tratarse de una variable de tipo psicológico muy general, para su tratamiento la operacionalizamos en *características de personalidad* que el estudiante reconoce como representativas de la imagen de sí en el ámbito académico. Entendemos por *característicos/cas* aquellos rasgos que la persona considera distintivos de su forma de pensar, sentir y actuar. Dichas características conservan cierta flexibilidad, puesto que, en función de nuevos aprendizajes y experiencias, del control intencional de la propia conducta, del desempeño de distintos roles, del logro o no de metas, cabe prever que se afianzarán algunas y se modificarán otras, pero sin que el individuo deje de ser él mismo. Esta mirada presupone una identidad personal que se desarrolla en interacción con el contexto y a lo largo de la vida.

### 3. Formas de estimación de la personalidad

En función de la explicación teórica de personalidad que se asuma, se decidirá la metodología para estudiarla y los instrumentos para evaluarla. La mayoría de las investigaciones emplean tests estandarizados, los que -en mayor o menor grado- han dado prueba de su validez y fiabilidad.

Prevalecen los instrumentos basados en el modelo de los cinco factores (Bakx *et al.*, 2006; Camps y Morales-Vives, 2013; Castro Solano y Casullo, 2001; Furnham, Monsen y Ahmetoglu, 2009, 2012; Hendriks *et al.*, 2003). Entre los más usados se encuentran el NEO-PI-R, *Revised Neo Personality Inventory* (Costa y McCrae, 1992, adaptación española de Cordero, Pamos y Seisdedos, 2008), el Cuestionario de los Cinco Factores de Personalidad (BFI) de John (1990) y el BFQ -Cuestionario *Big Five*- (Caprara, Barbaranelli y Borgogni, 1993).

También tienen amplia difusión el Cuestionario de Personalidad (Eysenck y Eysenck, 1975), el 16 PF. Cuestionario factorial de personalidad de Cattell (1972, 1985) y el Inventario Millon (1994) de estilos de personalidad. Instrumentos de uso esporádico son el Cuestionario Exploratorio de la Personalidad CEPER (Caballo, 1997) y el Cuestionario de Percepción Interpersonal (Andrés, Solanas y Salafranca, 2012).

A esta forma de evaluación se le hacen algunas críticas metodológicas, específicamente referidas a la descontextualización de los enunciados y a las consignas que implican elegir una alternativa de respuesta definida, aun cuando quien responde advierte que su comportamiento puede variar según las circunstancias.

Sin desestimar el valor de los instrumentos referidos, en nuestro trabajo tomamos distancia del empleo de pruebas psicométricas o proyectivas y generamos una nueva forma de aproximación según la cual los indicadores -características de personalidad que se presentan al alumno-: 1) se plantean en vocabulario cotidiano; 2) hacen referencia al contexto académico; 3) admiten instancias posteriores de reflexión por el mismo estudiante. La expectativa es que quien responde no se sienta evaluado ni enjuiciado, sino acompañado frente al desafío de *aprender a aprender*.

Como antecedente próximo a nuestra forma de aproximación, se dispone del estudio de Madrid *et al.* (1994) en el que, sobre la base de una mirada constructivista de la configuración del autoconcepto, la ponderación de los rasgos de personalidad se realiza en función de la opinión del propio estudiante.

## 4. La personalidad como variable psicoeducativa: autopercepción de competencia para aprender

La personalidad ha sido estudiada en alumnos de diferentes carreras, entre ellas, Trabajo Social (Bakx *et al.*, 2006), Psicología (Albanesi de Nasetta, Garelli y Masramon, 2009; Cepeda Islas *et al.*, 2011), Medicina (Sánchez de Tagle-Herrera *et al.*, 2010).

El tema recurrente es la relación entre personalidad y rendimiento académico. En particular, se indaga sobre la capacidad predictiva de la primera respecto del segundo (Andrés, Solanas y Salafranca, 2012; Camps y Morales-Vives, 2013; Castro Solano y Casullo, 2001; Pérez, Cupani y Ayllón, 2005) y se analiza la potencialidad explicativa de las características de personalidad en comparación con factores cognitivos tales como inteligencia (Furnham *et al.*, 2009, 2012), habilidades (Pérez, Cupani y Ayllón, 2005), flexibilidad cognitiva (Albanesi de Nasetta, Garelli y Masramon, 2009), hábitos de estudio y estrategias para aprender (Cepeda Islas *et al.*, 2011), entre otros.

Según estos trabajos, si bien los factores de personalidad explican algún porcentaje de la varianza en rendimiento, con diferente importancia relativa, algunos resultados aparecen como contradictorios; por ejemplo, Apertura a la Experiencia es el predictor más claro en unos estudios y no es claro para otros.

A diferencia de la investigación previa, preocupada principalmente por la asociación entre personalidad y rendimiento académico, una nota distintiva de nuestro estudio son los términos que se ponen en relación: características de personalidad y autopercepción de competencia para aprender (Morchio *et al.*, 2007; Morchio, 2011), constructo que recupera la percepción que el alumno tiene de sí mismo como aprendiz. Se entiende como el conjunto de creencias que manifiesta quien aprende sobre su capacidad para aplicar correctamente los conocimientos y habilidades que ya posee, y sobre su posición frente a los nuevos aprendizajes.

Se trata de una estimación subjetiva y situada. Por ser una estimación subjetiva de la mayor o menor *facilidad* para aprender, no necesariamente se corresponde con el rendimiento académico *efectivo/real*. Es, por otra parte, una representación situada, pues supone un contexto particular -la universidad- y un contenido de aprendizaje -el de la carrera que cursa el estudiante-.

Si se profundizara en esta creencia de ser más o menos capaz de realizar una tarea en particular o de aprender en general, se encontrarían a la base experiencias previas, directas y vicarias, en tanto sustento de expectativas de logro o fracaso, como también opiniones y juicios valorativos que se inician en lo social y se vivencian como personales.

Consideramos clave su inclusión como variable por el impacto que tiene sobre la anticipación cognitiva de los resultados de la propia conducta, porque la autopercepción de competencia condiciona la forma en que una persona se estima capaz o no de controlar los sucesos que afronta y la convicción con que se encamina hacia las propias metas, evitando situaciones que la alejan de ellas.

Dos supuestos guiaron nuestra investigación. Una es que, comparando el perfil de los estudiantes con diferente autopercepción de competencia para aprender, se pueden identificar algunas características de personalidad que diferencian a los alumnos que consideran que aprenden fácilmente de los que creen que lo hacen con alguna dificultad. Otra es que la autopercepción de competencia para aprender condiciona los pensamientos y emociones del estudiante, a la vez que impacta sobre el esfuerzo que invierte en las tareas y en la motivación a corto, mediano y largo plazo.

Entendemos que la relación entre la personalidad y el aprender es compleja porque ambos son sistemas complejos en sí mismos. En consonancia con la mayoría de las investigaciones nacionales e internacionales citadas, consideramos que se establece una relación bidireccional entre los aspectos incluidos en sistema de personalidad y la conducta en el aprendizaje: la personalidad influye en los logros y estos en el autoconcepto y la autoestima -la mirada de sí mismo-. En concreto, autoconcepto, autoestima, atribuciones causales, percepción de autoeficacia son elementos que impregnan la forma -conceptual, procedimental y actitudinal- con que el estudiante vive el aprender, e inciden en sus decisiones, energía, esfuerzo, metas y proyección al futuro en términos de expectativas. Esto lleva a pensar que si en el trabajo de campo se muestran diferencias entre las características de personalidad frecuentes en quienes consideran que aprenden fácilmente y en quienes aprenden con alguna dificultad, se pueden identificar aspectos que *juegan a favor y en contra* y constituirlos en insumos para la implementación de acciones que promuevan el aprendizaje autorregulado (Nuñez *et al.*, 2006; Lanz, 2006; Zimmernan, 2008, entre otros) y la mediación docente (Biggs, 2008; Navarro Abal, 2009).

A diferencia de las investigaciones referidas, en primer lugar, no trabajamos con rendimiento desde las calificaciones, ni calculamos índices que anticipen con sentido predictivo el desempeño futuro, sino que partimos de la subjetividad del estudiante.

La segunda particularidad es una perspectiva tripartita para analizar la información. Una es la comparación de resultados en estudiantes que consideran que aprenden fácilmente/aprenden con alguna dificultad. Otra es el tramo, que hace referencia a momentos en la trayectoria educativa: se comparan alumnos del tramo inicial y del tramo final -un estudio afín en este sentido es el de

Martínez Fernández (2007), quien compara la situación en estudiantes de diferentes años-. La última perspectiva es el análisis comparativo según carrera.

## 5. Trabajo de campo

Se trata de una investigación ecológica por muestreo no probabilístico, que emplea una metodología cuantitativa para abordar las características de personalidad desde la autopercepción del estudiante. El tratamiento de los datos, como señalamos, responde a tres aproximaciones: por carrera, tramo y autopercepción de competencia para aprender.

### 5.1. Participantes

La muestra[1] está conformada por 501 estudiantes universitarios que cursan el 2º o el último año de cinco carreras: Ciencias de la Educación, Ciencia Política y Administración Pública, Medicina, Trabajo Social (provenientes de la Universidad Nacional de Cuyo, Mendoza, Argentina) y Pedagogía (de la Universidad Federal de Río de Janeiro, Brasil). Se trabajó con tres cohortes, a saber: la cohorte 2007-2009 y 2009-2011 (alumnos del tramo inicial) y la cohorte 2011-2013 (alumnos del tramo final), lo que conllevaría a validar el esquema en sucesivas muestras (Ambrosi, 2008).

---

[1] Si bien algunos de estos datos han sido mencionados anteriormente, los recuperamos aquí a fin de ubicar al lector que ingresa al libro por este capítulo.

## 5.2. Instrumento

Se emplea una lista de control con formato de autoinforme, la cual forma parte del INCEAPU (Inventario de Concepciones y Experiencias de aprender en la universidad) (Morchio, 2007, 2014), instrumento validado entre 2007 y 2011 que pondera diferentes variables del aprender en la universidad; ellas son: características de personalidad, concepciones de aprendizaje, procesos y estrategias que emplea el alumno para aprender, factores facilitadores y obstaculizadores del aprendizaje y atribuciones causales.

Dicha lista de control presenta al estudiante veinticinco enunciados,[2] entre los que selecciona los cinco (y puede agregar otros) que, a su parecer, mejor describen su modo de pensar, sentir y actuar, de manera que representan una estimación subjetiva que pone de manifiesto cómo se ve a sí mismo en el plano consciente. Están formulados en un lenguaje fácil de comprender y plantean situaciones y actitudes *naturales o cotidianas*, por tanto no se perciben como instancia *evaluativa*.

Para estimar la autopercepción de competencia para aprender, se pregunta al alumno si considera que es una persona que a) aprende fácilmente, b) aprende con alguna dificultad, c) le cuesta aprender. En la práctica, se mantuvo la categoría *aprendo fácilmente* y se integraron las otras, quedando definidos entonces dos segmentos: *aprende fácilmente* y *aprende con alguna dificultad*.

Para el análisis cuantitativo de los datos, se utilizaron índices de estadística descriptiva e inferencia estadística (Chi cuadrado).

---

[2] Algunas opciones son: "soy optimista, tengo una visión positiva de la vida"; "soy ingenioso/a y creativo/a"; "me cuesta ponerme a trabajar sola/o, me resulta más fácil con otra persona"; "me considero bastante inteligente"; "doy muchas vueltas antes de empezar a hacer lo que sé que tengo que hacer".

## 5.3. Resultados

Los resultados obtenidos muestran diferencias notables en las características de personalidad en relación con la autopercepción de competencia para aprender (con/sin dificultad), y son menos claras respecto del tramo. En cambio, la situación según carrera no produce diferencia alguna respecto de las características que el estudiante identifica en sí mismo. La expectativa es que estos hallazgos se constituyan en insumos para la implementación de acciones que promuevan el aprendizaje autorregulado y la mediación docente.

En cuanto al primer objetivo, se halló una correlación estadísticamente significativa (coeficientes de $X^2$ desde .000 a .024, $p<0.05$) entre la autopercepción de competencia para aprender y las características de personalidad de los estudiantes. Quienes aprenden fácilmente pueden describirse como: *optimistas, ingeniosos y creativos, bastante inteligentes*, que no se hacen *problemas por pequeñeces, reflexivos, exigentes* y *organizados con el tiempo*. En cambio, quienes aprenden con dificultad: *dudan de su capacidad, dan vueltas antes de empezar*, les cuesta *trabajar solos*, les cuesta *tomar decisiones, cuando algo les sale mal no lo olvidan fácilmente* y son tan *sensibles* que todo lo que sucede los afecta.

Se advierte, entonces, que en las tres cohortes se mantiene una tendencia respecto de las características de personalidad según la autopercepción de competencia para aprender, resultado que muestra algunos puntos de contacto con otras investigaciones (Bakx *et al.*, 2006; Barbabella, 2004).

Respecto del segundo objetivo, se observan diferencias significativas entre los alumnos del tramo inicial y los del tramo final de sus carreras sólo en relación con *sentirse capaz de realizar las tareas* ($X^2 =.000$; $p<0.05$). Los alumnos de los últimos años expresan más confianza en sí mismos para llevar adelante las actividades académicas, a diferencia de quienes recién se inician en la vida universitaria. Otra característica por destacar es el *cambio de actividad* que se produce más frecuentemente en los estudiantes del tramo inicial que en los del final ($X^2$ =.067; p<0.05).

Estos resultados aparecen como una manifestación particularizada del desarrollo progresivo de la personalidad en la interacción con un mundo que es la universidad y un proyecto o meta significativos para quien aprende, lo que, probablemente, promueve una eficacia real que le permite sostener su trayectoria educativa.

Finalmente, en cuanto al tercer objetivo, la carrera no muestra resultados consistentes en la conformación de perfiles distintivos. Ello deja abierta la posibilidad de generar un nuevo instrumento en el cual el estudiante sea quien formule las características de personalidad representativas de su dominio, lo cual permitiría el abordaje de dichos perfiles distintivos por carrera.

## Conclusiones

Este estudio se orientó a identificar algunas características de personalidad que diferencian a los alumnos según la autopercepción de competencia para aprender, el tramo de la trayectoria académica y la carrera.

La lista de control empleada representa, de algún modo, una arista innovadora que -a diferencia de otras escalas que se emplean para evaluar personalidad, a través de las cuales se llega a una descripción de quien ha respondido- crea un clima sin connotaciones de evaluación, con lo cual deja en claro que el sentido es generar condiciones para que el alumno reflexione sobre características personales que inciden en su desempeño cuando aprende, y pueda autorregularlas en procura de mejorar el aprender. De este modo, la toma de conciencia sitúa en el mismo instrumento el punto de partida para avanzar hacia el control y la metacognición. Si bien se tiene presente que los autoinformes no son concluyentes cuando se emplean como única vía de estimación, si la expectativa es contribuir a la autorregulación a través de los procesos metacognitivos, sería un contrasentido ignorar o desvalorizar la descripción que la persona hace de sí misma.

Al analizar los resultados encontrados, podemos advertir dos núcleos centrales por discutir. Uno es que la autopercepción de la competencia para aprender ha resultado operativa para distinguir características personales entre los alumnos que manifiestan que aprenden fácilmente y quienes consideran que lo hacen con alguna dificultad; por otra parte, las características asociadas a los primeros parecen remitir al concepto nuttiniano de la personalidad como sistema de compromiso personal, de interés, de necesidad, de proyecto o de tarea por cumplir. En segundo lugar, dadas las características de personalidad seleccionadas para la indagación y la forma en que fueron planteadas, se sigue la posibilidad de que el alumno las constituya en aspectos por conservar o modificar en su conducta. Por ende, la investigación se transfiere al plano aplicado como insumo para contribuir a la profundización del autoconocimiento en pos de una mayor autorregulación, mediada y apoyada con la implementación de instancias tutoriales. Esto es, se constituye en una vía para llevar a la práctica concreta el aprendizaje autorregulado, constructo central en la investigación contemporánea que muestra aún escasas pautas para su implementación.

En suma, concluimos que la autopercepción de competencia para aprender define en cierto modo y en nuestra población, las características de personalidad de los estudiantes que aprenden con dificultad y de los que aprenden sin ella, y posibilitan la asunción de las fortalezas y debilidades para la mejora de los procesos autorregulatorios en la vida académica.

# Capítulo 7
## Las voces de los docentes sobre el aprender en la universidad

*Gabriela Inés González*
*María Estefanía Giorda*
*Ailín Alarcón*

**Introducción**

En este capítulo se analizan las percepciones, concepciones y creencias que tienen los docentes de la carrera de Ciencias de la Educación de la Universidad Nacional de Cuyo sobre los procesos y estrategias que aplican los estudiantes para aprender.

El trabajo se realizó entre 2011 y 2013, en el marco del Proyecto ¿Llega el estudiante universitario a aprender a aprender? Evolución de los procesos, estrategias y actitudes del alumno universitario en el transcurso de la carrera, que es uno de los cuatro estudios -avalados y evaluados por la SeCTyP de la Universidad Nacional de Cuyo, provincia de Mendoza- en que se formaliza la línea de investigación sobre *aprender en la universidad*. En él se retoman y profundizan resultados obtenidos entre 2007 y 2011.

El objetivo planteado en esta oportunidad responde a reconocer, desde un abordaje cualitativo, la percepción que los profesores de dicha carrera tienen sobre los procesos y estrategias que emplean los alumnos.

En el contexto de los estudios sobre *aprender en la universidad*, se comparan los resultados referidos a procesos y estrategias en alumnos que se encontraban cursando el segundo año de la carrera (entre 2007 y 2011) con los resultados obtenidos por aquellos que cursaban el tramo final de ésta (entre 2011-2013). La hipótesis de trabajo que orienta la complementación de las respuestas de los estudiantes con las percepciones que los docentes tienen sobre estos aspectos del aprender es que *los docentes advierten problemáticas que los alumnos no tienen en cuenta*.

Para el estudio que presentamos se seleccionó una muestra intencionada de casos-tipo (Hernández Sampieri *et al.*, 2006) de 16 docentes de la carrera de Ciencias de la Educación cuyas cátedras pertenecen al tramo inicial de la carrera (1° y 2° año) y/o al tramo final (4° año). La selección heterogénea de esta muestra tiene el propósito de lograr mayor riqueza, profundidad y calidad en la información.

Con este grupo de docentes se realizó una entrevista semiestructurada en la que se formularon algunas preguntas-guía y se mantuvo abierta la posibilidad de introducir interrogantes adicionales para precisar conceptos u obtener mayor información.

En términos generales se indagaron, desde la perspectiva del docente, los procesos que realiza el estudiante para aprender, la diferencia entre alumnos con dificultades para aprender y alumnos que aprenden fácilmente, así como las problemáticas más frecuentes que tienen los estudiantes en el aprendizaje de cada materia. También se indagó sobre las diferentes concepciones de aprendizaje del docente y los factores obstaculizadores del aprendizaje. De manera complementaria, se abordaron las estrategias metodológicas que realiza cada profesor para favorecer el aprendizaje y el logro de los diversos procesos, así como las diferencias que, según el criterio del docente, existen entre las formas de aprender de un alumno que recién inicia sus estudios y uno que ya está avanzado en la carrera.

El análisis de las entrevistas se realizó a través del método comparativo constante (Glasser y Strauss, 1967), que consiste en una serie de pasos o procesos que llevan al investigador a ir desmenuzando desde los datos relevantes de la entrevista hasta las consideraciones teóricas, combinando con creatividad e imaginación los significados que los actores confieren a la realidad y los significados que el propio investigador le otorga a ésta (Sarlé, 2005). Se trata, en definitiva, de hacer converger las tres voces: la de los entrevistados, la de los referentes teóricos y la de los investigadores.

## 1. ¿Cuáles son nuestras bases conceptuales?

En el presente apartado se explicitan conceptos centrales en nuestro estudio; por un lado, qué entendemos por concepciones y por percepciones, y por otro, qué entendemos por procesos y estrategias.

Como señalamos al comienzo, la investigación que describimos gira en torno a las percepciones y creencias que tienen los profesores respecto de los procesos y estrategias que realizan los alumnos para aprender, como así también sobre los logros y problemáticas asociadas al aprender mismo, en alumnos que cursan los primeros años de su formación universitaria y en los que cursan los últimos años. También recuperamos la experiencia del profesor referida a las propuestas pedagógicas que emplea para ayudar al estudiante a aprender.

A la luz de esta información, interpretamos las concepciones de aprendizaje que subyacen a lo expresado en las entrevistas.

Referimos a *concepciones de aprendizaje* tomando la idea de Martínez Fernández (2007), para quien detrás de las acciones o estrategias que emplea el sujeto para aprender o enseñar existe un cuerpo teórico que se configura a partir de percepciones y supuestos coherentes o incoherentes entre sí en función de la relación existente entre lo que el sujeto dice y lo que hace.

Las creencias contienen las ideas, representaciones o concepciones que se poseen -muchas veces en forma intuitiva y no consciente- respecto de un tema, que en nuestro caso son los procesos, las condiciones y los resultados de la enseñanza y el aprendizaje (Jiménez Llanos y Correa Piñero, 2002).

En definitiva, cuando hablamos de creencias, percepciones y concepciones, nos estamos refiriendo a una síntesis de *teorías implícitas* a la forma de pensar y actuar de los docentes. El análisis de las concepciones de aprendizaje se basó inicialmente en la tradición fenomenológica de la década de 1970, con Säljö como pionero, pero adquirió mayor difusión a partir de la década de 1990, cuando se ampliaron los marcos teóricos y metodológicos para abordar el estudio de las concepciones del aprendizaje a partir de la inferencia e interpretación de las teorías implícitas (Martínez Fernández, 2007).

Los estudios acerca de las concepciones de aprendizaje consideran que, en forma subyacente a la manera de actuar de los docentes cuando enseñan, se encuentra un cuerpo de teorías implícitas que se configuran a partir de las experiencias y de la práctica en escenarios educativos, y que están muy ligadas a los modos de pensar de las personas (Pozo y Scheuer, 2000).

Por otra parte, los *procesos que realiza el estudiante para aprender* son entendidos como sucesos internos que permiten que cada persona pueda construir y reconstruir los distintos conocimientos; como una cadena general de macro-actividades u operaciones mentales implicadas en el acto de aprender. Los procesos son constructos generales, poco visibles y difícilmente manipulables; sólo pueden inferirse sobre la base de las acciones que efectúan los estudiantes para aprender, y esas acciones son las estrategias de aprendizaje (Beltrán Llera, 1998).

Las *estrategias*, por su parte, son las grandes herramientas del pensamiento que sirven para extender su acción, a la vez que permiten identificar y diagnosticar los problemas del aprendizaje (Beltrán Llera, 1998). Son instrumentos al servicio de los procesos, que pueden acompañarlos y optimizarlos.

Procesos y estrategias van tomados de la mano, de modo que cuando el alumno debe enfrentarse a la tarea del aprendizaje, las estrategias están al servicio de los procesos. En síntesis, el aprendizaje dependerá de las acciones que el estudiante realice, de los procesos que ponga en marcha al aprender y de las estrategias que desarrollan esos procesos.

A la luz de estas consideraciones vamos a interpretar la información reunida a través de las entrevistas con docentes, analizando tres tipos de teorías implícitas: las que aluden a una concepción directa, las que aluden a una concepción interpretativa y las que remiten a una concepción constructiva sobre los procesos y las estrategias que utilizan los alumnos para aprender.

Consideramos relevante analizar las concepciones que tienen los profesores universitarios acerca de los estudiantes, ya que sobre la base de las percepciones y supuestos relativos al aprendizaje de los alumnos, va a ser la forma en que organicen las clases, planeen las prácticas de aprendizaje y piensen los criterios de evaluación.

## 2. ¿Qué antecedentes encontramos relacionados con nuestro estudio?

Se dispone de investigaciones que tratan temas cercanos a nuestro objeto de estudio, varias realizadas en universidades europeas. Entre ellas, en la Universidad de Barcelona, el proyecto *Concepciones de aprendizaje y estrategias metacognitivas en estudiantes universitarios*

(Martínez Fernández, 2007), que muestra los resultados de una indagación dirigida a analizar las concepciones de aprendizaje de estudiantes universitarios de Psicología y las estrategias metacognitivas que utilizan en función de su nivel de estudios (inicial, intermedio y final de la licenciatura).

Por su parte, de la Universidad de Huelva, el proyecto *Motivos, actitudes y estrategias de aprendizaje: aprendizaje motivado en alumnos universitarios* (Boza Carreño y Toscano Cruz, 2012) evalúa los factores asociados al aprendizaje motivado. Entre los factores complementarios, analiza las estrategias de aprendizaje como una forma de implicación en el estudio, a fin de determinar cuáles son los rasgos que diferencian a los estudiantes más motivados de aquellos menos motivados.

En nuestro país, en la Universidad Nacional de Mar del Plata, se investiga acerca de *Las concepciones sobre la enseñanza y el aprendizaje en docentes universitarios de Ciencias*. Este estudio muestra que los docentes poseen concepciones constructivistas sobre *qué es aprender, qué* y *cómo se aprende*, mientras que en relación con la evaluación predomina la teoría interpretativa (Vilanova *et al.*, 2011).

Muy relacionado con nuestro trabajo, de la misma Universidad de Mar del Plata, resulta la investigación *Concepciones acerca del aprendizaje: diseño y validación de un cuestionario para profesores en formación* (Vilanova *et al.*, 2007). En él se afirma que tanto los profesores ya formados como los profesores en formación poseen concepciones sobre el aprendizaje y la enseñanza que no se corresponden con las teorías del aprendizaje que estudian formalmente en los cursos universitarios. Las ideas que predominan en la construcción de estos marcos paradigmáticos, desde los cuales las personas entienden un escenario de acción, poseen un carácter más bien implícito y muchas veces difieren de las concepciones que explícitamente se manifiestan.

Creemos que situaciones similares suceden entre nuestros docentes, por lo cual nos abocamos ahora a la interpretación de las percepciones, concepciones y creencias de los profesores a partir del análisis de las entrevistas.

## 3. ¿Qué expresan los profesores en las entrevistas?

Antes de *escuchar las voces de los docentes*, es necesario señalar algunas características de la carrera de Ciencias de la Educación, de la que forman parte los profesores entrevistados. Su estructura curricular incluye un importante fundamento teórico en los primeros años de cursado y, paulatinamente, va introduciendo a los alumnos en los trabajos de campo, los que comienzan en 2° año y se hacen más intensivos hacia 3° y 4° año. Las prácticas profesionales se realizan en un 4° año *agregado*, es decir, en el noveno semestre de cursado.

El análisis y la interpretación de las entrevistas han sido organizados en diferentes apartados que responden a los principales temas abordados en ellas. A la vez, se ha intentado realizar una categorización que recupere las diferencias entre las percepciones de los profesores de los primeros y últimos años, así como de los profesores de materias más teóricas y más prácticas, para luego poder apreciar las concepciones implícitas en las que se inscriben.

La característica de la muestra de docentes entrevistados es que los profesores de los primeros años enseñan materias predominantemente teóricas, es decir, de fuerte sustento conceptual, mientras que entre los docentes de los últimos años encontramos quienes tienen a su cargo algunas asignaturas teóricas o teórico-prácticas y otros que enseñan materias predominantemente prácticas, en las que se preparan, se concretan y se evalúan experiencias que aproximan al estudiante al ejercicio de la profesión.

Cabe aclarar que algunos de los docentes entrevistados se desempeñan en dos cátedras, una al inicio y otra al final de la carrera.

### 3.1. ¿Cómo perciben el aprendizaje de sus alumnos?

Como ya mencionamos, los profesores de materias eminentemente teóricas por lo general desarrollan materias que se encuentran en el tramo inicial de la carrera. Para ellos, el aprendizaje se suscita cuando el alumno puede expresar con claridad y facilidad los conceptos y teorías, sea en forma oral o escrita, cuando puede relacionar, describir, analizar, aplicar un principio, juzgar, conductas que en definitiva muestran que ha comprendido. Forma parte de la apropiación el empleo de un vocabulario específico de la materia, la capacidad de proporcionar ejemplos y también de plantearse preguntas interesantes y responderlas.

Los profesores de espacios curriculares de corte eminentemente práctico, que predominan en los últimos años de la carrera, opinan que el aprendizaje emerge como un *"engranaje de conceptos"*[1] que luego se aplican en la práctica. Podría decirse que los contenidos de las unidades se retroalimentan de lo anterior. Este planteo ha sido explicado por Bruner (1995), para quien el conocimiento adopta una forma espiralada, secuenciada, y eso es lo que manifiestan algunos docentes que comprenden que los aprendizajes en los últimos años son integradores de los aprendizajes previos (Ausubel *et al.*, 1989).

Además, se puede advertir que algunos docentes relacionan el aprendizaje con diferentes procesos y trabajos prácticos o actividades de los estudiantes. Consideran que diarios, coloquios, memorias, actividades y prácticas

---

[1] Manteniendo el criterio adoptado en capítulos anteriores, la palabra del entrevistado/a se consigna entre comillas y en letra itálica.

de aprendizaje constituyen recursos para acompañar los procesos que realizan sus alumnos.

Teniendo en cuenta estas consideraciones, podríamos decir que los docentes se caracterizan, según Martínez Fernández (2007), por sostener una concepción interpretativa y constructiva del aprendizaje. Con esto se quiere expresar que, según la mirada de los profesores, la actividad del estudiante es imprescindible y su aprendizaje es un proceso en el que intervienen la interacción, la transformación y la reconstrucción de conocimientos. Asimismo, este tipo de concepción plantea, a partir de la idea de proceso, que el aprendizaje es desplegado en el tiempo.

En términos generales, los profesores otorgan bastante importancia a la participación de los alumnos en las clases. Consideran el aprendizaje como un proceso muy ligado a la presencialidad y a la asistencia a las clases, ya que es en la interacción donde los alumnos manifiestan sus capacidades y actitudes.

No obstante, en varios docentes entrevistados, existe la idea de que las evaluaciones y los exámenes cumplen un rol protagónico, como una instancia final en la que el estudiante *muestra* lo que ha aprendido.

### 3.2. ¿Qué diferencias advierten entre los alumnos que aprenden fácilmente y los que aprenden con alguna dificultad?

Los profesores del tramo inicial y de materias más teóricas consideran que los estudiantes que aprenden fácilmente pueden resolver las actividades propuestas y contestar preguntas porque han tenido en cuenta las orientaciones brindadas por ellos para preparar el material de aprendizaje. Generalmente leen el tema antes de la clase, se predisponen a aprender. De esa manera, son protagonistas activos de su aprendizaje, no asisten sólo para recibir información sino que ya la tienen y están dispuestos a reafirmarla o profundizarla. La clase cumple la función de un *"espacio de relación"*. Asimismo, estos alumnos ya poseen hábitos de estudio, saben organizarse, prestan atención en la clase y participan.

Los estudiantes que aprenden fácilmente -según los docentes- suelen traer alguna base de áreas humanísticas -ya que, por ejemplo, recuerdan el vocabulario específico de la materia-, lo que sugiere que han crecido en un ámbito familiar y cultural que los ha promovido en tal sentido. Son más curiosos y más ávidos de la lectura, traen un bagaje cultural, comprenden rápidamente las consignas y les resulta más sencillo establecer relaciones.

Los alumnos que aprenden con alguna dificultad, según la opinión de algunos profesores, básicamente tienen problemas de voluntad. Aun quienes muestran dificultades para aprender pueden mejorar cuando se lo proponen y se esfuerzan por hacerlo. A veces las dificultades se deben a que no disponen de los mecanismos o procedimientos para estudiar, o simplemente no saben estudiar, es decir, les falta la organización en el estudio, en la clase no prestan atención ni participan. Este aspecto es relevante porque prevalece en la mayoría de las entrevistas, en las que se destaca la importancia de la voluntad y de las actitudes hacia el aprender.

En este sentido, comentan que a algunos alumnos se les debe llamar la atención en todo momento, ya que hablan de otras cosas y no realizan los trabajos o los entregan fuera de término. *"Es como si continuaran con su vida de escuela secundaria"*. Además, algunos docentes consideran que los alumnos que aprenden con alguna dificultad habitualmente tienen problemas de aprendizaje y lo vinculan con posibles dificultades económicas, en algunos casos. Estos estudiantes necesitan más guía y pautas de trabajo, es decir, un acompañamiento más profundo.

Los profesores también comentan que a estos alumnos, generalmente, se les realizan varias revisiones de los diarios o producciones personales, *"se charla con ellos y siempre se buscan caminos alternativos para no desaprobarlos"*.

Para algunos docentes del tramo final de la carrera cuyas materias son de índole teórica, el estudiante que aprende fácilmente es aquel que *"ha encontrado la justa medida entre ser muy rápido para procesar y ser muy lento en sus tiempos de aprendizaje"*. *"El alumno rápido a veces puede transformarse en un impulsivo y si bien aprende, ya que puede comprender y reproducir los contenidos de las materias porque tiene buena memoria, en ocasiones le falta ese tiempo necesario para analizar, sintetizar, relacionar y reflexionar que sí logra aquel que va más despacio"*.

Los profesores del tramo final de la carrera, cuyos contenidos son de práctica y aplicación, atribuyen a los alumnos sin dificultades la característica de tener mejor trayectoria académica, ser personas más inquietas y curiosas, haber adquirido mejores estrategias para seguir aprendiendo. *"Los alumnos que aprenden más y mejor es porque tienen la actitud y la apertura para aprender, le encuentran un sentido a lo que aprenden"*, le otorgan mayor significatividad. De alguna manera, ya han incorporado ciertos procesos de estudio, de orden y organización, y han profundizado en procesos de lectura, de elaboración y producción.

Es importante destacar que durante las entrevistas se observa que los docentes responden a las preguntas a partir de su experiencia, sin intención de etiquetar a los estudiantes que suelen presentar algunas dificultades para estudiar las materias y a los que tienen más facilidad para abordarlas.

En muchos casos, las respuestas sobre los alumnos que tienen algunas dificultades están relacionadas con procesos, estrategias, factores internos y externos, y aspectos vinculados con el cursado de la materia. Al respecto se puede vislumbrar que muchos docentes comparten una mirada del aprendizaje ligada a los procesos cognitivos, ya que relacionan el aprender exclusivamente con ciertas habilidades intelectuales.

### 3.3. ¿Qué obstáculos encuentran los alumnos al aprender un contenido concreto?

Aquí las dificultades para aprender un contenido concreto se relacionan con la idiosincrasia de cada disciplina.

En las materias de contenido predominantemente teórico, los docentes manifiestan que a los alumnos les cuesta adquirir el hábito de leer y, en particular, leer en forma comprensiva. Como consecuencia de esta dificultad, todos los otros procesos cognitivos se convierten en un obstáculo: analizar, sintetizar, relacionar y también reflexionar. Asimismo, consideran que incide la ausencia de hábitos de estudio. Al decir de algunos de los docentes: *"los alumnos creen que con leer varias veces ya han estudiado..."*, sin embargo, en muchos casos *"no han adquirido el hábito de realizar todo un proceso de aprendizaje"*. De este modo, es poco probable que manejen el vocabulario académico básico para comprender en forma precisa los contenidos propios de cada disciplina. La adquisición del vocabulario de una materia resulta imprescindible para trabajar con conceptos específicos en textos complejos, lo cual les exige un gran esfuerzo.

Lo que más les cuesta a los alumnos a la hora de estudiar las diferentes asignaturas es, según los profesores de los primeros años, priorizar y organizar el material, leer y comprender lo que leen, emplear el vocabulario específico con precisión, expresar por escrito lo aprendido, establecer relaciones y unir la teoría con la práctica.

El logro o no de los hábitos de estudio y el aprendizaje de estrategias en algunos casos es causante de abandono de las carreras universitarias. Nuevamente, aparece la temática de la actitud: *"no dedicar suficiente tiempo al estudio y a la realización de las actividades"* son características de la falta de hábitos que presentan, en general, los alumnos del primer tramo.

Los docentes manifiestan que recuperar la información es otro de los obstáculos. No recordar con precisión los conceptos de base -ideas de anclaje, según Bruner (1995)- se convierte en una gran dificultad para transferir y para continuar aprendiendo nuevos conceptos relacionados (Ausubel *et al.*, 1989). Algunos profesores entrevistados hacen hincapié en que no cursar[2] es un factor obstaculizador muy importante, ya que va marcando distancias entre profesores y alumnos en todos los años.

Expresan que el acercamiento entre los estudiantes y el docente es esencial porque se advierten notables diferencias entre aquellos que *"vienen y los que no"* a las clases y a las horas de consulta. Mencionan que los alumnos cursan poco y, si bien la asistencia es optativa, en las clases se establecen relaciones que son esenciales y que no están en ningún texto. Según el decir de algunos docentes, *"hay muchas facilidades para que se mantenga la regularidad y a la larga perjudica a los propios alumnos".*

Para los docentes de los últimos años, el principal obstáculo que tienen que sortear los estudiantes son factores externos, como la superposición de salidas de campo. Para ellos, la falta de tiempo no es por problemas de organización, sino por una *"saturación de actividades de práctica en instituciones escolares".* Esto constituye una debilidad en

---

[2] En la Facultad de Filosofía y Letras de la Universidad Nacional de Cuyo, la asistencia a clase no es obligatoria. Sólo lo es en instancias de evaluación.

la organización del plan de estudios, en el *"currículum real y el currículum vivido"* (Gimeno Sacristán y Pérez Gómez, 1993: 149). También hacen referencia a factores económicos, laborales y familiares que perturban el adecuado desempeño en la carrera.

En los años superiores, las dificultades se relacionan con planificar, articular contenidos, prepararse para asumir realmente la práctica, expresarse en forma oral y diseñar proyectos de intervención muy diferentes entre sí. Además, comentan que a la mayoría de sus estudiantes les cuesta pensar en la educación no formal como ámbito de salida laboral.

En algunos casos, los docentes consideran que el mayor desafío para los estudiantes es articular los contenidos teóricos y prácticos con la realidad, especialmente en aquellas cátedras donde se elaboran proyectos dirigidos a un espacio educativo concreto. Uno de los entrevistados expresó que *"si a un alumno le cuesta mucho, hay que estar varias ocasiones con él y hacer devoluciones de sus productos, pero siempre hay una ida y una vuelta".* De allí la importancia de estar a su disposición, pero también de que el estudiante asista, participe, pregunte.

Otros profesores consideran que lo más difícil de comprender para los alumnos a punto de recibirse es la función social que cumplirán como docentes, el posicionamiento que deberán adquirir y el compromiso con lo social, con el educando y con el conocimiento. Es decir: *"... el lugar que ocupa la profesión docente en el desarrollo humano..."*.

Es interesante *escuchar la voz* de una de las entrevistadas que hace referencia a varios factores que obstaculizan el aprendizaje en la universidad y que se acompaña de una propuesta de mejora: *"Los alumnos organizan su vida personal de acuerdo con el horario de la facultad. Y ése es un factor que tiene mucha incidencia en la carrera, y es un factor que obstaculiza. Esta universidad tiene que irse más a lo virtual... hay muchas formas de innovar en lo virtual: correos, campus virtual, redes sociales. Lo que propongo es flexibilizar ciertos espacios".*

### 3.4. ¿Qué procesos y estrategias realiza el estudiante universitario para aprender?

Para los docentes del tramo inicial, cuyas materias son de corte teórico, los alumnos realizan procesos que tienen que ver con la búsqueda y recopilación de la información, además de saber realizar los procedimientos para procesar esa información. Para ello, resumen, elaboran guías, memorizan. A veces esa memoria es sólo mecánica y, en menor medida, comprensiva.

Advierten que los estudiantes que inician su carrera universitaria mantienen procesos y estrategias muy similares a las de los alumnos de secundaria, ya que no discriminan diferentes niveles de elaboración, o les cuesta ser precisos conceptualmente cuando expresan lo estudiado. A veces entienden la idea, pero cuando la pueden expresar, lo hacen incorrectamente. Algunos dicen: *"A los estudiantes de los primeros años les cuesta romper con ciertas 'mañas' de la secundaria, ya que están realizando un cambio y es necesario enseñarles herramientas, como por ejemplo la preparación de un examen".*

En otras materias, de corte teórico-práctico, los procesos tienen que ver con apropiarse de los contenidos conceptuales para poder aplicarlos a situaciones reales. En ese trayecto los alumnos deben hacer una lectura comprensiva y un análisis del material de trabajo. En cambio, en una etapa más práctica, tienen que aprender a ser buenos observadores para discriminar situaciones problemáticas y, de ese modo, diseñar un proyecto con propuestas de aplicación.

Algunos docentes cuyos espacios curriculares son de tipo taller resaltan la importancia del cursado, ya que es necesario para que entre compañeros compartan, puedan relacionarse entre ellos, construyan conocimientos juntos y recuperen saberes previos; *"el tema del cursado es algo que me preocupa, por ahí no vienen, y se pierde ese contacto con el docente, las vinculaciones. Se pierde la experiencia de aprender del otro y de los compañeros. El sistema favorece ese no cursar, eso falta y creo que obstaculiza un buen proceso de aprendizaje"*.

Las materias que apuntan al desempeño profesional denominan *dispositivos* a aquellos pasos que los alumnos van atravesando y que constituyen desafíos por sortear en diferentes planos, emocionales, personales y profesionales. Desde el punto de vista didáctico, realizan en grupos las secuencias didácticas, en función de los contenidos que se deberán enseñar en las escuelas. No se trata de estudiar para rendir o exponer, sino de estudiar un contenido con la finalidad de enseñarlo. En esta instancia, el conocimiento es la materia prima, pero además los alumnos deben definir un enfoque teórico desde el que fundamentan y plantean dichos contenidos. Esto marca la diferencia entre un docente técnico y un docente reflexivo. Es la forma de encarar el proceso de proyectarse en la intervención áulica.

En esta etapa de realización de prácticas docentes se sintetiza lo que el estudiante pudo capitalizar de toda su carrera; en ella interactúa con el conocimiento, con las formas de relacionarse con los alumnos y de establecer vínculos con una institución educativa. Es aquí cuando el estudiante resignifica toda su trayectoria universitaria.

En la etapa final se espera que muestren en una producción personal cómo llegaron a *"levantar teoría a partir de la práctica".* Se realiza un juego entre la teoría y la práctica en el que han podido producir conocimientos, producir teoría desde la práctica y para su futura praxis docente, tal como lo dirían Gimeno Sacristán y Pérez Gómez (1993) o Fairstein (2005). Todo esto se socializa en una instancia final de coloquio.

En palabras de las propias docentes de prácticas: *"es un juego de construirse y construir…", "cada uno llega hasta donde puede descubrirse y se permite movilizar procesos internos…".*

## 3.5. ¿Qué acciones realizan los docentes para favorecer el aprendizaje de los alumnos?

Este apartado reúne respuestas de gran heterogeneidad, ya que son variados los factores que intervienen en las acciones que los profesores realizan para ayudar a sus alumnos a aprender. Según los casos, depende del tipo de materia -teórica o práctica-, del momento en que se encuentra ese espacio curricular en el transcurso de la carrera -tramo inicial o tramo final-, de la extensión de la asignatura -cuatrimestral o anual-, de la formación del docente y de la posibilidad de implementar diversas estrategias de enseñanza y aprendizaje en función de las características del grupo.

Los profesores del primer tramo de la carrera, a cargo de materias de corte teórico, en términos generales, tienden a ayudar a los alumnos a realizar procesos de análisis, síntesis y reflexión que después son evaluados en el examen final. Como recursos para guiar y acompañar los procesos, los profesores trabajan con muchos ejemplos sobre lo conceptual y explican varias veces cada concepto o cada idea, con mucha paciencia, porque los estudiantes tienden a reproducir, más que a apropiarse. Por este motivo, el cursado es fundamental en primer año, pues se generan instancias de debate, se promueve la participación, la interacción entre compañeros, el establecimiento de relaciones entre la teoría y la práctica.

Algunos docentes señalan, nuevamente, la importancia de los horarios de consulta que ellos ofrecen para realizar un seguimiento del proceso de aprendizaje que lleva el alumno. Otros buscan textos más simples para facilitar la lectura de las fuentes y promover relaciones, proporcionan mediación entre la actividad y el contenido, proponen actividades para analizar, reflexionar y marcan pautas claras para guiar el estudio y el aprendizaje.

Los profesores que en los años superiores enseñan materias cuyos contenidos son mayormente teóricos manifiestan que con los alumnos a punto de recibirse se pueden realizar actividades más flexibles y creativas que con los de los primeros años. En general, implementan clases teórico-prácticas, sin división entre un aspecto y otro, o bien trabajan en forma coordinada entre titulares y adjuntos a fin de lograr una continuidad entre teoría y práctica. Se promueve la lectura e interpretación de textos y la reflexión a partir del error.

Algunos docentes del tramo final, para favorecer los procesos de elaboración, propician la realización de ensayos. Los trabajos son socializados a través de la publicación en foros que leen todos los compañeros y profesores. De esta manera, se acostumbran a recibir los comentarios y sugerencias de sus pares, quienes en los años superiores ya tienen un pensamiento crítico y reflexivo desarrollado que les permite manifestar acuerdos y desacuerdos, fundamentando su postura.

Además, señalan que propician la reflexión sobre la propia práctica y sobre la de los otros, incentivan una construcción progresiva del rol docente, realizan un seguimiento durante el cursado, identifican a todos los alumnos y los conocen, promueven la actitud indagadora, utilizan la página virtual para proponer actividades grupales e individuales, orientan y acompañan a los estudiantes, muestran el porqué de cada contenido o acción y establecen constantes relaciones con la realidad.

Constituye una importante estrategia de mediación (Vygotski, 1979) la implementación de una especie de profesor tutor; ello significa que cada docente integrante de una cátedra específica monitorea el proceso de aprendizaje de un alumno en particular. De esa manera, es posible detectar futuros problemas, prevenir fracasos y estimular para obtener óptimos resultados.

Podemos sintetizar algunas actividades que ayudan a los alumnos a aprender, entre ellas, mirar al otro, al aula y al contexto, elaborar un diario de reflexión y/o memoria, insertarse en contextos diferentes, reflexionar sobre sí mismo/a, verbalizar y redactar lo que han estudiado, rendir los exámenes parciales y finales, realizar producciones personales.

Un apartado especial requieren las materias eminentemente prácticas, en las que la metodología se inicia en la recuperación de saberes teóricos, para hacer luego una inmersión en el campo profesional desde la reflexión permanente, desde la propia biografía escolar.

### 3.6. ¿Se observan diferencias en los procesos que emplean para aprender los alumnos del tramo inicial y los del tramo final de la carrera?

Si bien algunos de los profesores imparten clases en primer año y otros en cuarto, todos contestaron afirmativamente. Analicemos en qué consistieron tales diferencias.

Los docentes de los últimos años, que no tienen experiencias con alumnos de los primeros años, conocen por los comentarios de los mismos estudiantes, cómo eran y cómo se veían en sus inicios. En esos primeros años tenían miradas ingenuas que luego se han transformado en miradas críticas hacia la carrera y hacia la facultad.

Consideran que al comienzo se encuentran débiles en cuanto a cultura institucional. *"El entrar en la Facultad de Filosofía y Letras debe ser una forma muy dura de ingresar a la vida académica, ya que en las escuelas secundarias de donde provienen no han vivido situaciones tan tensas como se vive en la universidad, donde siempre están siendo evaluados".*

En los primeros años todavía no tienen una idea clara de lo que significa ser profesores, y se *"pegan"* a los contenidos disciplinares sin preguntarse qué harán como docentes el día que tengan que enseñarlos. *"Tienen todos los vicios de la escuela secundaria".* Son dependientes de lo que el profesor les indica que deben leer o hacer y con frecuencia no saben resolver problemas cotidianos, por ejemplo, no encuentran la bibliografía o los documentos de cátedra. Reconocen que *"hay distintas formas de estudiar y de aprender y es muy diferente la universidad a la educación media, las exigencias son diversas, y es muy distinto..."*

Asimismo, los alumnos de los primeros años, quienes están empezando a descubrir la carrera, no han desarrollado aún ciertas capacidades y habilidades, les cuesta expresarse en forma oral y escrita, *"no hablan de enfoques curriculares ni se les cruza eso por la cabeza y ni tienen idea en tomar posicionamientos"*. Los docentes comentan que se encuentran con estudiantes de primero o de segundo año que no están preparados para mirar aspectos de la realidad o de la práctica. Algún profesor aconseja que *"los alumnos de primer año tengan profesores con más orientación y más guía, que en lo posible sean también profesores que trabajen en nivel medio"*. Todo esto debido a que dichos jóvenes necesitan permanentemente de un acompañamiento.

En contrapartida, el alumno que llegó al tramo final de la carrera lo hizo porque supo cómo apropiarse de las formas de estudiar en la universidad. El cambio del tramo inicial al tramo final es asombroso, la madurez que han adquirido a nivel personal y académico es un placer para algunos docentes.

Si bien algunos llegan a cuarto año y aún no saben expresarse correctamente, ya están preparados para mirar aspectos de la realidad o de la práctica, a la vez que son más ordenados y reflexivos. También consideran que fueron adquiriendo madurez y hábitos de estudio, que tienen muchos elementos para poner en juego y perspectivas para mirarse a sí mismos. Son capaces de realizar una autoevaluación, una coevaluación, saben manejar diferentes niveles de complejidad en el estudio y conocen los enfoques curriculares. Un docente comenta: *"... a veces desaprobar una materia ayuda a crecer. Es bueno ahí reconocer esos propios errores, y hacer autoevaluación que los alumnos más grandes lo pueden hacer, pero los de primero no siempre lo hacen o lo ven"*.

Varios profesores atribuyen este crecimiento al plan de estudios, que posibilita el trabajo de campo en varias materias desde 2° año en adelante. De esta manera, llegan al final de la trayectoria académica con vínculos efectivos con la realidad educativa. Al respecto expresan que los alumnos del tramo final valoran enormemente las propuestas que les realiza el docente en relación con la observación de la realidad, usan todas las experiencias de observaciones o pasantías -aunque sean de otras materias- para enriquecer las clases con sus vivencias. Es una manera diferente de aprender usando sus propias experiencias.

En el tramo final, ya han desarrollado ciertas estrategias de indagación bibliográfica, de selección y organización (Beltrán Llera, 1998), como así también estrategias metodológicas para buscar bibliografía pertinente y complementaria, sea en las prácticas profesionales o en cualquier materia. Son independientes del profesor, en este aspecto.

Del mismo modo, son más responsables con el cursado y con el cumplimiento de requisitos, no necesitan de un docente que les esté tomando lista, que les diga todo lo que deben hacer. En general, asisten a las clases porque saben que es importante para ellos.

Los alumnos de cuarto año han logrado la madurez para la vida universitaria, desarrollan una sorprendente y agradable capacidad de análisis, toman posiciones que enorgullecen a los docentes, aunque puede que no estén de acuerdo ideológicamente con ellos. Han crecido en el juicio crítico y en las actitudes de vida universitaria. Han desarrollado capacidades, han logrado competencias.

En términos generales, los estudiantes que están próximos a terminar la carrera *"son más independientes, abordan los temas de otra manera, son más responsables"*. Sin embargo, algunos alumnos todavía dependen de los profesores, tienen muy poca conciencia de que están por recibirse y, según el caso, hasta presentan dificultades en la expresión oral y escrita.

Algunos docentes dicen: *"... el tiempo los aplaca, los convierte en seres más interpretativos, más holgados en sus juicios, no tan frontales..."*

Una profesora comenta que llegan a las prácticas profesionales con un discurso de la crítica, pero con una crítica de los demás, del sistema, de todo, no con una crítica de la propia práctica y de cada uno. *"Tienen mucho discurso, y por ahí se olvidan de lo que fueron sus primeros años. El que hace un aprendizaje estratégico, se va viendo en todos los años, y también se lo ve en las prácticas..."*

Podríamos decir que las diferencias que establecen los profesores entre los alumnos de los primeros y de los últimos años se refieren principalmente al dominio de los contenidos, la adquisición de ciertas actitudes -como el compromiso y la desenvoltura- y la comprensión del funcionamiento del sistema universitario. *"En general, son procesos de maduración. Algunos dan saltos cualitativos muy buenos."*

## Algunas conclusiones para seguir pensando...

Nos habíamos preguntado inicialmente sobre la percepción que tienen los profesores de la carrera de Ciencias de la Educación respecto de los procesos y estrategias que emplean sus alumnos para aprender. Nos atrevimos a hipotetizar que estos docentes advierten problemáticas que los estudiantes no tienen en cuenta, en particular, para el análisis de la trayectoria académica que realizan desde que ingresan a la universidad hasta que están a punto de obtener el título.

Lo cierto es que comenzamos a indagar sobre los procesos, estrategias, factores condicionantes y actitudes que intervienen en el aprendizaje y pudimos darnos cuenta de que las percepciones, representaciones y creencias que tienen los profesores se encuentran enmarcadas en ciertas concepciones o teorías implícitas que muchas veces no son conscientes y que fundamentan sus acciones como docentes.

En palabras de García Jiménez (1986: 501), existe el supuesto de que "el comportamiento cognitivo y otros tipos de comportamientos del profesor aparecen guiados y adquieren significación en relación con un sistema de creencias, valores y principios mantenidos a nivel personal".

Como señalamos al comienzo, estas concepciones sobre el aprendizaje pueden ser directas, interpretativas o constructivas (Martínez Fernández, 2007; Pozo y Scheuer, 2000). Analicemos qué caracteriza a cada una de ellas.

La teoría directa implica que el aprendizaje se define en términos de éxito en la acción, es decir, el alumno aprueba o no aprueba. Es una manera de concebir el aprendizaje en términos de todo o nada. De esta forma, lo aprendido se define como una réplica de la realidad o la verdad.

Parecería una contradicción pensar que los profesores en Ciencias de la Educación pudieran sostener este tipo de concepciones en las que el aprendizaje se reduce a un hecho, que se produce en un momento dado como resultado directo de ciertas condiciones, sin necesidad de una mediación del proceso psicológico, ya que precisamente son los encargados de la formación de futuros formadores. Sin embargo, recordemos que no todos los docentes de esta carrera tienen el mismo perfil profesional y que las concepciones de aprendizaje se vinculan con las experiencias y vivencias previas.

La teoría interpretativa considera que la actividad del aprendiz es indispensable como modelo que hay que observar para llegar a una meta. Quien aprende tiene que realizar una actividad individual que le sirva para el logro de los objetivos. Los procesos y actividades mentales intervienen adecuadamente para la consecución de las metas de aprendizaje, lo cual permite que los resultados varíen en su calidad pero admiten una sola versión de resultado óptimo. Por lo tanto, serían evaluados según un único patrón, es decir, diferentes sujetos pueden elaborar diferentes resultados, pero sólo uno de ellos es correcto.

En cambio, la teoría constructiva, que también implica la actividad personal para el aprendizaje, conlleva la noción de una auténtica reelaboración o reconstrucción que permite modificaciones al objeto que se aprende. Se admite que el aprendiz puede generar nuevos conocimientos y establecer nuevas relaciones. Los procesos internos son esenciales para aprender, pero además cumplen una función transformadora, y sus resultados implican una reelaboración del contenido de aprendizaje.

De esta manera, los conocimientos generados por los diferentes sujetos pueden ser cualitativamente diversos en función de los contextos y los propósitos personales.

Desde esta perspectiva es posible apelar a criterios de evaluación como la argumentación, la coherencia interna, la reflexión, la creatividad y la generación de nuevos significados.

Durante el análisis nos surge el interrogante de por qué las personas -en este caso los docentes universitarios- conciben el aprendizaje de una determinada manera, en términos de una teoría y no de otra.

Como una primera aproximación, podemos pensar que los docentes entrevistados fundamentan sus concepciones en sus propias experiencias a lo largo de su escolaridad y su formación profesional, es decir, en la experiencia vital. Pero, también, existe en cada persona una estructura representacional básica, lo que Pozo y Scheuer (2000: 105) denominan "teorías-marco", construidas a partir de supuestos ontológicos, epistemológicos y estructuras conceptuales que la mayoría de las veces no son conscientes, sino que se "arman" en un plano subyacente.

Desde una mirada comprehensiva de las respuestas de los profesores, podemos inferir que las concepciones también difieren en función del tipo de contenidos que enseñan, los que a su vez remiten a su formación de grado y al área de conocimiento a la que pertenecen: el área filosófica, el área histórica, el área pedagógica o el área tecnológica.

Cabe pensar que la formación previa debe haber contribuido a una construcción de vivencias, percepciones y creencias diferente en cada sujeto, aunque algunos autores afirman que las representaciones implícitas son construidas más a partir de la propia experiencia con el mundo que como resultado de la educación formal recibida (Vilanova *et al.*, 2007).

Algunos docentes de las materias teóricas -del tramo inicial o final- tienen una concepción de aprendizaje de tipo directa, ya que buscan que los alumnos, de cierto modo, reproduzcan los conocimientos enseñados por ellos. Apuntan a respuestas prefijadas, con cierta memorización de conceptos y definiciones. Si bien no todos muestran esta concepción de aprendizaje, se vislumbra una tendencia en algunos de ellos y es coherente que así suceda por el carácter troncal de sus disciplinas.

No obstante, la mayoría de docentes de la carrera considera que para adquirir esos contenidos el alumno debe realizar procesos y estrategias, pero en definitiva, para llegar al conocimiento en los términos en que fue enseñado -por tanto, tienden a una concepción interpretativa-. Encaran la evaluación como un momento final en el que el estudiante debe *demostrar* lo que adquirió, lo que sabe, y en muy pocas ocasiones lo que piensa o ha logrado producir.

Son las materias más prácticas las que piden producción y elaboración, las que respetan y valoran las apreciaciones personales de los alumnos, dado que no se evalúa según un solo parámetro de respuestas, sino que se considera la producción personal lograda como fruto de un verdadero proceso de aprendizaje.

Al parecer, aquellas asignaturas de índole práctica son más afines a una concepción constructiva del aprender, como sucede en los espacios curriculares que requieren de destreza profesional, en los que el objetivo es que quien aprende construya teoría a partir de su experiencia.

Además se apunta a la reflexión permanente, para que cada uno encuentre su perfil profesional en el marco de la realización personal y la función social que la docencia debe cumplir en nuestra cultura.

En cuanto a la pregunta de investigación: ¿llegan los docentes a percibir problemáticas que no son consideradas por los alumnos?, es cierto que los docentes identifican problemáticas referidas a la comprensión de contenidos -situación que no es claramente reconocida por los jóvenes (cf. capítulo 3 de la presente obra)-. También reconocen que no discriminan diferentes niveles de elaboración en sus procesos de análisis y síntesis, o que les cuesta alcanzar precisión conceptual a la hora de expresar lo estudiado y adoptar una mirada crítica ante la realidad educativa.

Pero, sin duda, los docentes manifiestan una perspectiva más holística que los alumnos respecto de las problemáticas vinculadas con el aprendizaje, ya que no sólo encuentran dificultades de tipo cognitivo, sino que también tienen en cuenta situaciones afectivas, emocionales, y consideran que la voluntad es un factor indispensable.

Los profesores, en general, comparten la intención de proporcionar todas las estrategias necesarias, no sólo para favorecer procesos de aprendizaje, sino para promover el desarrollo profesional y personal desde una concepción pedagógica particular y, especialmente, desde un fundamento humanístico -aunque muchas veces no consciente, pero subyacente en sus modos de actuar- (Combs, 1979; Maslow, 1980; Rogers, 1982).

## Capítulo 8
### Opiniones y experiencias de los alumnos con discapacidad respecto del aprender en la universidad: factores personales y contextuales

*Griselda Beatriz García*
*Analía Del Río Bayarri*

### 1. Aproximación a la situación de estudiantes universitarios con discapacidad desde la mirada de la educación inclusiva como un derecho

En las últimas décadas observamos un lento y sostenido aumento del ingreso de personas con discapacidad a ámbitos de Educación Superior universitaria. Este fenómeno se debe, en parte, a políticas educativas de integración e inclusión que vienen implementándose en Argentina, tanto en la Educación Primaria Común como en el Nivel Secundario y en Educación Superior.

La Convención Internacional sobre los Derechos de las Personas con Discapacidad, vigente en nuestro país desde mayo de 2008, establece que el Estado debe tomar medidas para asegurar que dichas personas no queden excluidas del sistema general de educación. Se deben realizar ajustes razonables en función de las necesidades individuales, prestar apoyo para facilitar su formación efectiva y tomar medidas para generar entornos que fomenten el desarrollo académico y social con el objetivo de favorecer la plena inclusión.

En este aspecto, y con un carácter anticipador de estas políticas, la Universidad Nacional de Cuyo crea en el año 2005 el Programa de Inclusión de Personas con Discapacidad. Este programa favorece la concientización de los miembros de la comunidad universitaria en relación con los derechos y necesidades de este colectivo, a la vez que trabaja en procura de hacer efectiva la plena accesibilidad física, comunicacional, cultural y pedagógica en todas las unidades académicas. La meta es lograr una inclusión en la vida académica que les permita ingresar, permanecer y egresar en condiciones equivalentes a las de los demás estudiantes.

Ahora bien, la presencia en los claustros universitarios de estudiantes que presentan distintos tipos de discapacidad -motora, auditiva, visual- puede ser vivida y sentida, según los actores, de muy diversas formas. Para algunos docentes, encontrarse con un alumno con estas características produce una cierta "incomodidad", al no saber cómo proceder. Un profesor suele preguntarse ¿este alumno tiene condiciones para estudiar en la universidad? ¿Podrá ejercer la carrera elegida? Es frecuente escuchar: "no fui preparado para enseñarles". Sin embargo, para otros, esta presencia es vista como una oportunidad de cambio, de enriquecimiento mutuo.

Para los propios estudiantes con discapacidad, el acceso a estudios superiores implica fortalecer su inclusión social y educativa, que se liga con una expectativa de mejora en su calidad de vida.

En el presente capítulo recuperamos sus opiniones y experiencias desde la mirada de la educación inclusiva en Educación Superior, como un derecho de toda persona con discapacidad.

Actualmente, en contextos internacionales -ya sea en ámbitos gubernamentales, científicos o académicos- se considera este acceso como un derecho humano, y por tanto, inapelable.

La Convención Internacional sobre los Derechos de las Personas con Discapacidad (2007) declara:

> Los Estados Partes reconocen el derecho de las personas con discapacidad a la educación. Con miras a hacer efectivo este derecho sin discriminación y sobre la base de la igualdad de oportunidades, los Estados Partes asegurarán un sistema de educación inclusivo a todos los niveles así como la enseñanza a lo largo de la vida… (Artículo 24, inciso 1).
>
> Los Estados Partes asegurarán que las personas con discapacidad tengan acceso general a la educación superior, la formación profesional, la educación para adultos y el aprendizaje durante toda la vida sin discriminación y en igualdad de condiciones con las demás. A tal fin, los Estados Partes asegurarán que se realicen ajustes razonables para las personas con discapacidad (Artículo 24, inciso 5).

Esta declaración sitúa la educación universitaria como un derecho que no puede ser negado y que requiere de una toma de conciencia por parte de toda la comunidad académica.

Llevar a la práctica lo que plantea esta declaración supone, mínimamente, transversalizar esta temática a todas las dimensiones de la vida humana. Para ello resulta necesario revisar qué se entiende hoy por discapacidad, a la luz de las convenciones internacionales vigentes.

## 2. Discapacidad, personas con discapacidad, personas con movilidad reducida. ¿Cómo nombrarlos?

El concepto de discapacidad evoluciona junto a los cambios de paradigma que realiza la humanidad a lo largo de la historia. Desde una visión animista (castigo divino o posición diabólica) hasta la explicación científica y el reconocimiento de los derechos, ha oscilado entre el rechazo y la compasión, la exclusión y la reclusión, la integración, la normalización y la inclusión. Esta evolución conceptual, que se mantiene en permanente desarrollo, implica un movimiento altamente complejo, donde se entraman concepciones sobre salud, enfermedad, normalidad y anormalidad, prejuicios, actitudes y valoraciones sociales.

La discapacidad no es un castigo ni un estigma. Es un hecho observable, pero también una construcción que se da en la interacción de la persona con una limitación física y/o sensorial y su entorno, si entendemos por entorno: los ámbitos, las personas y las instituciones con los que se interactúa. Es un concepto incluido en la concepción de diversidad. De tal modo que tiene que ver más con cada sujeto que con un estereotipo. Es parte de la condición humana, esto significa que puede sucederle a cualquier persona.

En este sentido, es pertinente pasar revista a documentos que constituyen marcos de acuerdo internacional, para recuperar en cada uno de ellos el concepto de discapacidad que sostienen y los términos que emplean para definirla.

A partir de los años 1970 la Organización Mundial de la Salud (OMS), con la finalidad de traspasar las barreras de la enfermedad desde su concepción secuencial clásica: *etiología → patología → manifestación*, y en búsqueda de alternativas diferentes para términos de origen científico que en el uso cotidiano adquirían un sentido peyorativo e insultante, realizó un esfuerzo de consenso cuyo producto fue la *Clasificación Internacional de Deficiencias, Discapacidades y Minusvalías* (CIDDM), en 1980.

En el año 2001 este mismo organismo publica la *Clasificación Internacional del Funcionamiento, la Discapacidad y la Salud* conocida internacionalmente como la CIF (CIF, OMS, 2001). En ella se entiende por discapacidad la circunstancia de aspectos negativos de la interacción del individuo y sus factores contextuales, limitaciones de la actividad y restricciones de la participación. Este planteo se distancia de la concepción de la

Clasificación Internacional de Deficiencia, Discapacidad y Minusvalía (OMS, IMSERSO, 1989) -anclada en un modelo médico o centrado en el déficit-, y se sitúa en una visión en la que el funcionamiento y la discapacidad forman un proceso de interacción recíproca. En consecuencia, es aceptada como un estado, o situación, en el que se tiene menor grado de habilidad o ejecución en el desarrollo de capacidades, enmarcada en una interacción de factores individuales y de contexto (Luque Parra, 2006; Luque Parra y Luque Rojas, 2011).

Más recientemente, en el año 2006, tiene lugar la *Convención Internacional sobre los Derechos de las Personas con Discapacidad* (CIDPcd, 2006, Naciones Unidas), de aplicación obligatoria y a la que Argentina adhiere por ley en el año 2008. En los considerandos de su preámbulo se hace referencia a la discapacidad como un concepto que evoluciona, es decir, un concepto y una condición en continuo movimiento. La concibe como la resultante de la interacción entre las personas con discapacidad y las barreras debidas a las actitudes del entorno. Es el entorno el que obstaculiza, y así crea situaciones de desigualdad respecto del resto de la población.

En 2011 la Organización Mundial de la Salud y el Grupo del Banco Mundial producen conjuntamente el *Informe mundial sobre la discapacidad*, para proporcionar datos destinados a la formulación de políticas y programas innovadores que mejoren sus vidas y faciliten la aplicación de la *Convención de Naciones Unidas sobre los Derechos de las Personas con Discapacidad*, que entró en vigencia en mayo de 2008.

En las dos convenciones (CIF y CIDPcd) está presente la idea de contexto y la necesidad de una revisión del criterio para reconocerlo, aunque la primera alude a la condición individual de discapacidad y la segunda alude más a la situación, al entorno social, a la falta de participación plena en la sociedad. Ambas concepciones son complementarias y pueden ser tomadas como orientativas para analizar las distintas situaciones discapacitantes.

Entonces, no parece suficiente que se identifique qué patología tiene una persona (entidad nosológica), ni de qué deficiencia se trata (clases epidemiológicas) sino que es imprescindible también el análisis de los factores facilitadores y obstaculizadores que se presentan en su entorno y que construyen una situación única.

Respecto de este tema, resulta un aporte interesante para reflexionar sobre la forma de denominar a este colectivo las palabras de la socióloga argentina Liliana Pantano:

> De alguna manera, irrita pensar que veinte años después la cuestión se mantiene de manera muy similar, sin avances positivos notables. Si bien hay una cierta superación de terminología medicalista,[1] y se ha orientado la mirada hacia factores ambientales, tal como los cita la CIF, no siempre hay un discurso coherente en relación con las personas con discapacidad y su entorno, lo que hace reflexionar sobre la persistencia de barreras sociales y la lentitud de la toma de conciencia de los derechos y obligaciones de todos los ciudadanos con o sin discapacidad (Pantano, 2007: 117).

En los últimos años se ha comenzado a difundir una nueva denominación que surge del Movimiento de Vida Independiente español: mujeres y hombres con diversidad funcional:

> El término "diversidad funcional" se ajusta a una realidad en la que una persona funciona de manera diferente o diversa de la mayoría de la sociedad. Este término considera la diferencia de la persona y la falta de respeto de las mayorías, que en sus procesos constructivos sociales y de entorno, no tiene en cuenta esa diversidad funcional (Romañach y Lobato, 2005: 4).

---

[1] Clasificación Internacional de la Deficiencia, de la Discapacidad y de la Minusvalía (CIDDM), es publicada en 1980 por primera vez, en inglés, y en 1983, en español.

En suma, se puede concluir que "discapacidad" no es sólo una palabra o una forma de nombrar un colectivo específico, es mucho más. Es, evidentemente, una concepción dinámica, compleja, en constante cambio, lo que requiere observar atentamente su evolución.

A los fines de esta investigación, se decide adoptar la expresión "persona con discapacidad", de modo que adherimos a lo expresado en la *Convención Internacional sobre los Derechos de las Personas con Discapacidad*, por considerarse un marco normativo al que nuestro país ha adherido y por ser la empleada por los propios sujetos que presentan discapacidad.

## 3. La autopercepción de estudiantes con discapacidad sobre el aprender en la universidad

El reconocimiento del derecho de las personas con discapacidad a recibir Educación Superior declamada por diversas convenciones internacionales hace imprescindible focalizar la mirada en quienes deciden ingresar a la universidad y sus concepciones sobre el aprender. ¿Cómo es la autopercepción respecto de sus características como aprendices?: ¿se consideran competentes?, ¿aprenden como los otros estudiantes?, ¿qué factores influyen en su vida universitaria? Son interrogantes que requieren atención para poder dar respuesta a las necesidades educativas específicas.

Es importante recordar que en las últimas décadas del siglo XX, las personas con discapacidad comenzaron a defender el reconocimiento y la aceptación de hablar por sí mismos, lo cual generó el concepto *conducta autodeterminada*, la que se refleja en cuatro características principales: autonomía, autorregulación, fortalecimiento/capacitación psicológica y autorrealización (Wehmeyer,

2006, 2009; Wehmeyer y Schwartz, 1997). Por lo tanto, y en consonancia con esta perspectiva, la indagación sobre los procesos de aprendizaje requiere la incorporación de sus voces.

En relación con ello, se advierte un creciente interés en ámbitos científicos en investigar las características que adquiere este fenómeno. La bibliografía hallada, los trabajos de investigación, tesis doctorales hacen referencia sobre todo al proceso de acceso a los estudios universitarios y las percepciones que docentes y estudiantes tienen acerca de la incorporación de este colectivo a la universidad.

Ahora bien, se puede observar que la relación entre aprendizaje universitario y discapacidad, desde la percepción de sus protagonistas, es un tema poco estudiado, ya que, al pasar revista al estado de la cuestión, no se la encontró abordada específicamente. La comprobación de esta ausencia y la necesidad de contribuir a la construcción de un conocimiento que sirva de insumo a la puesta en práctica de procesos universitarios inclusivos constituyen la motivación que alimenta nuestra labor investigativa.

## 4. Población, propósitos y metodología de la investigación

La investigación sobre concepciones y experiencias respecto del aprender en la universidad, a la que se hace referencia en el presente capítulo, se inició en 2009 en el contexto del estudio *Factores personales y contextuales que se conjugan en el aprender en la universidad. Análisis desde la percepción de sus protagonistas (UNCuyo y UFRJ) y desde archivos documentales (UNCuyo)* (SeCTyP, 2009-2011) y continuó a través del proyecto *¿Llega el estudiante universitario a aprender a aprender? Evolución de los procesos, estrategias y actitudes en el transcurso de la carrera* (SeCTyP,

2011-2013). Ambos proyectos se desarrollaron en el ámbito de la Universidad Nacional de Cuyo (Mendoza, Argentina) y forman parte de la línea que estudia *el aprendizaje en funcionamiento* abordado desde la experiencia de alumnos y profesores universitarios (cf. capítulo 1).

El interés por incorporar a la población en estudio una muestra de estudiantes con discapacidad se origina en la observación del aumento sostenido en el acceso a los estudios universitarios de dichos estudiantes, sobre todo a partir de la puesta en marcha de programas específicos de atención y de la implementación de disposiciones legales que facilitan su inclusión. Esta creciente incorporación plantea nuevos desafíos respecto de las necesidades educativas de los jóvenes y de la mejor manera de acompañar sus estudios académicos a fin de que logren obtener títulos universitarios.

El objetivo principal es explorar sus perfiles para indagar qué entienden por "aprender", la autopercepción de su competencia como aprendices universitarios, los factores que inciden y las experiencias que caracterizan su trayectoria académica.

Sobre la base del análisis de la información reunida a través del INCEAPU (Inventario de Concepciones y Experiencias de aprender en la universidad) (Morchio, 2007, 2014) y de entrevistas en profundidad, se recuperan datos de interés para la comunidad científica, por cuanto -como ya mencionamos-, hemos encontrado pocos desarrollos sobre este tema.

Desde la perspectiva metodológica, el estudio es de nivel exploratorio -dada la escasez de investigaciones disponibles sobre este tema-, a la vez que descriptivo e interpretativo, pues se construye conocimiento a partir del aporte de los estudiantes mismos.

Los aspectos en estudio son los mismos que se indagan en estudiantes sin discapacidad: concepciones de aprender, elementos que facilitan y dificultan el aprendizaje, procesos y estrategias que emplea el alumno, atribuciones causales, factores y características de personalidad asociados con el aprender.

En cambio, es diferente el proceso de análisis, pues en estudiantes sin discapacidad se complementan estrategias cuali- y cuantitativas, mientras que con la población específica -dado su escaso número- sólo se emplea una aproximación cualitativa, preocupada por comprender e implementada teniendo en cuenta el principio de normalización y el modelo pedagógico de inclusión y autodeterminación de las personas con discapacidad.

**5. Puesta en marcha**

La metodología utilizada se concreta en la detección de alumnos, en la aplicación de la encuesta validada para alumnos sin discapacidad y en la realización de entrevistas en profundidad a la misma población que fue encuestada, atendiendo a los núcleos de interés emergentes en la encuesta. Esto se debe a que el número de estudiantes universitarios con discapacidad es reducido y resulta difícil contactarlos.

Entre 2009 y 2011 se realizó un notable esfuerzo en esta dirección, debido a que no se dispone de un listado específico. Participaron alumnos de dos unidades académicas de la UNCuyo: Facultad de Filosofía y Letras y Facultad de Ciencias Políticas y Sociales. En total se logró entrevistar a diez alumnos de las carreras de Letras, Historia, Ciencias de la Educación, Geografía y Comunicación Social. Dos de ellos presentaban discapacidad motora leve; dos, baja visión, y seis, ceguera.

El objetivo fue analizar el comportamiento de los aspectos estudiados entre 2007 y 2009, en una muestra integrada por estudiantes con discapacidad que cursan carreras en la UNCuyo. A la vez, se puso a prueba la pertinencia del INCEAPU para esta población, dado que el instrumento, por haber sido diseñado para alumnos que no presentan limitaciones físicas y/o sensoriales, puede no contemplar aspectos que adquieren una relevancia particular para esta población.

Los estudiantes con movilidad reducida completaron las encuestas en forma individual y sin ayuda. Para quienes tienen baja visión, se realizó una ampliación del tamaño de la letra -ajustándola a sus necesidades- a fin de que pudieran acceder a la lectura sin dificultad. Con respecto a los alumnos ciegos, el instrumento fue mediado por la investigadora y/o alumnas ayudantes. En ningún caso se adaptó el instrumento al sistema Braille o al Sistema Jaws, que hubieran permitido a los alumnos ciegos completar la encuesta sin ayudas externas.

Las entrevistas en profundidad se realizaron con cuatro estudiantes -tres varones y una mujer- que presentan ceguera o baja visión y que cursan en la Facultad de Ciencias Políticas. Tres de ellos estudian Comunicación Social y uno, Trabajo Social, y las edades varían entre los 19 y los 30 años.

Posteriormente, entre 2011 y 2013, en el marco del proyecto *¿Llega el estudiante universitario a aprender a aprender? Evolución de los procesos, estrategias y actitudes en el transcurso de la carrera*, se amplió la muestra y se realizaron nuevas entrevistas en profundidad a fin de reconocer diferentes categorías de análisis desde las voces de los protagonistas. Como en el estudio anterior, la metodología es exploratoria, descriptiva e interpretativa.

En este caso se logró contactar a siete estudiantes que cursan sus carreras en las Facultades de Filosofía y Letras y de Ciencias Políticas y Sociales, dos de ellos con hipoacusia, tres con discapacidad motora severa y dos con baja visión.

Esta actividad nuevamente representó un gran esfuerzo, por las siguientes razones:
1. Se decidió aplicar la encuesta solamente a los alumnos que se hubieran autodeclarado "con discapacidad" en la ficha de inscripción a las diferentes unidades académicas.
2. En el momento en que fue realizada la investigación, las instituciones no contaban con un registro de alumnos, lo cual hizo difícil identificarlos y contactarlos.
3. No se logró obtener el número exacto de estudiantes con discapacidad que cursan en la universidad, dado que no todas las unidades académicas brindaron información al respecto. No obstante, los datos obtenidos permiten inferir que el número es escaso.

Como en el proyecto 2009-2011, se aplicó la misma encuesta a todos los estudiantes, habiendo realizado previamente las adaptaciones pertinentes en función del tipo de limitación. Los alumnos con movilidad reducida completaron las encuestas en forma individual y sin ayuda. En el caso de los alumnos con baja visión, se realizó una ampliación del tamaño de la letra, ajustándola a sus necesidades para que pudieran leerla sin dificultad.

Luego se procedió al análisis interpretativo de la información reunida, y se construyó una producción descriptiva específica.

Se recuperaron resultados obtenidos entre 2009 y 2011 y se plantearon las siguientes anticipaciones de sentido: los estudiantes con discapacidad no muestran características distintivas respecto de los estudiantes sin discapacidad en la concepción de aprender (autopercepción). Se pueden identificar factores institucionales y pedagógicos que impactan significativamente sobre el aprender de los alumnos que presentan limitaciones sensoriales y/o físicas. Se reconocen características en sus vínculos familiares que favorecen u obstaculizan el aprender y capacidades resilientes que favorecen su desempeño en la universidad.

Las respuestas se analizaron teniendo en cuenta detalles, esto significa que no se procesaron estadísticamente, pues de hacerlo así quedarían neutralizadas connotaciones sutiles que interesan a un estudio que prioriza la comprensión. Por otra parte, se analizó si en los testimonios de los estudiantes se presentaban patrones comunes, con la expectativa de que las interpretaciones de sus ideas, creencias, necesidades, problemáticas y motivaciones contribuyeran a la mejor comprensión de la educación universitaria desde una perspectiva comprometida con la equidad.

## 6. Análisis

El análisis de las respuestas se realizó teniendo como marco teórico el modelo pedagógico de inclusión, de derechos y de autodeterminación, mencionado anteriormente.

### 6.1. Análisis de las concepciones de aprender

En el presente apartado se retoma la información reunida a través de la encuesta y de las entrevistas, y se describe en detalle cómo se comporta en nuestra población cada uno de los aspectos en estudio. El esquema de presentación de éstos responde a la secuencia de las consignas en el INCEAPU.

*Términos asociados a aprender*

La primera consigna de la encuesta solicita escribir nueve palabras asociadas con aprender.

En relación con los términos que los alumnos asocian al aprender, emplean conocimiento, comprensión, interacción, crecimiento, experiencia, salida laboral, cognición. El aprender supone construir nuevos saberes, extraer experiencias de la vida, resolver problemas. Se mencionan palabras como reflexión, superación, apoyo, esfuerzo, desarrollo, plenitud, crecimiento y dedicación, las que se relacionan con aspectos socioafectivos y motivacionales. También se incluyen palabras que aluden al proceso mismo de aprendizaje, por ejemplo, leer, explicar, relacionar, estudiar, enseñar, saber, investigar, aprehender, modificar. En función de los entornos y recursos aparecen términos asociados, como: libro, escuela, sociedad, cultura, accesibilidad.

La segunda consigna solicita seleccionar los tres términos que estén más estrechamente asociados con aprender. En los términos seleccionados se observa que algunos de los alumnos eligieron las palabras en función de las acciones que implica el proceso de aprendizaje, tales como: leer, explicar, entender; comparar, contrastar, organizar. Otros mencionan como preponderantes los fines a conseguir con el aprendizaje: desarrollo, investigación, conocimiento; sabiduría, conocimiento, construcción; enriquecimiento, dedicación, crecimiento.

*Qué es aprender*

La tercera consigna del inventario solicita escribir en un párrafo qué se entiende por aprender.

En este grupo de alumnos las concepciones de aprender se ligan con procesos de adquisición y construcción de conocimientos. Asimismo, se observa que están muy presentes las representaciones del aprendizaje como un modo de crecimiento y enriquecimiento personal:

> *"Aprender para mí significa crecer personal y profesionalmente, es un enriquecimiento intelectual, el cual se tiene que tener ganas y dedicación para lograrlo"*.[2]

---

[2] En este capítulo, la palabra del entrevistado/a se consigna entre comillas y en letra itálica.

> *"Estimular la mente para conocer nuestro alrededor, entender lo que nos rodea y poder analizar situaciones para desarrollar soluciones y mejorar la vida."*

Se hace mención a la relación entre lo ya conocido y lo nuevo, que se utilizará para desenvolverse en la vida y en diferentes entornos:

> *"Captar algo nuevo, compararlo con lo existente y organizar el conocimiento".*

En algunas de las producciones se vislumbran actitudes y cualidades que el estudiante liga con el aprender, como son la humildad, la paciencia, el esfuerzo:

> *"Camino emprendido con humildad, paciencia que permite superarnos y ayudar a la sociedad".*

Se reconoce en el discurso de los estudiantes la necesidad de referenciar a aquellas personas que los acompañan en el proceso de aprendizaje, en particular, los docentes de cada una de las materias, los compañeros y las familias. Estos sujetos reconocen que el aprender depende de sí mismos, pero que necesitan ciertos apoyos de aquellos que los rodean.

## 6.2. Autopercepción de los estudiantes respecto de su competencia personal para aprender

La cuarta consigna pide al estudiante señalar si se considera una persona que aprende fácilmente o con alguna dificultad.

Como característica interesante se observó que los estudiantes con alguna disminución sensorial -hipoacusia o baja visión- declaran que aprenden con alguna dificultad. En cambio, los alumnos con movilidad reducida consideran que aprenden fácilmente. Éste es un dato relevante, ya que el acceso y la adaptación de los materiales de estudio en tiempo y forma juega un papel preponderante a la hora de aprender. En este grupo no se ven afectadas las vías sensoriales de acceso al contenido de aprendizaje, mientras que aquellos alumnos que ven disminuida su visión o audición se encuentran con una limitación en la recepción y captación de información.

Es de destacar que respecto de la modalidad de estudio y aprendizaje, no se manifiestan diferencias entre los dos grupos estudiados. Ambos hacen alusión a la necesidad de comprender los temas en lugar de memorizarlos, y promover de este modo un aprendizaje significativo para ellos:

*"Aprender depende de cada uno. El cerebro está intacto, hay que desdramatizar las cosas".*

En síntesis, se reconoce en las voces de los actores que la discapacidad no es identificada como un obstáculo para aprender.

*Indicadores de aprendizaje efectivo*

En este caso la consigna del INCEAPU pide reconocer conductas que llevan a pensar que se ha logrado un aprendizaje efectivo.

Los indicadores de aprendizaje efectivo para los alumnos que se perciben como alguien que aprende con cierta dificultad y tienen una disminución auditiva están relacionados con la aprobación de los exámenes, el cumplimiento de los requisitos de las cátedras, la asociación con los temas de otras materias y la repetición textual de lo estudiado.

Una alumna que presenta disminución visual, al igual que los alumnos con movilidad reducida, señala como indicadores de aprendizaje efectivo: el expresar el contenido con sus propias palabras, el poder relacionar los temas, el plantear ideas innovadoras, el poder resolver situaciones problemáticas y el aplicar lo aprendido en diferentes situaciones.

En este punto, los alumnos entrevistados mencionan que, como a cualquier otro estudiante, les va bien en algunas materias y en otras no. En aquellas que requieren procesar mayor cantidad de información, necesitan plazos más prolongados de tiempo, principalmente los alumnos con disminución visual y auditiva. Parten de la idea de que el gusto o no por la materia a estudiar hace más fácil o difícil su apropiación. A su vez, se resalta la incidencia de los conocimientos previos que se tengan sobre el tema:

*"No me cuesta aprender, depende de la cultura que uno tenga, los conocimientos previos con que se cuenta".*

*Elementos facilitadores*

La sexta consigna del INCEAPU pide señalar los elementos que, según la experiencia del estudiante, facilitan el aprender.

Para estos alumnos, los elementos que facilitan el aprendizaje están relacionados con la lectura de la bibliografía, la accesibilidad de los materiales, los trabajos prácticos, la explicación de los profesores y la interacción con los compañeros.

En este caso se reitera una situación expuesta anteriormente, que es la importancia que le asignan al rol de los docentes en el desarrollo de sus trayectorias estudiantiles. Así, en las entrevistas en profundidad, los alumnos distinguen entre los docentes que los tratan de un modo especial, teniendo en cuenta la necesidad de concretar ciertos apoyos pedagógicos para el éxito del aprendizaje, y aquellos con quienes no logran un acercamiento y no generan opciones de acompañamiento.

Desde esta mirada los alumnos asumen que si tienen sus materiales a tiempo, logran acceder al conocimiento; pero cuando no es así, la situación escapa de sus manos y en ocasiones fracasan sistemáticamente en una misma materia. También tiene peso para los estudiantes la actitud de los profesores ante la discapacidad y la forma de explicar los diferentes temas:

> *"Algunos profesores no entienden que no siempre el material está a tiempo, no es que uno no quiera cumplir".*
>
> *"Hay docentes que desmotivan, cuestionan y censuran opiniones o descalifican."*

Con respecto a los materiales de estudio, señalan como facilitadores que éstos se encuentren adaptados y disponibles en tiempo y forma. Esto aparece frecuentemente como demanda de los estudiantes a sus profesores y al personal de apoyo académico:

> *"Si necesito algo se lo pido. En esta facultad los materiales se adaptan para todo el mundo, están digitalizados. Los profesores se acercan y me preguntan si necesito algo".*

El trabajo que realiza cada unidad académica para concretar la accesibilidad de los materiales y ofrecer diferentes apoyos necesarios para los estudiantes incide notablemente en la puesta en práctica del aprender. En este sentido, se advierten espacios de aceptación, de rechazo o de indiferencia.

### *Elementos obstaculizadores*

Los alumnos consideran que los elementos que obstaculizan su aprendizaje son: la mala previsión de los tiempos para el estudio y para la preparación de los exámenes, la falta de perseverancia, el no llevar la materia al día y la dificultad para resumir y comprender los materiales.

Según sus apreciaciones, los obstáculos que encuentran en su trayectoria universitaria se centran en la voluntad que ellos tienen frente al estudio, el tiempo de concentración para la realización de éste y las motivaciones personales frente al aprendizaje de ciertos conocimientos. Así, el reconocimiento de los modos de aprendizaje y los tiempos de concentración hacen que cada estudiante se sienta más o menos confiado a la hora de expresar lo que estudió.

Desde otra perspectiva, mencionan que la familia que adopta una actitud sobreprotectora dificulta el óptimo desarrollo del alumno con discapacidad:

*"En la primaria estuve muy acompañado, después mi papá me impulsaba a independizarme. Mi mamá es otra historia, no me dejaba salir solo".*

En este plano se disparan apreciaciones respecto de las problemáticas específicas derivadas de la discapacidad de cada alumno, por esto la baja visión, los problemas de audición y los motrices forman parte de la definición del sujeto con discapacidad. El deterioro de la salud en algunos casos está presente entre los elementos señalados como obstaculizadores del aprendizaje.

*Procesos y estrategias implicados en el aprender en la universidad*

En este punto se analizan específicamente los procesos y estrategias que emplean los estudiantes para aprender en la universidad, los que, en términos generales, no muestran diferencias con los que utilizan los alumnos sin discapacidad.

Procesos
*Concentración*

Se observa que los alumnos que consideran que aprenden con alguna dificultad manifiestan que no tienen buena concentración. Algunos de ellos mencionan que les cuesta seguir las clases expositivas (alumnos con problemas de hipoacusia), ya que en ocasiones los docentes no se encuentran cerca de ellos y no logran captar la totalidad de las explicaciones.

En relación con el ítem sobre el tiempo que pasan estudiando, todos señalan que pueden pasar más de una hora estudiando. Al respecto es importante aclarar que los alumnos que tienen mayor dificultad para concentrarse son los que presentan alguna discapacidad sensorial. En especial, los alumnos con disminución visual deben descansar algunos minutos para luego poder continuar con las lecturas, ya que la exigencia física es muy grande cuando los materiales no se encuentran adaptados a sus necesidades:

"*Leo de 30 minutos a una hora, descanso por la vista*".

*Lectura*

En el INCEAPU los alumnos contestan que les cuesta mucho identificar ideas principales y que deben leer varias veces para poder comprender. En este punto, sólo una de las encuestadas menciona que no tiene problemas en la identificación de ideas principales. Los demás presentan alguna dificultad en este proceso que es sumamente necesario para el buen desempeño académico.

En la entrevista, los alumnos con baja visión comentan que con frecuencia trabajan con grabaciones, recurso que les agiliza el proceso de estudio. Aquí es necesario resaltar nuevamente la necesidad de la adaptación de los materiales para la lectura por parte de los alumnos con baja visión. Si esto se logra a tiempo ellos pueden leer y estudiar sin inconvenientes.

*Comprensión*

Los alumnos que consideran que aprenden fácilmente responden que no tienen dificultades para comprender lo que leen. En este sentido se observa una contradicción con el punto anterior, ya que en él mencionan que para poder comprender deben releer los textos.

En cambio, los alumnos que consideran que aprenden con alguna dificultad sí mencionan alguna dificultad para comprender. Este punto se relaciona con la respuesta de los alumnos con baja visión, ya que como se mencionó anteriormente, la comprensión se moviliza en función de los intereses, de los materiales, de los apoyos, de los conocimientos previos, etc.

*Elaboración*

En relación con el proceso de elaboración, la mayoría de los encuestados elabora resúmenes propios, aunque algunos respondieron que estudian de resúmenes prestados. A algunos, como señalamos anteriormente, les cuesta distinguir las ideas principales de las secundarias, y por esto consideran gran cantidad de ideas como importantes. Parten de la necesidad de reconocer sus ritmos de aprendizaje y sus posibilidades de elaboración de formas de síntesis o textos paralelos.

En las entrevistas en profundidad, si bien no se preguntó explícitamente sobre la elaboración de apuntes o resúmenes, se vislumbra que los estudiantes logran producciones individuales que los enorgullecen, y que advierten que en ocasiones les lleva más tiempo o esfuerzo realizarlas que a sus compañeros sin discapacidad.

*Retención y recuperación*

Dos de los encuestados señalan que a veces les cuesta retener lo que leen o estudian. Uno de ellos coincide con uno de los alumnos que manifestó aprender con alguna dificultad. Los demás manifiestan que muy pocas veces tienen dificultades para recordar lo que leyeron.

Los datos anteriores sugieren que los alumnos que no presentan dificultades sensoriales se perciben como estudiantes eficaces, ya que no ven dificultades en su procesamiento de la información. De este modo se reafirma una vez más la idea de que la accesibilidad a los materiales de estudio es el factor que condiciona el avance regular en la carrera.

*Expresión*

Los alumnos que se autoperciben como estudiantes que aprenden con cierta dificultad manifiestan que tienen problema para expresarse por escrito, en cambio quienes consideran que aprenden fácilmente responden que pueden manifestar bien, en forma escrita, lo aprendido.

Los alumnos que presentan alguna discapacidad motriz han logrado adaptar su escritura a través de diferentes medios tecnológicos que les permiten plasmar por escrito sus producciones y de este modo cumplir con los requerimientos de cada materia. Por su parte, las personas con baja visión expresan que algunos docentes comprenden las situaciones particulares y atienden a éstas promoviendo diversas formas de evaluación en las que ellos se sientan más cómodos y puedan manifestar mejor lo aprendido.

Estrategias de aprendizaje

En función de las estrategias de aprendizaje utilizadas por los estudiantes se observó lo siguiente:

*Planificar los tiempos*

La mayoría de los alumnos planifican los tiempos, pero consideran que la escasez de tiempo es un factor fundamental en el fracaso en los estudios. Sólo dos encuestados señalan que no planifican los tiempos antes de ponerse a estudiar una materia.

Estas observaciones se retoman en las entrevistas, en las que se advierte que si bien son pocos los que trabajan, consideran que por situaciones familiares o personales no cuentan con el tiempo suficiente para estudiar. Ésta es una problemática que no sólo afecta a quienes tienen discapacidad, sino que es frecuente en los estudiantes universitarios que participan en nuestro estudio.

También es necesario comentar que en ocasiones el tiempo se extiende por la condición en que se encuentran los materiales de estudio:

*"Rendir se me complicó mucho porque eran trabajos diarios con letra chica".*

### Consultar y preguntar

Los alumnos con problemas motores severos -que coinciden en este caso con alumnos que consideran que aprenden fácilmente- mencionan que no asisten a horarios de consulta debido a que no les resulta posible acceder a la facultad en horarios en que no tienen la movilidad específica. Esta situación nos lleva a recalcar la necesidad de promover los recursos de acompañamiento en función de las necesidades de los estudiantes. Para salvar este obstáculo, los alumnos comentan en la entrevista que han encontrado otros medios para responder sus consultas, por ejemplo la comunicación vía e-mail con algunos docentes.

Por su parte, los estudiantes que señalan en el inventario que sí asisten a horarios de consulta aclaran en la entrevista que dicha instancia les permite comprender mejor las diferentes temáticas. A su vez, todos los encuestados preguntan en clase cuando tienen dudas y comentan que algunos docentes explican nuevamente las temáticas, considerando las necesidades educativas de cada uno.

### Tomar apuntes

La mayoría de los encuestados declaran tomar apuntes durante las horas de clase a través de diferentes medios. Uno de los alumnos, que no toma apuntes debido a su problema motriz en ambas manos, en la entrevista expresa que lee la bibliografía directamente de las fotocopias o desde su computadora personal. Aquí se incorporan como recursos las grabaciones que realizan las personas con baja visión y los materiales que les facilitan sus compañeros para que ellos puedan ponerse al día con las temáticas:

*"Yo para estudiar escucho y grabo las clases".*

*Ordenar el material*

Los alumnos manifiestan que la mayoría de las veces ordenan los materiales al comenzar a estudiar. Es necesario señalar una vez más que en ocasiones los alumnos no logran encontrarse con los materiales de estudio a tiempo, lo que les dificulta el llevar al día las obligaciones académicas. Este problema se presenta fundamentalmente en los alumnos que poseen alguna disminución sensorial.

*Repasar*

El repaso, momento fundamental en el proceso de estudio, sólo lo realizan dos de los encuestados, quienes mencionan que toman dos o tres días antes del examen para repasar lo estudiado. Los demás estudian hasta el último día.

No obstante, este modo de proceder es frecuente en estudiantes con y sin discapacidad de los primeros años de las diferentes carreras. Esta falencia es reconocida por ellos, pero la relacionan directamente con la falta de organización en los plazos de estudio.

*Factores que influyen en el aprender en la universidad*

Factores personales
*Familia*

Los alumnos en general manifiestan que el apoyo de sus familias es un factor influyente en su progreso en la universidad. Si bien no expresan grandes cargas o actividades familiares, mencionan diversas situaciones vividas a nivel familiar que influyen en el proceso de aprendizaje:

> *"Una persona ciega o sorda tiene la misma capacidad para aprender que otra, sin problemas. Pero no puede hacerlo sin tener en cuenta lo social: se necesitan profesores y compañeros que apoyen. Además de la familia que apoye".*

En este sentido se identifican dos "polos" en las relaciones familiares. Por un lado, las familias que acompañan a los estudiantes con discapacidad desde la sobreprotección, decidiendo por ellos, llevándolos a diferentes instancias educativas. Por otro, las familias que acompañan a los estudiantes desde la promoción de su autonomía, pensando en la necesidad de la independencia y el desarrollo de su propia voz.

*Trabajo*

Sólo una de las alumnas encuestadas menciona que por sus actividades laborales ve limitado su tiempo para el estudio. Los demás no trabajan formalmente, aunque sí colaboran en sus hogares con las tareas cotidianas.

Esta situación lleva a pensar que los estudiantes sí disponen del tiempo necesario para estudiar y que son otros los factores que no les permiten organizarse de un modo óptimo.

*Relaciones sociales y salud*

Es importante tener en cuenta el valor que el estudiante atribuye al apoyo brindado por los compañeros en los procesos de aprendizaje. En general el trabajo en grupo es resaltado como un facilitador para el aprendizaje.

Con respecto a la salud a la salud, los alumnos señalan que sus diversos problemas afectan de algún modo el proceso de aprendizaje. Varios mencionan que con frecuencia se sienten sin fuerzas o ganas para continuar estudiando.

*Motivación*

Se observa que a todos los alumnos les interesan los temas que presenta la carrera. Se sienten motivados por el futuro y su perspectiva profesional, lo que fortalece la necesidad de continuar avanzando por más que los tiempos y plazos de egreso se extiendan en la mayoría de los casos:

> *"En el futuro me imagino teniendo un programa de radio, donde voy a tratar temas de actualidad, política, internacionales…".*

Este aspecto es fundamental, ya que se muestran conformes con la decisión vocacional y se proyectan realizando actividades de las carreras elegidas, se asumen como protagonistas de su propia historia.

Factores institucionales

*Clima*

En cuanto al clima institucional, los alumnos tienden a estar a gusto y cómodos en los diferentes espacios, se sienten incluidos, por más que en ocasiones soliciten ciertas modificaciones o adaptaciones en las modalidades de trabajo y de convivencia, en los materiales o en la accesibilidad física, entre otras.

*Relación con los profesores*

En este punto los alumnos expresan que se sienten acompañados por los docentes en el momento en que responden sus dudas. En algunos casos, como se dijo anteriormente, los profesores son apoyos incondicionales en las trayectorias de los estudiantes universitarios; en otros, se convierten en factores obstaculizadores de la construcción de aprendizajes significativos. Todo depende del reconocimiento de las necesidades de los estudiantes desde la comprensión de la diversidad de éstos. Así, en los relatos de los alumnos están presentes ambos modelos. En cada una de las instituciones se encuentran docentes que adaptan materiales, flexibilizan tiempos, promueven la autonomía en los estudiantes..., y docentes que no ofrecen respuestas ante los apoyos requeridos por los sujetos.

*Atribuciones causales*

En relación con los factores a los que los estudiantes atribuyen su éxito o fracaso, se destacan el esfuerzo realizado y contar con los materiales necesarios. El primero resalta en función de que los alumnos mencionan que realizan mucho esfuerzo por estudiar. En cuanto a los materiales -tema sobre el que hemos llamado la atención previamente-, éstos se constituyen en una explicación causal que diferencia al estudiante con discapacidad de quienes no la tienen. Contar con "lo que hay que estudiar", atendiendo a las adecuaciones requeridas para quien aprende y haciendo el material accesible en tiempo, cumple un papel clave para el avance en la trayectoria académica.

*Características de personalidad*

La última consigna del inventario presenta un listado de características de personalidad y solicita al estudiante que señale las que considera que mejor lo identifican.

Los alumnos con disminución auditiva que consideran que aprenden con alguna dificultad expresan que son: impulsivos, vuelteros, con ideas obsesivas y con poca confianza en sí mismos.

Quienes consideran que aprenden fácilmente señalan, en primer lugar, que son: optimistas, reflexivos e inteligentes y que se comunican con facilidad con otros.

Ambas descripciones muestran características puntuales que reconoce en sí mismo cada estudiante. En este sentido, la subjetividad en el aprendizaje nos trae a reflexionar sobre la necesidad de repensar los procesos de aprendizaje partiendo del reconocimiento del otro como sujeto diverso y singular.

## 7. Inferencias generales

Las respuestas analizadas anteriormente permiten realizar algunas inferencias que hacen su aporte a la construcción de un conocimiento específico sobre las particularidades del aprender en la población de estudiantes analizada.

Dichos estudiantes entienden por "aprender": conocimiento, comprensión, interacción, crecimiento, experiencia, salida laboral, cognición, extraer experiencias de la vida, resolución de problemas; términos que coinciden con los empleados por los demás estudiantes de la facultad.

En cuanto a los *indicadores de aprendizaje efectivo y elementos que facilitan el aprender,* en una mirada en conjunto, no se observan diferencias significativas respecto de alumnos que no presentan discapacidad. En este sentido las respuestas son similares en la implementación de estrategias de lectura, organización y planificación del tiempo, utilización de gráficos, toma de apuntes (escritos o grabados) y repaso.

En relación con la *autopercepción de la competencia para aprender,* se detectaron diferencias en las respuestas ligadas con factores como la edad de los encuestados, sus experiencias previas de estudios universitarios y el momento en el proceso de vida en que se adquirió la discapacidad.

En cuanto a los *factores obstaculizadores,* coinciden en que el no conseguir los materiales a tiempo y los problemas de salud son los más importantes.

Es conveniente diferenciar los alumnos según las características que presentan. En aquellos que tienen movilidad reducida, ésta no sería entendida por el estudiante como causante de limitaciones en el aprender, y las dificultades en la trayectoria académica estarían más asociadas a factores personales, familiares y/o económicos.

Los estudiantes con baja visión señalan como principales problemas los factores relacionados con la aptitud física, la falta de infraestructura adecuada a sus necesidades, la organización educativa, la dificultad para conseguir a tiempo los materiales para poder adaptarlos y estudiarlos, la falta de normativa para la presentación de sus trabajos prácticos o para rendir los exámenes. En ocasiones necesitarían de adaptaciones curriculares de tiempo.

En los estudiantes con hipoacusia, el factor obstaculizador más señalado es la actitud de los docentes universitarios que no adaptan las clases expositivas a sus necesidades auditivas. Por ejemplo: mirarlos al hablar o hacerlo de modo más pausado, colocarse en lugares próximos a sus asientos o repetir una explicación que no fue completamente escuchada y, por lo tanto, comprendida.

- Las *barreras* que los alumnos encuentran en la facultad repercuten directamente en sus procesos de aprendizaje. Estas repercusiones podrían agruparse en las siguientes:
- Las que afectan la recepción de la información: conseguir a tiempo el material para adaptarlo al sistema Jaws; seguir las explicaciones de los profesores cuando se utilizan recursos como escritura en el pizarrón, diapositivas, textos impresos en estilo tradicional, con tamaños de letra inadecuados para los alumnos con baja visión; tomar apuntes, etc.
- Las que repercuten en la elaboración de materiales: trabajos prácticos, síntesis de diferentes fuentes, asistencia a horarios de consulta, memorización, etc.
- Las que afectan la elaboración de respuestas: la presentación de informes, el rendir exámenes parciales o finales escritos u orales.
- Las barreras arquitectónicas que limitan la autonomía en el desplazamiento dentro de la facultad y el acceso a los distintos servicios: biblioteca, informática, sección alumnos, aulas, bufet.
- La falta de señalética que les permita encontrar información sin necesitar de un tutor que les lea los carteles orientativos.
- La falta de apoyo técnico: escáner, magnificador de imágenes, computadoras con programas Jaws, Mp3 para grabar las clases expositivas, etc.

No se muestran diferencias claras entre los alumnos sin discapacidad y aquellos con discapacidad respecto de los *procesos y estrategias* que realizan. Se asemejan en la implementación de estrategias de lectura, organización y planificación del tiempo, utilización de gráficos, toma de apuntes (escritos o grabados) y repaso. En cuanto a las dificultades en la concentración y en la expresión por escrito de lo aprendido, no se mostraron constantes en las encuestas analizadas, por lo que no es pertinente generalizarlas.

**A modo de conclusión, repensando nuevos interrogantes**

En función del análisis realizado se pueden plantear como conclusiones preliminares las siguientes.

En el ámbito universitario, la presencia minoritaria de alumnos con discapacidad dificulta la posibilidad de arribar a conclusiones de carácter general.

La comparación de las respuestas dadas por los estudiantes entrevistados con las de estudiantes sin discapacidad arroja como dato relevante que no se observan diferencias significativas en las percepciones respecto del aprender y de los procesos que intervienen en éste. Sería interesante continuar el análisis del instrumento utilizado en este estudio, pensando en situaciones específicas del estudiante con discapacidad, lo que supondría revisar algunas preguntas y la modalidad de presentación de éstas.

Las atribuciones causales referidas al aprender se centran fundamentalmente en la adecuación a las necesidades y características personales. La edad, el tipo de discapacidad y edad de adquisición de ésta, las experiencias educativas previas inciden notablemente en estas atribuciones.

Las necesidades educativas que se señalan en algunos casos, tales como la adaptación de materiales o la modificación en el dictado de clases expositivas, dejarían de serlo si los recursos adaptados tuvieran un carácter habitual y permanente; de ese modo se anularían o reducirían las desventajas o limitaciones de nuestra población en la interacción con su medio.

Es relevante ahondar a través de entrevistas en profundidad la influencia del entorno familiar y de amigos, como así también la presencia o no de factores resilientes, en la construcción de las concepciones sobre el aprender de las personas con discapacidad.

Desde esta línea es necesario mencionar, por tanto, que para efectivizar el ingreso, permanencia y egreso de todos los estudiantes en el ámbito universitario no alcanza con la mera enunciación de igualdad de derechos o la gratuidad, ya que los puntos de partida son desiguales.

Comprender la amplitud de las responsabilidades de cada uno de los actores involucrados en el proceso de enseñanza y aprendizaje a fin de realizar una lectura de las barreras físicas, comunicacionales y académicas que rodean y trascienden la realidad universitaria hará pensar respuestas singulares a las situaciones de cada uno de los estudiantes referidos en esta investigación.

A modo de cierre, nos parece oportuno transcribir parte de la Declaración de Lisboa (2007) efectuada por los jóvenes acerca de la Educación Inclusiva en la audiencia titulada "Jóvenes Voces: Encuentro sobre Diversidad y Educación", organizada por el Ministerio de Educación portugués y la Agencia Europea para el Desarrollo de la Educación Especial, donde está puesta nuestra mirada para continuar profundizando esta temática:

> *Es muy importante dar la oportunidad a cada uno para elegir qué tipo de educación desea.*
> *La educación inclusiva es la mejor si las condiciones son las óptimas para nosotros.*

*Debe haber apoyos y recursos suficientes, así como docentes con formación adecuada.*
*Los profesores han de estar motivados, bien informados y deben comprender nuestras demandas. Requieren una buena formación, deben saber preguntar lo que necesitamos y estar coordinados correctamente durante toda nuestra escolarización.*
*Vemos muchos beneficios en la inclusión: adquirimos más habilidades sociales, vivimos mayores experiencias, aprendemos a manejarnos en la vida real y podemos interactuar con todos los amigos con o sin discapacidad.*
*La educación inclusiva con apoyos especializados individuales es la mejor preparación para la educación superior. Los centros específicos servirían de ayuda a la hora de informar a las universidades acerca de la asistencia que precisamos.*
*La educación inclusiva es mutuamente beneficiosa para nosotros y los demás.*

Concluyeron:

*Somos los constructores de nuestro futuro. Necesitamos eliminar las barreras que hay en nuestro interior y las del exterior. Debemos crecer más allá de nuestras discapacidades, sólo así el mundo nos aceptará mejor.*

*Lisboa, septiembre de 2007*

# Capítulo 9
## Factores que condicionan la puesta en práctica del aprender

*Ida Lucía Morchio*
*Hilda Difabio de Anglat*
*Laura Berlanga*

Desde una perspectiva *sistémica*, los procesos que tienen lugar *en la mente de quien aprende* -a los que podríamos considerar como *el aprender en sí*- se concretan en el marco de ciertas circunstancias que aportan motivos para entender por qué, por ejemplo, un estudiante capaz desaprueba; por qué, estando motivado por la carrera, no se presenta a rendir; por qué faltándole pocas materias para el egreso, no termina la carrera. Si preguntamos a los compañeros por él, quizás dirían que se debe a *que tiene una familia a cargo*, o a que tiene problemas de *salud...*

Sostener que el alumno es quien construye el conocimiento no trae aparejado que lo hace en soledad, ni en abstracto. Es un hecho que la trayectoria universitaria es un aspecto de su vida y que el aprender es una experiencia que pone en interacción componentes personales y contextuales.

En este capítulo nos detendremos en algunos factores que completan la aproximación al aprender entendido como una totalidad dinámica, en la que se conjugan aspectos cognitivos, afectivos, sociales e institucionales -algunos ya abordados en los capítulos precedentes-.

Con el propósito de comprender la realidad como sus protagonistas la experimentan, hemos indagado cómo afectan al alumno en su rol de aprendiz algunos de los innumerables elementos que condicionan *la puesta en práctica del aprender*: el lugar disponible para estudiar, la motivación que alimenta el esfuerzo, las situaciones de salud, las obligaciones familiares y laborales, la red de apoyo que ofrece el contexto, la adaptación al clima que se vive en la institución...

Los analizaremos desde el autoinforme de estudiantes que consideran que aprenden fácilmente y de aquellos que consideran que aprenden con alguna dificultad, reconociendo cómo se comportan dichos aspectos -nuestras variables en estudio- en dos universidades latinoamericanas, la Universidad Nacional de Cuyo (UNCuyo, Mendoza, Argentina) y la Universidad Federal de Río de Janeiro (UFRJ, Brasil).

La expectativa es, por un lado, confrontar algunos supuestos generalizados que comienzan siendo representaciones y se instalan en el imaginario académico -por ejemplo, *le va mal porque trabaja*-, y por otro, observar si desde la experiencia de los participantes en nuestra investigación, inciden factores que han sido poco explorados, por ejemplo, la salud.

La información fue recopilada a través del INCEAPU - Inventario de Concepciones y Experiencias de aprender en la universidad (Morchio, 2007, 2014) y de entrevistas con informantes clave de la UNCuyo. La idea de contrastar resultados procedentes de dos fuentes tan diferentes responde a la inquietud de poner en relación la percepción del estudiante con la de referentes institucionales que, en función de su rol, escuchan y registran las problemáticas que se plantean durante la trayectoria formativa.

## 1. Diferentes perspectivas para indagar factores

El estudio de factores que inciden en el desempeño académico, en el aprendizaje, en la retención y deserción ha sido encarado desde variadísimas perspectivas y con la mirada de diferentes campos disciplinares, lo cual anticipa el carácter multifacético de dichos fenómenos. En nuestro caso nos posicionamos en el campo de la Psicología

Educacional, con la atención centrada en el aprender en funcionamiento abordado desde la experiencia de los estudiantes.

Una de las problemáticas más estudiadas es la falta de continuidad en la trayectoria académica, situación preocupante tanto para los individuos cuanto para las instituciones. En este sentido, las primeras investigaciones se centraron en las condiciones y pruebas de ingreso (admisión), anticipando que los resultados en el proceso de selección aportarían elementos para comprender el desempeño del estudiante durante el trayecto formativo (Durán-Aponte y Pujol, 2013). Sin embargo, Álvaro Page *et al.* (1990, en Tejedor Tejedor, 2003) hacen notar la dificultad que encierra la delimitación de los factores que explican el rendimiento académico del estudiante, por cuanto éstos conforman un entramado que hace casi imposible reconocer y ponderar la incidencia relativa de cada uno de ellos.

Actualmente, se dispone de numerosas investigaciones sobre deserción y retención en el sistema universitario que tienen en cuenta variables de índole personal, psicoeducativa, familiar, evolutiva, contextual, económica, institucional, cultural, social..., las que por otra parte se solapan. Pasaremos revista a algunas de ellas a fin de reconocer qué se incluye y qué se omite, en qué se asemejan y diferencian de las nuestras.

Un buen punto de partida es el trabajo de Durán-Aponte y Pujol (2013), quienes realizan un relevamiento de investigaciones teóricas y empíricas sobre la retención y la deserción universitaria[1] en Latinoamérica, centrados principalmente en variables del alumno y del contexto

---

[1]  Durán-Aponte y Pujol (2013) entienden por "retención" -prosecución o permanencia- la persistencia del estudiante en una carrera hasta egresar/ lograr el título; y por *deserción*, el abandono prematuro de una carrera antes de alcanzar el título -habiendo transcurrido un tiempo suficiente como para descartar la posibilidad de que se reincorpore-.

y encarados desde diversas perspectivas científicas. Su propósito es puntualizar variables por tener en cuenta en futuros trabajos que permitan explicar el comportamiento de la matrícula una vez que el estudiante ingresa a instituciones de Educación Superior, desde una perspectiva interdisciplinaria y multicausal.

En función de los *factores* estudiados, Durán-Aponte y Pujol (2013) agrupan los modelos teóricos explicativos de la deserción en tres grandes enfoques: un modelo *psicoeducativo*, que remite a investigaciones centradas en variables de tipo *personal-psicológico*; un modelo *sociológico*, que remite a variables de tipo contextual, y un modelo *integrador*, que explica el fenómeno en el cruce de variables de diferente índole.

Por nuestra parte, tomamos como punto de referencia la clasificación de estos autores a la vez que: 1) incorporamos un cuarto grupo, investigaciones orientadas al estudio de *variables de tipo pedagógico-académico*; 2) recuperamos trabajos realizados en países europeos y 3) no circunscribimos el fenómeno a la retención/deserción, sino que abordamos *el aprendizaje en funcionamiento como instancia mediacional*, el que si bien se vincula estrechamente con la permanencia en la trayectoria académica hasta el egreso, no se identifica con ella. En este sentido, nuestro objetivo inmediato es contribuir a la mejora de la calidad de los aprendizajes, aportando insumos para orientar una conducta autorregulada de quien aprende y una enseñanza estratégica de quien enseña, cuyo efecto indirecto esperable es una mayor permanencia en la carrera.

Respecto de las investigaciones centradas en el estudio de *variables de tipo personal-psicológico*, se analizan, por un lado, las *condiciones* del estudiante que ingresa, algunas estables -por ejemplo, género, institución de procedencia, calificaciones obtenidas en el secundario y en el examen de admisión-, y algunas que pueden variar -edad, lugar de residencia, tiempo de dedicación al estudio, etc.-. Por otro lado, se abordan *factores psicológicos* -habilidad para adaptarse al ambiente institucional, motivación, autopercepción de eficacia, atribuciones causales, factores vocacionales, creencias epistemológicas y sobre el aprendizaje, entre otros-.

En relación con el último subconjunto enumerado, Medrano *et al.* (2010) indagan el impacto de creencias irracionales sobre el rendimiento y la deserción académica en alumnos que ingresan a la Universidad San Martín de Porres (Perú). Ponen a prueba si las creencias que denotan pensamientos rígidos, ilógicos y dogmáticos afectan el funcionamiento psicosocial de los ingresantes. Aunque no obtienen una correlación significativa con el rendimiento académico, hallan que los estudiantes que abandonan la universidad presentan mayor número de creencias de este tenor. Ciertamente, el ingreso a una carrera universitaria constituye un proceso de transición en el que pueden desarrollarse miradas que obstaculizan el desempeño y la permanencia en los estudios. En efecto, los resultados obtenidos fundamentan la necesidad de llevar a cabo intervenciones preventivas con el fin de identificar las que contribuyen a la adaptación académica y desde allí promover la toma de conciencia, el control y la gestión de las creencias. También, nuestra investigación aborda el sistema de creencias, representado por la *autopercepción de competencia para aprender*.

Fernández González *et al.* (2009) analizan las estrategias de aprendizaje y la autoestima en alumnos que ingresan a la Universidad Santo Tomás (Chile) a fin de ponderar la relación existente entre ellas y el rendimiento académico. En función de los resultados obtenidos a través del Inventario de Estrategias de Aprendizaje de Schmeck (adaptado en Chile por Truffello y Pérez, 1988) y el Inventario de Autoestima de Coopersmith forma A (adaptado en

Chile por Brinkmann, Sègure y Solar, 1989), concluyen que los estudiantes universitarios que utilizan estrategias de aprendizaje más complejas presentan mejor rendimiento académico que los alumnos que emplean estrategias más simples, y además se caracterizan por presentar mayores niveles de autoestima general, de autoestima académica y de autoestima familiar.

Aparicio y Garzuzi (2006) señalan entre los posibles motivos de deserción, la baja participación en procesos y actividades de ambientación a la vida universitaria, antecedentes escolares de un rendimiento mediano, una orientación en la escuela secundaria poco afín con la carrera elegida y un lugar de procedencia alejado de la institución.

También en el campo psicoeducativo, Suárez Riveiro *et al.* (2006) indagan sobre factores cognitivos y motivaciones que se encuentran a la base del aprendizaje autorregulado. Hacen notar que este constructo se ha estudiado en función de estrategias cognitivas y motivacionales, dejando de lado el entorno en el que tiene lugar el proceso de aprendizaje. Para enmendar la omisión, incorporan el entorno del estudiante como un tercer componente que, en términos de autorregulación, supone tomar decisiones referidas a aspectos académicos, sociales y físicos que inciden en el proceso de aprender.

Los autores aplican el Cuestionario de Estrategias Motivadas para el Aprendizaje (MSLQ) de Pintrich, Smith, García y Mckeachie (1991)[2], el que incluye elementos motivacionales -orientación a metas intrínsecas, orientación a metas extrínsecas, valor de la tarea, creencias de control, autoeficacia para el aprendizaje y ansiedad ante los

---

[2] En este estudio se emplea la traducción y adaptación al español del Cuestionario de Estrategias Motivadas para el Aprendizaje (MSLQ) de Pintrich, Smith, García y Mckeachie, realizada por Roces, Tourón y González (1995).

exámenes- y cognitivos -la escala de estrategias de aprendizaje incluye subescalas referidas al proceso mismo (repetición, elaboración, organización, pensamiento crítico, autorregulación metacognitiva) y subescalas referidas a la administración del tiempo y del ambiente, regulación del esfuerzo, aprendizaje con compañeros y búsqueda de ayuda-.

Las investigaciones orientadas al estudio de *variables de tipo contextual* dan lugar a modelos *sociológicos*, que fundan las explicaciones en factores *familiares* -por ejemplo, nivel de escolaridad de los padres, aspiraciones familiares, nivel de ingresos-, aspectos *laborales* –tales como necesidad de trabajar, horas de trabajo, normativa institucional respecto de obligatoriedad de asistencia-, aspectos *económicos* -por ejemplo, recursos necesarios para transporte, acceso a los materiales, becas de ayuda financiera-.

En la mayoría de las investigaciones que se inscriben en este modelo, el nivel de educación de los padres tiene una potencialidad explicativa relevante. Asimismo, las aspiraciones familiares suelen ser causales de presión que desencadenan el abandono, por ejemplo, la expectativa de reproducir roles profesionales de los padres para continuar negocios familiares (Cabrera *et al.*, 2006).

En cuanto a la incidencia de aspectos laborales, Giraldo *et al.* (2007, en Durán-Aponte y Pujol, 2013), en un curso de pregrado para carreras de Ingeniería, informan que el 38% que debía trabajar tiempo completo para atender a la familia desertó porque los programas no prevén la compatibilidad con un trabajo de ocho horas. Por su parte, Tonconi Quispe (2010) realizó un estudio con 120 estudiantes de Ingeniería Económica de la Universidad Nacional del Altiplano de Puno y observó que el desempeño académico, el sexo del jefe de hogar y la variable *si el alumno trabaja aparte de estudiar* resultaron significativos para explicar la retención/

deserción. Entonces, quienes combinan trabajo y estudio quedan en riesgo de situaciones de incompatibilidad que pueden terminar en el abandono de la carrera.

Las investigaciones del *modelo pedagógico-académico* buscan explicaciones a la deserción, demora, abandono, en elementos tales como características del profesor y de la clase, propuestas didácticas/metodología de enseñanza, cultura evaluativa, normativa institucional..., las cuales, en la práctica, se dan en *interacción* -principalmente- con las de tipo personal-psicológico.

En Argentina, Paoloni y Rinaudo (2009) indagan sobre factores codeterminantes de la dinámica motivacional del alumno desde una perspectiva situada o contextualista. Les interesa entender cómo los estudiantes elaboran diferentes creencias motivacionales específicas de las tareas académicas particulares con que se enfrentan o de contextos más generales, como el ambiente de la clase.

Este trabajo se vincula con el nuestro dado que integra factores personales y contextuales, pero a la vez se aleja porque su preocupación principal es comprender la motivación de los estudiantes en relación con las interacciones que se establecen con aspectos contextuales de las clases, consideradas lugares o ambientes complejos de aprendizaje.

Bethencourt Benítez *et al.* (2008) analizan elementos que inciden en el rendimiento -estrategias y actividades de estudio, características psicológicas, de la carrera y del profesorado- e interpretan los resultados desde la mirada de la Psicología Positiva. Hallan que las variables personales, las psicológicas (motivación, satisfacción con la carrera elegida, conocimientos previos sobre los contenidos del aprendizaje) y las estrategias y actividades de estudio (llevar los contenidos al día, plantear dudas al profesor, perseverar a pesar de los obstáculos, entre otras), *en ese orden*, inciden más que las del contexto -en particular, las características del profesorado y de la carrera- en el abandono de los estudios universitarios. Concluyen que el alumno que termina su carrera es el más capaz de afrontar adversidades de las situaciones académicas universitarias.

Las *investigaciones integradoras* buscan las explicaciones en el cruce de variables de diferente índole. Comparten con modelos anteriores el propósito de detectar factores que explican rendimiento académico, permanencia, deserción, desempeño, aprendizaje efectivo, pero en este caso indagan en el entramado entre variables de base, socioculturales, psicosociales, pedagógico-institucionales y estructurales, y abordan el tema desde una perspectiva multidisciplinar.

Por ejemplo, los estudios de Tinto (1975, 2006, en Durán-Aponte y Pujol, 2013) combinan el sistema académico y el sistema social con las características del alumno; los de Bethencourt *et al.* (2008) conjugan características personales del estudiante universitario con características del ambiente académico social; los de García-Ros y Pérez-González (2011, en Durán-Aponte y Pujol, 2013) analizan la validez predictiva e incremental de las habilidades de autorregulación académica -regulación metacognitiva, gestión del tiempo, valor de la tarea, autoeficacia para el aprendizaje y ansiedad ante las evaluaciones- sobre las variables sociodemográficas y educativas previas de los estudiantes, respecto del abandono o deserción del sistema universitario.[3]

Otra aproximación holística es la que llevan adelante Vermunt (1998, 2005) y Vermunt y Verloop (1999), cuyo modelo ha dado lugar a desarrollos ulteriores, entre ellos, los de Cano (2005), Martínez-Fernández (2009) y Martínez Fernández *et al.* (2008, 2012). Sus estudios analizan la

---

[3] Los hallazgos muestran que los alumnos varones con edad de acceso tardía, con dedicación a tiempo parcial y con inferior nota en el ingreso o admisión son quienes presentan mayor probabilidad de deserción.

relación entre variables *personales* (edad, género, carrera y curso, dedicación completa o parcial al estudio), factores de índole psicológica (entre ellos, procesamiento cognitivo, regulación metacognitiva, concepciones y orientaciones de aprendizaje, personalidad, motivación...), factores de corte *psicoeducativo* (como pericia, educación previa, rendimiento académico...) y factores *pedagógico-académicos* (por ejemplo, tarea, actividades regulatorias de quien enseña, interacción entre pares, ayudas en la resolución de problemas, características y modalidades de los exámenes, formato áulico -TICS/tradicional, auto/co-educación-).

En Mendoza (Argentina), Aparicio investigó la problemática relativa a los "sujetos demorados" en la UNCuyo en alumnos de nueve carreras "que se inscriben por primera vez en el año 1985 y que se reinscriben hasta el 2004" (2009: 15).

Este estudio "atraviesa diferentes sistemas socioeconómicos, planes de estudio, sistemas de ingreso y promoción, entre otros factores" y

> ... representa la extensión del Programa de Investigaciones sobre Evaluación de la Calidad de la Universidad iniciado en el año 1994, que incluyó tres proyectos cuyos ejes fueron el Éxito (visto por graduación) y el Fracaso (deserción) en el plano académico y socio-profesional y su desarrollo implicó el laboreo con tres submuestras: graduados, estudiantes demorados en relación con el tiempo teórico de las carreras y desertores... (*ibid.*).

El objetivo del estudio es relacionar el desempeño académico de los alumnos que demoran más tiempo del estipulado curricularmente, en un sistema que conjuga factores de base, socioculturales, psicosociales, pedagógico-institucionales y estructurales con miras a la detección de las causas del retardo y a esclarecer la incidencia de diversos factores, personales y contextuales -académicos, laborales y estructurales-. Este cruce de variables da lugar a un amplio espectro de resultados; haremos referencia sólo a algunos.

El estudio halla que la participación en actividades extraacadémicas, la falta de estrategias de afrontamiento y del esfuerzo necesario para lograr éxito "influyen como inhibidores" del rendimiento universitario (p. 242); por el contrario, la resiliencia "emerge como factor explicativo o predictivo" (p. 241).

Las variables Origen social y Origen cultural no resultan predictivas; sí inciden en la demora la situación económica, el hecho de estudiar y trabajar, el nivel de dificultad de la carrera, visiones desajustadas respecto de las exigencias del plan de estudio, la incapacidad de llevar la carrera al día y la desilusión con ella.

Resulta de interés que "a mayor Actitud ante el Estudio, menor es el RU (Rendimiento Universitario). Esto iría, aparentemente, contra lo esperable, pero se explica a la luz de lo expuesto por la teoría: cuando la preocupación toca el límite, se vuelve inhibidora" (p. 245). En cambio, la planificación del trabajo académico favorece el rendimiento.

Respecto de la relación con profesores, a diferencia de nuestro estudio, en el cual -como veremos después- se advierte una opinión generalizada en los estudiantes de que los profesores los auxilian cuando piden ayuda, en esta investigación el 55% de los alumnos "piensa que sus profesores muestran 'pocas' actitudes y valores proclives a su formación y el 19% dice directamente que carecen de dichas actitudes" (p. 193).

Desde otra mirada, observa diferencias según facultad y carrera, aunque advierte que "los resultados deben ser leídos con cautela, pues mediando estos rendimientos hay variables importantes de distinta índole, algunas ligadas a las exigencias del campo disciplinar" (p. 280).

En suma, si bien algunos de sus resultados se aproximan a los nuestros -por ejemplo, el hecho de que trabajar y estudiar emerja como un inconveniente-, otros se diferencian de modo notorio, ya que, en su población, "los problemas principales se nuclean en la parte institucional" (p. 280), mientras que nuestras unidades de observación atribuyen las dificultades o aspectos obstaculizadores del aprender a factores primordialmente personales.

Otra investigación de carácter integrador que conjuga variables de diferente índole en procura de explicar el acceso y la permanencia en la universidad es la realizada por Martínez *et al.* (2007, en Cambours de Domini, 2008), en la que se indagan problemáticas en diferentes campos, entre ellos, lectura y escritura (falta de comprensión lectora, problemas para la producción textual, dificultades para la búsqueda de información, etc.), habilidades para el procesamiento del contenido de estudio (carencia de prácticas de razonamiento, de habilidades metacognitivas, etc.), hábitos de estudio y organización del tiempo, actitudes como desesperanza ante las dificultades o temor a participar en clase, relaciones estudiante/contexto universitario (desorientación en la universidad, desconocimiento del plan de estudios y del régimen de correlatividades, etc.), futuro profesional (por ejemplo, desconocimiento de la actividad profesional propia de la carrera elegida), condiciones sociales y materiales (situación económica desfavorable, horas de trabajo, etc.).

Mosquera Mosquera *et al.* (2010) estudian en Colombia el índice de capacidad del proyecto de deserción académica en la Universidad Tecnológica de Pereira (UTP) y establecen que tres factores: rendimiento académico, desorientación vocacional y dificultades económicas, muestran alta incidencia en que el alumno no continúe sus estudios profesionales.

Di Gresia, Porto y Ripani (2002), en Argentina, se ocupan de la transición de los estudiantes universitarios entre el ingreso y la finalización de los estudios, sea por abandono o por graduación. Específicamente, abordan algunos factores explicativos del rendimiento de los estudiantes sobre la base de datos del Censo de 1994. Como medida de rendimiento, se considera la cantidad de materias aprobadas por año, que es el índice adoptado por la Ley de Educación Superior N° 24521/95 (artículo 50) para condicionar la regularidad en los estudios. Se analizan cinco grupos de variables explicativas: la universidad y la carrera, las características del alumno y su familia, el tipo de escuela secundaria (público-privada) de la que proviene el estudiante, el sendero de carrera del alumno (años desde el ingreso) y las horas de estudio.

Resultan significativos como factores explicativos del rendimiento: sexo, edad, años desde el ingreso en la facultad, año que cursa, entorno familiar (educación de los padres, ingreso familiar), escuela en la que realizó los estudios del nivel secundario, situación laboral (si trabaja o no; si trabaja, la cantidad de horas de trabajo), motivación del alumno por la carrera que cursa, características particulares de la institución -área donde está ubicada, normativa, grado de dificultad de la carrera, características del cuerpo docente, ambiente universitario, etc.-, proceso de estudio -técnicas que emplea, horas que dedica, etc.-. Concluyen que evidencian mejor rendimiento los estudiantes que dedican más horas al estudio, concurren a clases y tienen padres que han alcanzado un nivel mayor de educación formal. Y, aunque pudiera pensarse lo contrario, los alumnos que trabajan muestran mejor rendimiento.

Domínguez Rodríguez y Cañamero Sánchez (2008) comparten con nosotros el propósito de comprender el modo como aprenden los alumnos, a fin de ayudarlos a aprender mejor. Consideran que en el proceso de aprendizaje que realiza el estudiante universitario incide un conjunto de dimensiones que se interrelacionan, entre las que destacan, por un lado, las de tipo motivacional o relacionadas con el proceso -enfoques de aprendizaje, estrategias y hábitos de estudio-, y por otro lado, las emocionales -estrés-ansiedad y depresión-. Esas dimensiones se relacionan con variables sociodemográficas y académicas -entre ellas, edad, sexo, conocimientos previos, titulación, entre otras- propias del contexto particular -alumnos extremeños- e influyen en el rendimiento académico y en la satisfacción con éste.

A modo de síntesis del relevamiento precedente se advierte, por un lado, que la retención, la deserción y la calidad de los aprendizajes constituyen problemáticas que preocupan a las universidades de diferentes países. Por otro lado, que su abordaje no admite una explicación lineal, única, sino un sistema de interacción entre varios factores, el que adquiere connotaciones particulares en cada contexto de estudio; aun más, los resultados de diferentes investigaciones respecto de un mismo factor no siempre coinciden. Al respecto, Durán-Aponte y Pujol (2013: 14) señalan:

> Aunque el estudio de la retención o deserción del sistema universitario en el primer año ha generado importantes modelos explicativos con una amplia variedad de enfoques conceptuales y abordajes metodológicos, existen incongruencias en los estudios recientes acerca de la relación entre las variables y su potencia predictiva, lo cual hace necesario estudiarlas en conjunto. Es de esperar el desarrollo de estudios con metodologías que permitan acercar más a la realidad del estudiante de forma individual y articular perfiles, sobre todo con la finalidad de intervenir a tiempo.

Por último, advierten que son escasos los estudios que consideran simultáneamente las características sociopersonales y las dimensiones cognitivas y emocionales de los alumnos, de cara a predecir los resultados de la prosecución en la universidad. Asimismo, son pocos los que analizan de forma predictiva-causal la contribución de cada una de las variables, ya que hasta ahora la mayoría lo ha hecho de forma descriptiva y correlacional.

## 2. Aspectos metodológicos

Después de este breve relevamiento de la cuestión en el campo de dominio, retomamos nuestra línea de investigación y la presentamos desde la población, los instrumentos, el objetivo y la hipótesis, las variables en estudio y el recorrido para su análisis.[4]

**Participantes.** Entre 2007 y 2013 se recopiló información referida a factores que inciden en el aprender en 501 estudiantes universitarios que cursan el 2º o el último año en cuatro carreras de la UNCuyo -Ciencias de la Educación, Ciencia Política y Administración Pública, Medicina y Trabajo Social- y una -Pedagogía- de la UFRJ.

**Instrumentos.** Como señalamos al inicio de este capítulo, la información fue recopilada a través del INCEAPU -Inventario de Concepciones y Experiencias de aprender en la universidad (Morchio, 2007, 2014)- y de entrevistas informantes clave de la UNCuyo, a fin de relacionar la percepción del alumno con la de referentes institucionales que, por su rol, conocen las problemáticas frecuentes de la trayectoria formativa.

**Objetivo e hipótesis.** El objetivo que se informa en este capítulo es identificar de qué modo inciden los factores en estudio en el proceso de aprender que realiza un estudiante universitario a fin de ponderar su relevancia según los dos segmentos definidos en función de la autopercepción de

---

[4] Volvemos sobre estos datos, que fueron presentados en el capítulo 1 y retomados en capítulos posteriores, con el riesgo de ser reiterativas, porque prevemos que si algunos lectores organizan un recorrido personal del libro, necesitan esta información para comprender cada capítulo en forma independiente.

competencia para aprender -aprendo fácilmente/aprendo con alguna dificultad- y la universidad donde cursa la carrera.

La hipótesis que orienta el trabajo es que los factores condicionan el aprender en forma diferenciada en estudiantes que consideran que aprenden fácilmente/con alguna dificultad (primer y segundo segmento, respectivamente).

**Variables.** Se ponderan variables personales y contextuales, que se presentan a continuación.

2.1. Factores en estudio

*2.1.1. Factores personales*

Los factores personales son seis: familia, relaciones sociales, salud, lugar de estudio, trabajo y motivación.

Familia

Cabe pensar que quien debe hacerse cargo de tareas en el hogar dispone de menos tiempo para las tareas académicas, aunque esto no pasa de ser una hipótesis. A través de la interacción en el aula resulta difícil anticipar qué alumnos atienden simultáneamente obligaciones familiares y obligaciones académicas.

Este factor se indaga a través de dos aseveraciones: *Atender a mi familia me lleva mucho tiempo* y *Me tengo que encargar de varias tareas en mi casa.*

Relaciones sociales

Es bien sabido que las relaciones entre pares pueden influir de forma decisiva sobre la consecución de determinadas metas educativas y sobre determinados aspectos de su desarrollo cognitivo y socialización.

Las investigaciones realizadas al respecto manifiestan que

> ... los alumnos que trabajan en colaboración resolviendo una tarea o solucionando un problema pueden aprender

los unos de los otros incorporando nuevas estrategias y realizando avances sustanciales sin que se produzcan, al menos aparentemente, procesos instruccionales explícitos, es decir, sin que uno de ellos intente enseñar abiertamente a los otros. Asimismo, estos trabajos sugieren que la clave del proceso de interiorización ha de buscarse en el análisis de los intercambios comunicativos que tienen lugar durante la actividad conjunta y, más concretamente, en la manera como dichos intercambios influyen sobre las representaciones y significados que construyen los participantes (Coll, 1992: 351-352).

Desde otra perspectiva, el compromiso con su proyecto formativo se muestra condicionado por la integración social, la que abarca el desarrollo y la frecuencia de las interacciones positivas con pares y docentes, como así también la participación en actividades extracurriculares (Donoso y Schiefelbein, 2007).

Este factor se operativiza a través de dos enunciados: *Tengo un grupo de compañeros que me ayudan* y *Me llevo bien con los compañeros.*

Salud

El concepto de *potencialidad corporal* alude a la necesidad de contar con un equilibrio biológico como base imprescindible para focalizar la atención en procesos cognitivos. "La potencialidad corporal es la posibilidad que tienen los seres humanos de 'excluir' el cuerpo para permitir los procesos del aprendizaje superior: es decir, procesos de elaboración, transformación, e inclusión (simbolización) de la información recibida" (De Quirós y Schrager, 1980: 50).

Quien no cuenta con tal condición no puede "excluir" los mensajes que llegan de su cuerpo a su cerebro y, por tanto, dedica la mayor proporción de su caudal de energía disponible a mantener con dificultad el bienestar corporal y el equilibrio afectivo.

Este factor está representado por dos afirmaciones: *Los problemas de salud dificultan mi estudio* y *Me siento sin energía, sin fuerzas.*

Lugar de estudio

Los teóricos del aprendizaje autorregulado -por ejemplo: Pintrich, Smith, García y Mckeachie, 1991; Pintrich, 2000- incluyen entre las estrategias de manejo de recursos, las que remiten a conductas que contribuyen a monitorear y modificar -si fuese necesario- ciertos factores del contexto, a fin de alcanzar las metas fijadas. Destacan como primer recurso para el control de las condiciones del trabajo intelectual, la selección y organización de *ambientes efectivos de estudio.* Las estrategias que sugieren son sencillas pero importantes: estudiar en un lugar donde uno pueda concentrarse, tener un sitio fijo, aparte, para hacerlo.

El inventario explora esta estrategia a través de un enunciado negativo: *No tengo un lugar adecuado para estudiar.*

Trabajo

La dificultad de conjugar obligaciones de trabajo con la trayectoria universitaria depende de factores personales e institucionales -por ejemplo, la normativa sobre obligatoriedad de asistencia-; no obstante, durante la preparación de los exámenes finales de las materias, resulta un condicionante para el estudiante tener que compatibilizar el ritmo académico con las demandas horarias y físicas asociadas al trabajo.

El estudiante toma postura frente al enunciado: *Mi trabajo no me deja tiempo para el estudio.*

Motivación

La motivación se entiende como la orientación activa, selectiva y persistente de la conducta en determinada dirección.

Para su estudio se tuvo en cuenta una mirada situada en el presente, que atiende a dos situaciones bastante diferentes. La primera, vinculada con una motivación de logro, esto significa intrínseca, caracterizada por el impulso a conocer, entender, formular y resolver problemas como un fin en sí mismo. La segunda, referida a la convicción vocacional de estar en una carrera que responde a las características, posibilidades y expectativas personales.

Por otra parte, se explora un planteo amplio sobre el interés por el contenido de aprendizaje y otro que proyecta al estudiante al futuro, en situación de ejercicio profesional.

En el INCEAPU se indaga esta variable a través de dos indicadores de sentido ambivalente: *Estudiar me aburre* y *Dudo si esta carrera es la adecuada para mí*, y dos de sentido positivo: *Me interesa el contenido de esta carrera* y *Me imagino en el futuro ejerciendo esta profesión*.

Cabe pensar que el alumno que se siente seguro de su elección vocacional, que se propone *metas de aprendizaje* -es decir, se preocupa por desarrollar la propia competencia como aprendiz- y se siente identificado con los roles profesionales por ejercer en el futuro encarará positivamente el aprender en la universidad. "El deseo del estudiante de alcanzar las metas para él significativas es la fuerza motivacional que subyace a todo aprendizaje significativo" (Rogers, 1982: 131).

### 2.1.2. Factores institucionales

En la práctica educativa se pone en juego una relación con el educador, con la propuesta didáctica, con el texto, con el grupo, con el contexto y con uno mismo, entre los cuales seleccionamos para este análisis la relación con los profesores y con la institución en tanto contexto.

En consonancia con nuestras bases teóricas, el aprender -si bien es un proceso personal- supone una experiencia con el entorno; por ese motivo, se incorporaron como factores por indagar, el vínculo con el profesor y la percepción personal del clima en la institución. El supuesto es que pueden influir favorable o desfavorablemente en el aprender.

En el inventario aplicado se presenta una afirmación referida a la relación con docentes: *Los profesores me ayudan cuando manifiesto una dificultad*, y una que se aproxima a la adaptación o identificación con el clima institucional: *Me siento incómodo en esta facultad*.

### 2.2. Cómo se recogieron los datos

Desde nuestra perspectiva conceptual *del aprender* como un proceso interno, personal y complejo, "las técnicas más adecuadas para su evaluación son las de autoinforme, las cuales comprenden la entrevista; los cuestionarios, inventarios y escalas; los autorregistros y las técnicas de pensamiento en-voz-alta" (Suárez Riveiro, 2006: 28).

De allí que la sexta consigna del inventario presenta una escala Likert y solicita al estudiante que, considerando su forma de pensar, sentir y actuar, señale si lo enunciado resulta para él/ella: *completamente verdadero, generalmente verdadero, casi siempre falso* o *completamente falso*.

En la práctica, teniendo en cuenta que las muestras por carrera en el tramo final incluyen 30 unidades de observación y que para el análisis se segmentan según la autopercepción de competencia para aprender, se advirtió la conveniencia de trabajar con tres categorías: *verdadero* (que agrupa completamente y generalmente verdadero), *a veces verdadero y a veces falso,* y *falso* (que reúne casi siempre y completamente falso).

### 2.3. Proceso de análisis

En el análisis se observa el comportamiento de cada factor en estudiantes que según su autopercepción aprenden fácilmente/aprenden con alguna dificultad. Asimismo, se tiene en cuenta la situación en las dos universidades, como vía para poner a prueba si las diferencias/semejanzas se corroboran en diferentes poblaciones.

A fin de indagar la incidencia de los factores mencionados, mediante las pruebas de Chi cuadrado y diferencia de proporciones,[5] comparamos el comportamiento de cada variable en quienes consideran que *aprenden fácilmente* (primer segmento) y en quienes informan que *aprenden con alguna dificultad* (segundo segmento). En la práctica, tomamos en cuenta los 501 casos que participan de la investigación, los que se encuentran distribuidos del siguiente modo: 351 estudiantes de la UNCuyo y 150 de la UFRJ. Las unidades de observación que representan a cada institución se segmentaron según su autopercepción de competencia para aprender. En la UNCuyo, 189 casos consideran que aprenden fácilmente y 159 que aprenden con alguna dificultad. En la UFRJ, 84 alumnos consideran que aprenden fácilmente y 65 que lo hacen con alguna dificultad. La diferencia de cuatro unidades de observación respecto del tamaño total de la muestra (N=501) corresponde a los alumnos que no informan su autopercepción de la competencia para aprender.

## 3. Resultados

El esquema de presentación de resultados distingue dos grandes apartados según las unidades de observación: estudiantes y referentes institucionales.

---

[5] Se emplea $Chi^2$ para evaluar la relación entre todas las categorías en que se subdividen las variables y *diferencia de proporciones* para comparar las categorías de una sola variable.

## 3.1. Desde los alumnos

En este caso, se detallan los resultados para cada una de las variables que conforman los factores personales e institucionales, al tiempo que se ponen en relación las dos universidades que ingresan a este estudio.

### 3.1.1. Factores personales

Familia

Este factor (cf. tabla N° 1) se explora a través de dos aseveraciones/indicadores: *Atender a mi familia me lleva mucho tiempo* y *Me tengo que encargar de varias tareas en mi casa*.

Tabla N° 1. Familia

| | | Universidad Nacional de Cuyo | | | Universidad Federal de Río de Janeiro | | |
|---|---|---|---|---|---|---|---|
| | | Fácilmente | Con dificultad | Total | Fácilmente | Con dificultad | Total |
| Atender a mi familia me lleva mucho tiempo | Verdadero | 24,9% | 35,2% | 29,6% | 26,2% | 41,5% | 33,3% |
| | A veces | 35,5% | 37,7% | 36,8% | 33,3% | 33,9% | 33,3% |
| | Falso | 37,0% | 26,4% | 31,9% | 33,3% | 21,5% | 28,0% |
| | NS/NC | 2,7% | 0,6% | 1,7% | 7,1% | 3,1% | 5,3% |
| | Total | 100,0% | 100,0% | 100,0% | 100,0% | 100,0% | 100,0% |
| Me tengo que encargar de varias tareas en mi casa | Verdadero | 36,5% | 40,9% | 38,5% | 50,0% | 44,6% | 47,3% |
| | A veces | 25,4% | 27,7% | 26,5% | 20,2% | 21,5% | 21,3% |
| | Falso | 37,0% | 29,6% | 33,6% | 29,8% | 32,3% | 30,7% |
| | NS/NC | 1,1% | 1,9% | 1,4% | 0,0% | 1,5% | 0,7% |
| | Total | 100,0% | 100,0% | 100,0% | 100,0% | 100,0% | 100,0% |

*Atención a la familia*

Si se toman en cuenta las respuestas de la muestra total, la distribución es homogénea, con una proporción aproximada entre quienes consideran verdadero, los que responden a veces verdadero y a veces falso y quienes consideran falso que atender a la familia les lleva mucho tiempo. Si la aproximación se realiza por universidad, las frecuencias en las tres categorías siguen siendo semejantes ($X^2$ =6,274; gl=3; p=0,099).

En cambio, cuando se *agudiza la mirada* y se comparan las respuestas según segmento, se advierten diferencias relevantes. En ambas universidades, tener que atender a la familia es una situación más frecuente en alumnos que aprenden con alguna dificultad que en quienes aprenden fácilmente, tanto en la UNCuyo como en la UFRJ, pero mientras que esta divergencia es estadísticamente significativa en la UFRJ (z=2,06)[6], no lo es en la UNCuyo (z=1,26). Por otra parte, es aproximada, en ambos segmentos e instituciones, la proporción que responde que le sucede a veces y, nuevamente, se observan diferencias entre segmentos en la proporción que responde que es falso para ellos tener que atender a la familia.

*Tareas domésticas*

Con respecto al segundo indicador -*Me tengo que encargar de varias tareas en mi casa*-, la distribución de frecuencias es semejante en las dos universidades ($X^2$ =3,918; gl=3; p=0,270), aunque es más alto el porcentaje de estudiantes brasileños que considera verdadera la aseveración. La diferencia, aunque leve, se observa entre segmentos. En la UNCuyo incide más en quienes aprenden con dificultad; en cambio, en la UFRJ sucede a la inversa, aunque la diferencia no alcanza significatividad estadística (z=1,62).

Esto sugiere que alrededor del 40% de los estudiantes que participan en nuestro estudio deben compatibilizar

---

[6] El valor crítico que habría que rebasar para la significatividad estadística en la comparación de proporciones es z=1,96 a un nivel de confianza α=0,05.

el tiempo entre obligaciones académicas y tareas en el hogar. El hecho de que sean pequeñas las discrepancias entre segmentos lleva a pensar que estas obligaciones no inciden en forma decisiva en el aprender en la universidad.

Relaciones sociales

Este factor (cf. tabla N° 2) se indaga a través de los dos indicadores referidos -*Tengo un grupo de compañeros que me ayudan* y *Me llevo bien con mis compañeros*-, a los que se agrega *Me resulta mejor estudiar solo que en grupo*.

Tabla N° 2. Relaciones sociales

| | | Universidad Nacional de Cuyo | | | Universidad Federal de Río de Janeiro | | |
|---|---|---|---|---|---|---|---|
| | | Fácilmente | Con dificultad | Total | Fácilmente | Con dificultad | Total |
| Tengo un grupo de compañeros que me ayudan | Verdadero | 58,2% | 56,6% | 57,3% | 46,4% | 47,7% | 46,7% |
| | A veces | 23,8% | 27,7% | 25,4% | 29,8% | 27,7% | 28,7% |
| | Falso | 16,4% | 15,7% | 16,2% | 20,2% | 24,6% | 22,7% |
| | NS/NC | 1,6% | 0,0% | 1,1% | 3,6% | 0,0% | 2,0% |
| | Total | 100,0% | 100,0% | 100,0% | 100,0% | 100,0% | 100,0% |
| Me llevo bien con mis compañeros | Verdadero | 87,8% | 79,3% | 84,1% | 91,7% | 87,7% | 89,3% |
| | A veces | 9,5% | 14,5% | 11,7% | 6,0% | 7,7% | 7,3% |
| | Falso | 2,1% | 3,1% | 2,6% | 1,2% | 3,1% | 2,0% |
| | NS/NC | 0,5% | 3,1% | 1,7% | 1,2% | 1,5% | 1,3% |
| | Total | 100,0% | 100,0% | 100,0% | 100,0% | 100,0% | 100,0% |
| Me resulta mejor estudiar solo que en grupo | Verdadero | 51,9% | 43,4% | 47,9% | 51,2% | 47,7% | 49,3% |
| | A veces | 32,3% | 31,5% | 31,6% | 40,5% | 29,2% | 36,0% |
| | Falso | 14,8% | 23,3% | 19,1% | 8,3% | 23,1% | 14,7% |
| | NS/NC | 1,1% | 1,9% | 1,4% | 0,0% | 0,0% | 0,0% |
| | Total | 100,0% | 100,0% | 100,0% | 100,0% | 100,0% | 100,0% |

*Ayuda de pares*

Para un poco más del 50% de los estudiantes de la UNCuyo, resulta verdadero que tienen compañeros que los ayudan y en la UFRJ, aunque las frecuencias son un poco más bajas, la situación puede considerarse equiparable (z=1,45).

Para este enunciado, entonces, las distribuciones resultan *asombrosamente* parecidas. Si bien aproximadamente la mitad de los participantes en nuestro estudio recibe ayuda de sus pares, la otra mitad considera que le sucede a veces o que no le sucede. En los dos segmentos, alrededor del 50% dice que es *verdadero* que los compañeros lo ayudan; entre el 20% y el 30%, que eso sucede *a veces*, y entre el 16% y el 25%, que es *falso*.

*Relación con compañeros*

En la UNCuyo, hay leves diferencias entre segmentos, pero se enmarcan en una clara inclinación a considerar *verdadero* que se establece buena relación con los compañeros. Las proporciones por universidad son aproximadas ($X^2$=2,391; gl=3; p=0,302) y en ambas es levemente superior el porcentaje en alumnos que aprenden fácilmente que en quienes lo hacen con alguna dificultad.

*Preferencia por estudiar solo o en grupo*

En este caso se observan discrepancias más claras entre segmentos, con una tendencia que se corrobora en las dos instituciones -en este sentido, no se hallan diferencias estadísticamente significativas por universidad ($X^2$=3,951; gl=3; p=0,267)-. La mitad de los estudiantes que aprenden fácilmente manifiestan preferencia por estudiar solos, proporción que se reduce en el otro segmento.

La diferencia más evidente se observa en la categoría *falso*, con porcentajes mayores en alumnos que aprenden con alguna dificultad que responden que es falso que estudiar solos les resulte mejor que hacerlo en grupo, discrepancia que es estadísticamente significativa en el caso de la UFRJ (z=2,50).

Esto sugiere que incorporar a la propuesta pedagógica actividades de construcción conjunta puede constituirse en una vía para apoyar a quienes perciben que aprenden con alguna dificultad.

Salud

Tabla N° 3. Incidencia de la salud en el estudio

|  |  | Universidad Nacional de Cuyo | | | Universidad Federal de Río de Janeiro | | |
|---|---|---|---|---|---|---|---|
|  |  | Fácilmente | Con dificultad | Total | Fácilmente | Con dificultad | Total |
| Mis problemas de salud dificultan mi estudio | Verdadero | 7,4% | 18,9% | 12,8% | 7,1% | 12,3% | 9,3% |
| | A veces | 10,1% | 9,4% | 9,7% | 13,1% | 15,4% | 14,0% |
| | Falso | 81,0% | 69,8% | 75,8% | 78,6% | 72,3% | 76,0% |
| | NS/NC | 1,6% | 1,9% | 1,7% | 1,2% | 0,0% | 0,7% |
| | Total | 100,0% | 100,0% | 100,0% | 100,0% | 100,0% | 100,0% |
| Me siento sin energía, sin fuerza | Verdadero | 14,8% | 29,6% | 21,4% | 16,7% | 21,5% | 19,3% |
| | A veces | 38,6% | 46,5% | 42,2% | 32,1% | 32,3% | 32,0% |
| | Falso | 46,6% | 23,9% | 36,5% | 51,2% | 46,2% | 48,7% |
| | NS/NC | 0,0% | 0,0% | 0,0% | 0,0% | 0,0% | 0,0% |
| | Total | 100,0% | 100,0% | 100,0% | 100,0% | 100,0% | 100,0% |

*Problemas de salud*

En las dos universidades se advierte la misma tendencia en las respuestas ($X^2=1,783$; gl=3; p=0,410), con mayor proporción en quienes aprenden con alguna dificultad que en quienes aprenden fácilmente que consideran verdadero que sus problemas de salud inciden de forma negativa en su estudio, y una menor proporción en la categoría *falso* ($X^2=12,343$; gl=6; p=0,055).

Esta diferencia entre segmentos se manifiesta en forma clara en la última categoría, sobre todo, en la UNCuyo, con 81% en quienes aprenden fácilmente que descartan el problema, mientras que en quienes aprenden con alguna dificultad, esta proporción se reduce a 70%, divergencia que logra significatividad estadística (z=2,38).

*Potencial de energía*

En este caso la distribución de frecuencias por categoría es análoga a la descripta en el otro indicador de salud. En la UNCuyo y en la UFRJ, sentirse sin energía resulta más frecuente en estudiantes que consideran que aprenden con alguna dificultad que en alumnos que aprenden fácilmente ($X^2$=19,240; gl=4; p=0,001). La diferencia es muy clara en los estudiantes argentinos, pues en el primer segmento 47% responde que la situación planteada es falsa, en cambio en el segundo, sólo descarta la situación el 24%, discrepancia altamente significativa (z=4,66).

Los datos sugieren una relación, que no siempre es tenida en cuenta, entre el desempeño de un estudiante y su estado de salud, lo cual por un lado podría remitir a enfermedades actuales o pasadas y a las secuelas que pueden haber dejado. Otro aspecto es el estado nutricional, en particular en alumnos que, por cuestiones económicas o de tiempo disponible, no se alimentan en forma equilibrada.

Lugar de estudio

Tabla N° 4. Lugar de estudio

|  |  | Universidad Nacional de Cuyo | | | Universidad Federal de Río de Janeiro | | |
|---|---|---|---|---|---|---|---|
|  |  | Fácilmente | Con dificultad | Total | Fácilmente | Con dificultad | Total |
| No tengo un lugar adecuado para estudiar | Verdadero | 11,6% | 23,3% | 17,1% | 15,5% | 29,2% | 22,0% |
| | A veces | 14,3% | 21,4% | 17,4% | 17,9% | 18,5% | 18,0% |
| | Falso | 72,5% | 53,5% | 63,8% | 66,7% | 50,8% | 59,3% |
| | NS/NC | 1,6% | 1,9% | 1,7% | 0,0% | 1,5% | 0,7% |
| | Total | 100,0% | 100,0% | 100,0% | 100,0% | 100,0% | 100,0% |

Los estudiantes argentinos y brasileños que aprenden con alguna dificultad se sienten más afectados que quienes dicen aprender fácilmente por no disponer de un lugar apropiado para el estudio ($X^2$=21,512; gl=6; p=0,001). Las frecuencias por categoría en ambas universidades son semejantes ($X^2$=2,542; gl=3; p=0,468), con una diferencia clara en la proporción que descarta lo planteado, que resulta en los dos casos estadísticamente significativa, aunque con un índice mayor en la UNCuyo (z=2,11) que en la UFRJ (z=1,99).

Trabajo

Tabla N° 5. Trabajo

|  |  | Universidad Nacional de Cuyo | | | Universidad Federal de Río de Janeiro | | |
|---|---|---|---|---|---|---|---|
|  |  | Fácilmente | Con dificultad | Total | Fácilmente | Con dificultad | Total |
| Mi trabajo no me deja tiempo para el estudio | Verdadero | 4,2% | 17,0% | 10,0% | 21,4% | 21,5% | 21,3% |
| | A veces | 11,6% | 17,6% | 14,3% | 21,4% | 32,3% | 26,0% |
| | Falso | 82,5% | 64,8% | 74,4% | 56,0% | 46,2% | 52,0% |
| | NS/NC | 1,6% | 0,6% | 1,4% | 1,2% | 0,0% | 0,7% |
| | Total | 100,0% | 100,0% | 100,0% | 100,0% | 100,0% | 100,0% |

Con respecto a este factor, aparecen discrepancias entre la UNCuyo y la UFRJ: mientras que trabajar en forma simultánea al estudio incide en el 10% de los estudiantes de la primera, lo hace en 21% de los de la segunda, divergencia que logra significatividad estadística (z=2,97).

También se observan diferencias entre segmentos, ya que en ambas instituciones es mayor la proporción en alumnos que aprenden fácilmente -y menor en quienes lo hacen con dificultad- que desestima la problemática enunciada. En este sentido, la situación es más definida en la UNCuyo, con 82% de quienes aprenden fácilmente que responde falso, mientras que en quienes aprenden con alguna dificultad la frecuencia es del 65% (z=3,61); diferencia del 10% (56% vs. 46%, respectivamente) que no alcanza significación estadística (z=1,22) en la UFRJ.

Motivación

Tabla N° 6. Motivación

| | | Universidad Nacional de Cuyo | | | Universidad Federal de Río de Janeiro | | |
|---|---|---|---|---|---|---|---|
| | | Fácil-mente | Con dificultad | Total | Fácil-mente | Con dificultad | Total |
| Estudiar me aburre | Verdadero | 6,9% | 8,8% | 7,7% | 7,1% | 7,7% | 7,3% |
| | A veces | 30,7% | 40,3% | 35,0% | 21,4% | 33,9% | 27,3% |
| | Falso | 62,4% | 49,1% | 56,4% | 71,4% | 58,5% | 65,3% |
| | NS/NC | 0,0% | 1,9% | 0,9% | 0,0% | 0,0% | 0,0% |
| | Total | 100,0% | 100,0% | 100,0% | 100,0% | 100,0% | 100,0% |
| Dudo si esta carrera es la adecuada para mí | Verdadero | 5,3% | 13,2% | 8,8% | 9,5% | 13,9% | 12,0% |
| | A veces | 9,5% | 13,2% | 11,7% | 13,1% | 20,0% | 16,0% |
| | Falso | 83,1% | 71,1% | 77,2% | 76,2% | 63,1% | 70,0% |
| | NS/NC | 2,1% | 2,5% | 2,3% | 1,2% | 3,1% | 2,0% |
| | Total | 100,0% | 100,0% | 100,0% | 100,0% | 100,0% | 100,0% |

|  |  | Universidad Nacional de Cuyo | | | Universidad Federal de Río de Janeiro | | |
|---|---|---|---|---|---|---|---|
|  |  | Fácilmente | Con dificultad | Total | Fácilmente | Con dificultad | Total |
| Me interesa el contenido de esta carrera | Verdadero | 85,7% | 89,3% | 87,5% | 85,7% | 80,0% | 82,7% |
| | A veces | 6,9% | 7,6% | 7,1% | 10,7% | 12,3% | 12,0% |
| | Falso | 4,8% | 2,5% | 3,7% | 3,6% | 6,2% | 4,7% |
| | NS/NC | 2,7% | 0,6% | 1,7% | 0,0% | 1,5% | 0,7% |
| | Total | 100,0% | 100,0% | 100,0% | 100,0% | 100,0% | 100,0% |
| Me imagino en el futuro ejerciendo esta profesión | Verdadero | 83,6% | 76,7% | 80,6% | 70,2% | 73,9% | 71,3% |
| | A veces | 7,4% | 13,2% | 10,0% | 21,4% | 20,0% | 20,7% |
| | Falso | 6,4% | 6,3% | 6,3% | 8,3% | 6,2% | 8,0% |
| | NS/NC | 2,7% | 3,8% | 3,1% | 0,0% | 0,0% | 0,0% |
| | Total | 100,0% | 100,0% | 100,0% | 100,0% | 100,0% | 100,0% |

*Estudiar me aburre*

Cuando se comparan las universidades, las diferencias no resultan estadísticamente significativas ($X^2=4,624$; gl=3; p=0,201); en cambio, por segmento la mayor proporción de alumnos que aprenden fácilmente rechaza que estudiarles aburre, en comparación con quienes lo hacen con dificultad, divergencia que alcanza significatividad estadística en el caso de la UNCuyo ($z=2,45$), no así en la UFRJ ($z=1,65$).

*Duda vocacional*

En el segundo indicador negativo de motivación, se verifica una relación análoga a la anterior, ya que tampoco se verifican diferencias estadísticamente significativas por universidad ($X^2=3,354$; gl=3; p=0,340), pero sí por segmento en la categoría *falso* en la UNCuyo ($z=2,65$), y no en la UFRJ ($z=1,71$).

*Interés por el contenido de la carrera*

En ambas instituciones más del 80% de los alumnos de los dos segmentos afirman que les interesa el contenido de la carrera. Luego, las diferencias no resultan estadísticamente significativas por universidad ($X^2=4,256$; gl=3; p=0,235) ni por segmento ($X^2=2,646$; gl=6; p=0,852).

*Proyección profesional*

En este indicador -también positivo-, por el contrario, mientras que la autopercepción de competencia para aprender no da lugar a discrepancias significativas ($X^2=4,409$; gl=6; p=0,622), sí se verifican por universidad ($X^2=15,456$; gl=3; p=0,001), dado que en la UFRJ -en comparación con la UNCuyo- es más baja la proporción de los estudiantes que se imaginan en el futuro ejerciendo la profesión, y mayor la proporción que responde que le sucede a veces.

### 3.1.2. Factores institucionales

Tabla N° 7. Factores institucionales

|  |  | Universidad Nacional de Cuyo | | | Universidad Federal de Río de Janeiro | | |
|---|---|---|---|---|---|---|---|
|  |  | Fácilmente | Con dificultad | Total | Fácilmente | Con dificultad | Total |
| Los profesores me ayudan cuando manifiesto una dificultad | Verdadero | 57,7% | 46,5% | 52,7% | 59,5% | 53,9% | 56,7% |
| | A veces | 30,2% | 34,0% | 31,6% | 25,0% | 30,8% | 28,0% |
| | Falso | 11,1% | 18,2% | 14,5% | 11,9% | 15,4% | 13,3% |
| | NS/NC | 1,1% | 1,3% | 1,1% | 3,6% | 0,0% | 2,0% |
| | Total | 100,0% | 100,0% | 100,0% | 100,0% | 100,0% | 100,0% |
| Me siento incómodo en esta facultad | Verdadero | 8,5% | 10,1% | 9,1% | 8,3% | 6,2% | 7,3% |
| | A veces | 12,2% | 17,0% | 14,3% | 16,7% | 23,1% | 20,0% |
| | Falso | 78,8% | 71,1% | 75,5% | 75,0% | 70,8% | 72,7% |
| | NS/NC | 0,5% | 1,9% | 1,1% | 0,0% | 0,0% | 0,0% |
| | Total | 100,0% | 100,0% | 100,0% | 100,0% | 100,0% | 100,0% |

*Ayuda de los profesores*

La distribución de frecuencias por categoría es semejante en ambas universidades ($X^2=1,421$; gl=3; p=0,701). Aproximadamente la mitad de los estudiantes consideran que es verdadero que los profesores los ayudan cuando manifiestan una dificultad. Para alrededor de un tercio, esto sucede a veces, mientras que para una minoría -entre 11% y 18%-, es falso.

En cuanto a las diferencias entre segmentos, la distribución en las tres categorías de respuesta tampoco es estadísticamente significativa ($X^2=7,300$; gl=6; p=0,294); si bien en las dos instituciones es mayor la proporción que considera falso que los profesores los ayuden en el caso de los alumnos que aprenden con alguna dificultad, las diferencias entre porcentajes son reducidas.

*Adaptación al clima institucional*

La tendencia en ambas universidades es semejante ($X^2=4,391$; gl=3; p=0,222), con porcentajes entre 71% y 78% que señalan que es falso que se sientan incómodos en la institución. Este factor tampoco muestra diferencias notables entre segmentos ($X^2=4,895$; gl=6; p=0,557), pues si bien es menor la proporción que descarta el problema en estudiantes que aprenden con alguna dificultad, las divergencias son mínimas.

### 3.2. Desde los referentes institucionales

Como anticipamos al inicio, pusimos en relación los datos extraídos del autoinforme del alumno con la percepción de tres informantes clave, quienes -por su rol- están en interacción directa y cotidiana con los alumnos: uno representa a la Secretaría de Asuntos Estudiantiles (informante A), otro a la Dirección de Alumnos (B) y el tercero al subprograma Mejora del Egreso, que integra el proyecto TRACES (Trayectorias Académicas Estudiantiles).

Respecto de los *factores que llevan a la demora y al abandono de la carrera*, la entrevistada A afirma que

> ... *concuerdan con la etapa vital en la que se encuentran los estudiantes: por un lado, iniciar una propia familia y, por otro (no siempre desconectado con éste), comenzar a trabajar, desempeñándose en el rol para el cual aún están siendo formados. Como consecuencia, acaece la pérdida de contacto diario con la facultad, el cursado 'se hace cuesta a arriba', perdiéndose el ritmo y rendimiento académico con que iniciaron los estudios.*[7]

También el referente B señala que *"en general, los factores que influyen -tanto en los primeros años como en los últimos- coinciden y son, fundamentalmente, el trabajo y la situación familiar tanto primaria como secundaria".*

En cambio, para la entrevistada C, si bien *"existe un factor común tanto para la demora como para el abandono, que es el trabajo, el cual resta tiempo de dedicación a las actividades universitarias"*, la demora[8] *"está más relacionada con situaciones vocacionales e institucionales, como el régimen de correlatividades, el horario de cursado, etc., mientras que el abandono en los primeros años surge como consecuencia de haber rendido mal varias veces una materia".*

---

[7] Más adelante en la entrevista, enfatiza la importancia del cursado en la regularidad de la trayectoria: *"Las clases, al no tener carácter de obligatoriedad en su mayoría, es decir, al no ser la asistencia una condición determinada para poder cursar, rendir, etc., lleva a que los estudiantes no tengan contacto con los contenidos de las asignaturas, las problemáticas de las mismas, pierdan relación con los compañeros y docentes (porque no acuden tampoco a los horarios de consulta), representando todo esto un obstáculo en el desarrollo de un buen clima institucional y motivacional, alcanzando como resultado la percepción de una soledad y desorientación absoluta".*

[8] Aclara que debe entenderse por *demora* que la duración de la carrera excede *"la media esperada para la misma".*

En relación con el *momento del abandono,* el entrevistado B señala que *"se produce con mayor frecuencia durante los dos primeros años de la carrera"* -observación en la que coincide la entrevistada A- y también *"cuando han terminado de cursar".* Por el contrario, para la entrevistada A, después de dicha etapa inicial, *"se hace presente en los estudiantes todo un esfuerzo orientado a terminar la carrera a través de la búsqueda de distintas alternativas",* por la necesidad o urgencia de finalizarla dado que se convierte *"en una causa fundamental para alcanzar muchos otros objetivos".*

En la jerarquización de los *factores que inciden en la problemática de la demora y el abandono,* la referente A destaca que *"existe una coincidencia entre varios de los factores que inciden con mayor frecuencia, éstos son: las relaciones con los compañeros, con los profesores, el clima institucional y la motivación".* Por su parte, la referente C ubica el trabajo en primer lugar y en el segundo, el desempeño del rol docente y la salud (tanto de la propia familia como de la familia secundaria). En cambio, afirma que el factor *lugar para estudiar* sólo parece incidir en *"aquellos estudiantes que son padres".*

Con respecto a los *motivos que llevan a que un alumno no llegue al egreso, aun faltándole pocas materias,* la entrevistada C señala:

> *Existen dos motivos principales, uno es el laboral y el otro, la familia. Respecto del primero, los estudiantes comienzan a desempeñar el rol docente antes de recibirse, es decir que no necesitan el título para ejercer la profesión, a diferencia de lo que ocurre en otras carreras, así se observa que comienzan tomando algunas horas de clase, las que luego van incrementando cada vez más, generando esto que la carrera quede en un segundo plano.*

*[...] el segundo factor -familia- tiene un gran peso, porque al tener que mantenerla económicamente no se puede abandonar el trabajo.*
*Ambos factores producen dos consecuencias, una de ellas es que los alumnos comienzan a presentar problemas con los cambios de planes, con la bibliografía, etc. El otro es que, con el desempeño del rol docente, adquieren experiencias de diversa índole y esto no siempre es bien visto por la facultad, es decir que estas vivencias a veces chocan con la teoría universitaria.*

También observa que la falta de contacto con la facultad *"conduce a una pérdida del sentido de pertenencia, dato éste [...] muy importante"*. A la vez, señala que *"según nos expresan los alumnos, sigue existiendo el peso de tener que terminar esto que ha quedado inconcluso, lo que conduce generalmente a la frustración"*.

Por último, los *factores que ayudan durante la trayectoria académica*, para la entrevistada A, son: ser capaz de tomar conciencia de *"que tienen problemas y aceptar ayuda para solucionarlos"*; al respecto destaca el *"papel fundamental del servicio que ofrece el SAPOE[9]; los alumnos expresan que las tutorías del mismo son bisagras en sus trayectorias estudiantiles"*. Menciona dos factores más: la participación en las clases, que *"permite el contacto con los compañeros y docentes, favoreciendo el camino"* y concurrir a los horarios de consulta, *"donde se establece con el profesor una relación diferente de la que se vive en el cursado"*.

De los comentarios de los entrevistados se infiere el valor que la institución -tanto la UNCuyo cuanto la Facultad de Filosofía y Letras- asigna al apoyo tutorial. En este punto retomamos la introducción, en la que hacíamos referencia a la preocupación de la universidad por la desproporción entre un número creciente de ingresantes, que no se refleja en una tasa de egreso más alta, y la implementación de

---

[9]   Servicio de Apoyo Pedagógico y Orientación al Estudiante.

estrategias para revertir o "reducir" el problema. En este sentido, la tutoría constituye una de las vías para actuar en forma preventiva y remedial.

La interacción con pares, por su parte, en nuestra facultad suele adoptar diferentes formas, entre ellas, el acuerdo espontáneo entre compañeros que deciden estudiar juntos, las actividades de clase orientadas a la construcción sociocognitiva del conocimiento, la tutoría de compañeros avanzados, entre otras. Esta temática nos aproxima a estudios recientes sobre la corregulación, en los que Martínez Fernández (2009) analiza cómo incide la participación en equipos de trabajo -la interacción con "los otros"- en la actividad autorregulada de cada integrante, a fin de comprender los procesos implicados en el aprendizaje socialmente regulado.

## 4. Discusión de resultados en el cruce de fuentes de información

Desde el punto de vista del estudiante, en función de la incidencia de los factores por universidad y por segmento, se puede delinear una perspectiva de conjunto que refleje diferencias y coincidencias según los dos criterios adoptados.

Mientras que la institución universitaria a la que asiste el alumno prácticamente no da lugar a diferencias significativas, sí aparecen discrepancias relevantes por segmento: en los estudiantes que aprenden con alguna dificultad, los factores más influyentes en el aprendizaje son aquellos referidos a aspectos intrapersonales -salud, lugar y modalidad de estudio-; si bien algunos de los factores interpersonales y contextuales -familia y trabajo- son relevantes, afectan en menor medida el aprendizaje. Esto sugiere la posibilidad de generalizar a otros contextos el esquema de factores en relación con autopercepción de competencia para aprender, aunque con la prudencia que impone cada nuevo contexto.

No obstante, retomando la lógica de nuestros estudios sobre el *aprender en la universidad*, la clave de sentido de estos resultados no reside en la envergadura de la diferencia estadística -la que por cierto hace su aporte-, sino en su significación para acciones de orientación en pro de un aprendizaje autorregulado.

A juicio de los entrevistados, las variables que inciden de modo negativo en el aprendizaje son contextuales -el trabajo y la familia-, personales -la desmotivación, la pérdida de contacto con la facultad- y académicas -régimen de correlatividades, el desempeño de la función docente, el clima institucional-; entre las que favorecen el aprendizaje, subrayan variables personales.

En suma, se advierte una interpretación diferente de los factores que condicionan el avance en la trayectoria formativa entre los alumnos y los referentes entrevistados. Al respecto cabe aclarar que el inventario se administró a los estudiantes en el contexto áulico, mientras que las entrevistas no sólo tienen en cuenta la situación de estos casos sino también la de quienes han interrumpido el cursado.

## Palabras finales

Los resultados, si bien en algunas categorías remiten a pocos casos, adquieren la validez de su fuente en los protagonistas directos que informan su experiencia viva.

Hemos abordado algunos de los factores estudiados previamente, pero que considerábamos necesario poner a prueba en nuestra población -en particular, motivación, relaciones con pares y con profesores, empleo en simultáneo con el cursado-. Otros factores representan una mirada propia -en el cruce de la interacción con estudiantes en espacios de docencia y orientación educativa-. Algunos de ellos, específicamente: problemas de salud, potencial de energía y lugar de estudio, muestran significación estadística.

Tenemos presente que en el *aprender en funcionamiento*, el estudiante se implica globalmente, de modo que analizar los factores por separado es relativo y sólo pertinente en el marco de la investigación. Asimismo, los resultados académicos que logra, las dificultades que encuentra, los apoyos que recibe repercuten en él también de modo global. En términos de Solé (1999: 26):

> ... en el aprendizaje intervienen numerosos aspectos de tipo afectivo y relacional, y el aprendizaje y el éxito con que los resolvamos desempeña un papel definitivo en la construcción del concepto que tenemos de nosotros mismos (autoconcepto), en la estima que nos profesamos (autoestima) y, en general, en todas las capacidades relacionadas con el equilibrio personal.

El conocimiento construido sobre los factores que inciden en el aprender se posiciona en el cruce entre la autopercepción que tiene el estudiante de su competencia para aprender y las condiciones personales, académicas y sociales, las cuales le imprimen a la autopercepción un carácter *situado*.

Desde nuestra mirada, los esfuerzos para desentrañar el complejo proceso que supone aprender en la universidad deben trascender el plano de la investigación y aportar insumos que ayuden al alumno a la puesta en obra de la autorregulación de los propios procesos, de nuevas estrategias frente a los factores que puede modificar y de actitudes proactivas respecto de los que no se pueden modificar; por otra parte, deben promover la toma de decisiones institucionales que puedan favorecer el recorrido formativo.

Tenemos presente que la combinación e interacción de elementos da lugar a una síntesis única, personal, irrepetible. Si bien en dos estudiantes pueden estar presentes factores semejantes, aun en proporciones aproximadas, en cada persona se comportan de un modo particular y no adquieren la misma relevancia en cuanto *organizadores de la conducta* y, por ende, como explicaciones alternativas del aprender en funcionamiento.

Lo fundamental no es el factor en sí mismo, sino cómo el alumno se posiciona en el contexto de su situación. En función de la actitud que asuma frente a su realidad familiar, académica, laboral, de salud, etc., los factores se convertirán o no en obstáculos para avanzar hacia sus metas de aprendizaje.

Al poner en relación los datos que informan los estudiantes en el INCEAPU con el contenido de las entrevistas a referentes clave, llama la atención que algunos factores -en particular, las obligaciones familiares y laborales- para los alumnos revisten menor importancia. En cambio, en las entrevistas, se constituyen en núcleos problemáticos que condicionan el desempeño de estudiantes que han desaprobado exámenes finales en reiteradas oportunidades o que se han inscripto y no se han presentado a rendir, o que aun faltándoles pocas materias para el egreso, no terminan la carrera. Esta situación sugiere que, si bien se pueden alcanzar algunas generalizaciones por segmento y por universidad, se debe proceder con cautela, por cuanto el impacto de los factores parece estar estrechamente ligado con *las historias y las características personales* de cada estudiante.

# Bibliografía general

Albanesi de Nasetta, S.; Garelli, V. y Masramon, M. (2009). "Relación entre estilos de personalidad y flexibilidad cognitiva en estudiantes de Psicología". *Alternativas en Psicología, 14*(20), 2-13.

Alker, H. (1972). "Is personality situationally specific or intrapsychically consistent?" *Journal of Personality, 40,* 1-16.

Allport, G. W. (1937). *Personality. A Psychological interpretation.* Nueva York: Henry Holt and Company (trad. cast.: *Psicología de la personalidad,* 3° ed., Buenos Aires: Paidós, 1970).

Allport, G. W. (1978). *Desarrollo y cambio. Consideraciones básicas para una psicología de la personalidad.* Buenos Aires: Paidós.

Allport, G. W. (1986). *La personalidad. Su configuración y desarrollo.* Barcelona: Herder.

Alonso Tapia, J. y Montero, I. (2000). "Motivación y aprendizaje escolar". En C. Coll, J. Palacios y A. Marchesi (comps.). *Desarrollo Psicológico y Educación. II: Psicología de la Educación* (pp. 183-198). Madrid: Alianza.

Álvarez Rojo, V.; García Jiménez, E. *et al.* (1991). "El rendimiento académico en la universidad desde la perspectiva del alumnado". *Revista Española de Orientación y Psicopedagogía, 10*(17), 23-42.

Amaya Guerra, J. y Prado Maillard, E. (2007). *Estrategias de aprendizaje para universitarios. Un enfoque constructivista*. México: Trillas.
Ambrosi, H. (2008). *La verdad de las estadísticas. Aprender con los datos*. Buenos Aires: Lumiere.
Amestoy de Sánchez, M. (1993). *Desarrollo de habilidades del pensamiento: discernimiento, automatización e inteligencia práctica*. México: Trillas.
Amestoy de Sánchez, M. (1995a). *Desarrollo de habilidades del pensamiento: creatividad*. México: Trillas.
Amestoy de Sánchez, M. (1995b). *Desarrollo de habilidades del pensamiento: procesos básicos del pensamiento*. México: Trillas.
Amestoy de Sánchez, M. (2002). "La investigación sobre el desarrollo y la enseñanza de las habilidades de pensamiento". *RELIEVE, Revista Electrónica de Investigación Educativa*, 4(1) (http://goo.gl/tLplvG).
Andrés, A.; Solanas, A. y Salafranca, L. (2012). "Interpersonal perception, personality, and academic achievement: a dyadic approach for the study of undergraduate performance". *Anales de Psicología*, 28(1), 97-106 (http://goo.gl/QldUuv).
Antoni, E. (2003). *Alumnos universitarios: el porqué de sus éxitos y fracasos*. Buenos Aires: Miño y Dávila.
Aparicio, M. (2009). *La demora en los estudios universitarios. Causas desde una perspectiva cuantitativa* (tomo I). *Causas desde una perspectiva cualitativa* (tomo II). Mendoza: EDIUNC.
Aparicio, M. y Garzuzi, V. (2006). "Dinámicas identitarias, procesos vocacionales y su relación con el abandono de los estudios. Un análisis en alumnos ingresantes a la universidad". *Revista de Orientación Educacional*, 20(37), 15-36.
Asociación Nacional de Universidades e Instituciones de Educación Superior (2002). *Manual para la Integración*

*de Personas con Discapacidad en las Instituciones de Educación Superior.* México: Secretaria de Educación Pública.

Ausubel, D. (2002). *Adquisición y retención del conocimiento. Una perspectiva cognitiva.* Barcelona: Paidós.

Ausubel, D.; Novak, J. y Hanesian, H. (1989). *Psicología Cognitiva. Un punto de vista cognoscitivo* (2° ed.). México: Trillas.

Bakx, A.; Van Der Sanden, J.; Sijtsma, K.; Croon, M. y Vermetten, J. (2006). "The role of students' personality characteristics, self-perceived competence and learning conceptions in the acquisition and development of social communicative competence: A longitudinal study". *Higher Education, 51,* 71-104.

Bandura, A. (1982). *Teoría del Aprendizaje Social.* Madrid: Espasa Calpe.

Bandura, A. (2004). "Ejercicio de la eficacia personal y colectiva en sociedades cambiantes". En R. Bandura (ed.). *Autoeficacia: cómo afrontamos los cambios de la sociedad actual* (pp. 19-53). Bilbao: Desclée de Brouwer.

Barbabella, M. (comp.) (2004). *Posibles causas del fracaso estudiantil en los primeros años de la universidad.* Río Negro: Educo.

Bausela Herreras, E. (2002). "Atención a la diversidad en educación superior". *Profesorado. Revista de Currículum y Formación del Profesorado, 6*(1-2), 1-11 (http://goo.gl/LM4uvW).

Beltrán Llera, J. (1998). *Procesos, estrategias y técnicas de aprendizaje.* Madrid: Síntesis.

Beltrán Llera, J. (2003). "Estrategias de aprendizaje". *Revista de Educación, 332,* 55-73.

Bem, D. (1972). "Constructing cross-situational consistencies in behavior. Some thoughts on Alker's critique of Mischel". *Journal of Personality, 40,* 17-27.

Bertely Busquets, M. (2000). *Conociendo nuestras escuelas. Un acercamiento etnográfico a la cultura escolar.* Barcelona: Paidós.

Bethencourt Benítez, J. T.; Cabrera Pérez, L.; Hernández Cabrera, J. A.; Álvarez Pérez, P. y González Afonso, L. (2008). "Variables psicológicas y educativas". *Revista Electrónica de Investigación Psicoeducativa*, 6(3), 603-622.

Biggs, J. B. (1988). "Assessing study approaches to learning". *Australian Psychologist*, 23, 197-206.

Biggs, J. B. (1993). "What do inventories of students' learning processes really measure? A theoretical review and clarification". *British Journal of Educational Psychology*, 63, 3-19.

Biggs, J. (2008). *Calidad del aprendizaje universitario.* Madrid: Narcea.

Borrell, M.; Perona, N. y Sassaroli, V (2009). "¿Quiénes son los que llegan? ¿Quiénes son los que quedan? Acceso y permanencia en la universidad en relación a la estructura social". *XXVII Congreso de la Asociación Latinoamericana de Sociología*, Buenos Aires.

Bourdieu, P. (1998). *Capital cultural, escuela y espacio social.* Madrid: Siglo Veintiuno Editores.

Bowers, K. S. (1973). "Situacionism in Psychology: An analysis and a critique". *Psychological Review*, 80, 307-336.

Boza Carreño, A. y Toscano Cruz, M. (2012). "Motivos, actitudes y estrategias de aprendizaje: aprendizaje motivado en alumnos universitarios". *Profesorado. Revista de Currículum y Formación del Profesorado*, 16(1), 125-142 (http://goo.gl/lbrBzH).

Brinkmann, H.; Sègure, T. y Solar, M. I. (1989). "Adaptación y estandarización del Inventario de Autoestima de Coopersmith". *Revista Chilena de Psicología*, 10(1), 73-87.

Brinthaupt, T. y Lipka, R. (eds.) (1992). The Self: Definitional and Methodological Issues. New York: State University of New York Press.
Bruner, J. (1995). *Desarrollo cognitivo y educación*. Madrid: Morata.
Bruner, J. (2001). *Desarrollo cognitivo y educación*. Madrid: Morata.
Caballo, V. (1997). "Cuestionario Exploratorio de Personalidad (CEPER)". *Revista Conductual*, 9(3), 560-562.
Cabrera, L.; Tomás, J.; Álvarez, P. y González, M. (2006). "El problema del abandono de los estudios universitarios". *RELIEVE*, 12(2), 171-203 (http://goo.gl/SN0P9l).
Cambours de Donini, A. M. (2008). "La enseñanza universitaria: entre tradiciones y nuevos desafíos". *Diálogos Pedagógicos*, VI(11), 38-46.
Cambours de Donini, A. M.; Iglesias, A. I. y Muiños de Britos, S. M. (s/f). "La tutoría en la universidad: una estrategia para la retención de los estudiantes" (http://goo.gl/Aa22Y6).
Camps, E. y Morales-Vives, F. (2013). "La contribución de la madurez psicológica y de la personalidad en la predicción del rendimiento académico de los adolescentes". *IJEP. International Journal of Educational Psychology*, 2(3), 246-271.
Cano, F. (2005). "Consonance and dissonance in students´ learning experience". *Learning and Instruction, 15*, 201-223.
Caprara, G. V.; Barbaranelli, C. y Borgogni, L. (1993). *Big Five Questionnaire (BFQ). Manuale*. Florencia: Organizzazioni Speciali.
Carlino, P. (2006). *Escribir, leer y aprender en la universidad. Una introducción a la alfabetización académica*. Buenos Aires: Fondo de Cultura Económica.

Carrasco, J. B. (2007). *Estrategias de aprendizaje. Para aprender más y mejor*. Madrid: Rialp.

Carretero, M. (2001). *Introducción a la psicología cognitiva*. Buenos Aires: Aique.

Castro Solano, A. y Casullo, M. M. (2001). "Rasgos de personalidad, bienestar psicológico y rendimiento académico en adolescentes argentinos". *Interdisciplinaria, 18*(1), 65-85.

Casullo, M. M. (comp.) (2008). *Prácticas en Psicología Positiva*. Buenos Aires: Lugar.

Cattell, R. (1972). *El análisis científico de la personalidad*. Barcelona: Fontanella.

Cattell, R. (1985). *16PF, Cuestionario de personalidad para adultos. Manual*. Madrid: TEA.

Cepeda Islas, M. L.; Del Bosque Fuentes, A. E.; Alvarado Guerrero, I. R. y Vega Valero, Z. (2011). "Personalidad y hábitos de estudios en dos muestras de alumnos; regulares y en situación de rezago escolar". *Revista Electrónica de Psicología Iztacala, 14*(2), 193-209 (http://goo.gl/JqKPqg).

Cervone, D. y Pervin, L. (2013). *Personality: Theory and Research* (12° ed.). Chicago: Wiley.

Chocarro, E.; González Torres, M. del C. y Sobrino, A. (2007). *Nuevas orientaciones en la formación del profesorado para una enseñanza centrada en la promoción del aprendizaje autorregulado de los alumnos*. Barcelona: Universidad de Navarra, Servicio de Publicaciones, N° 12.

Coll, C.; Palacios, J. y Marchesi, A. (comps.) (2000). *Desarrollo Psicológico y Educación. II: Psicología de la Educación*. Madrid: Alianza.

Coll, C.; Palacios, J. y Marchesi, A. (comps.) (2007). *Desarrollo Psicológico y Educación. II: Psicología de la educación escolar*. Madrid: Alianza.

Coll, C.; Pozo, J. I.; Sarabia, B. y Valls, E. (1992). *Los contenidos de la reforma. Enseñanza y aprendizaje de conceptos, procedimientos y actitudes*. Madrid: Santillana.
Combs, A. (1979). *Claves para la formación de los profesores. Un enfoque humanístico*. Madrid: E.M.S.A.
Cordero, A.; Pamos, A. y Seisdedos, N. (1999). *NEO PI-r Manual. Adaptación Española*. Madrid: TEA.
Corral de Zurita, N. (2003). "Metas académicas, atribuciones causales y rendimiento académico". *Comunicaciones Científicas y Tecnológicas 2003*, Universidad Nacional del Nordeste (http://goo.gl/BQR9yC).
Costa, P. T. (jr.) y McCrae, R. R. (1992). *Revised NEO Personality Inventory (NEO-PI-R) and NEO Five-Factor Inventory (NEO-FFI) professional manual*. Odessa, FL: Psychological Assessment Resources.
Daura, F. T. (2010). "El aprendizaje autorregulado y su orientación por parte del docente universitario". En *Resúmenes Congreso Iberoamericano de Educación Metas 2012*, Buenos Aires.
De Bono, E. (1993). *Aprender a pensar*. Barcelona: Plaza y Janés Editores.
De Bono, E. (1994). *Seis sombreros para pensar*. Buenos Aires: Granica.
Declaración de Lisboa (2007) (http://goo.gl/PzpPIi y http://goo.gl/ZQaloI).
De la Barrera, M. L.; Rinaudo, M. C.; Donolo, D. y Azcoaga, J. (2007). *Perspectiva neuropsicológica. Estudios sobre estrategias y estilos de aprendizaje*. Río Cuarto: Editorial de la Fundación Universidad Nacional de Río Cuarto.
De la Fuente Arias, J. (2004). "Perspectivas recientes en el estudio de la motivación: la Teoría de Orientación de Meta". *Revista Electrónica de Investigación Psicoeducativa, 2*(1), 35-62 (http://goo.gl/jANURG).
De Quirós, B. (dir.); Cowes, L.; *Götter, R.*; Schrager, O. y Tormakh, E. (1970). *Los grandes problemas del lenguaje*

*infantil*. Buenos Aires: Series del Centro Médico de Investigaciones Foniátricas y Fonoaudiológicas.

De Raad, B. y Schouwenburg, H. (1996). Personality in learning and education: a review. *European Journal of Personality, 10,* 303-336.

Díaz Jiménez, G. (2004). *Los estudiantes con discapacidad en la Universidad de Las Palmas de Gran Canaria.* Gran Canaria: Vicerrectorado de Planificación y Calidad de la Universidad de Las Palmas de Gran Canaria.

Diblasi, L. (2005). *Perspectivas de egreso de los alumnos de la Facultad de Ciencias Políticas y Sociales de la Universidad Nacional de Cuyo.* FLACSO, Tesis de Maestría, documento no publicado.

Diblasi, L. (dir.); Gil, A.; Morchio, I. L.; Bagini, L.; Rodríguez, A.; Guillén, E.; Chocron, G.; Sancho, J. y Roccaro, I. (2002). *Rendimiento académico e inserción laboral de los graduados de la Facultad de Ciencias Políticas y Sociales.* Facultad de Ciencias Políticas y Sociales. Proyecto, 2002-2004. SeCTyP, UNCuyo. Código: 06/F135 (http://goo.gl/IrxfeU).

Diblasi, L. (dir.); Bagini, L.; Morchio, I. L.; Boulet, P.; Antón, C.; Rosales, C.; Tochetto, C.; Marinero, M.; Pérez Gagni, A.; Ferreyra, P. y Maturano, K. (2011). *¿Es la universidad una institución inclusiva?* Facultad de Ciencias Políticas y Sociales. Proyecto 2011-2013. SeCTyP, UNCuyo. Código: 06/F295 (http://goo.gl/IrxfeU).

Diblasi, L.; Bagini, L. (dirs.), Morchio, I. L.; Boulet, P.; Antón, C.; Rosales, C.; Tochetto, C.; Marinero, M.; Pérez Gagni, A.; Ferreyra, P. (2011). *Perfiles universitarios. ¿Quiénes ingresan, permanecen y egresan de la universidad?* Madrid: Editorial Académica Española.

Difabio de Anglat, H. (2000). "Metacognición y aprendizaje significativo en el nivel universitario". *Psico/Pedagógica, Psicología y pedagogía de la persona, 4,* 11-27.

Di Gresia, L.; Porto, A. y Ripani L. (2002). "Rendimiento de los estudiantes de las universidades públicas argentinas". Departamento de Economía, Facultad de Ciencias Económicas, Universidad Nacional de La Plata (http://goo.gl/Hc2IGh).
Domínguez Rodríguez, E. y Cañamero Sánchez, P. (2008). "Perfil del alumnado extremeño de educación superior". *Alcántara, 69,* 49-73.
Donolo, D.; Chiecher, A.; Paolini, P. y Rinaudo, C. (2008). *MSLQ. Propuestas para la medición de la motivación y el uso de estrategias de aprendizaje.* Río Cuarto: Editorial de la Universidad Nacional de Río Cuarto.
Donoso, S. y Schiefelbein, E. (2007). Análisis de los modelos explicativos de retención de estudiantes en la universidad: una visión desde la desigualdad social. *Estudios Pedagógicos, 33*(1), 7-27 (http://goo.gl/KQO0rN).
Durán-Aponte, E. y Pujol, L. (2012). "Diferencias de género y área de estudio en las atribuciones causales de estudiantes universitarios". *Anales de la Universidad Metropolitana, 12*(2), 39-51.
Durán-Aponte, E. y Pujol, L. (2013). "Retención y deserción en el nivel universitario. Revisión de variables personales y contextuales". *Gestión universitaria, 6*(1) (http://goo.gl/2VgMId).
Endler, N. (1973). "The person versus the situation -a pseudo issue? A response to Alker". *Journal of Personality, 80,* 287-303.
Engle, J. y Tinto, V. (2008). *Moving beyond access. Colleges success for low-income, first- generation students.* Washington: The Pell Institute.
Entwistle, N. J. (1988). *La comprensión del aprendizaje en el aula.* Barcelona: Paidós/M.E.C. (ed. orig.: 1987).
Entwistle, N. J. (noviembre de 2000). "Promoting deep learning through teaching and assessment: conceptual

frameworks and educational contexts". *TLRP Conference, Leicester,* (http://goo.gl/pggCJ5).
Epstein, S. (2003). "Cognitive-experiential self-theory of personality". En T. Millon y M. J. Lerner (eds.). *Comprehensive Handbook of Psychology,* vol. 5. *Personality and Social Psychology* (pp. 159-184). Hoboken, N. J.: Wiley & Sons.
Esnaola, I.; Goñi, A. y Madariaga, J. M. (2008). "El autoconcepto: perspectivas de investigación". *Revista de Psicodidáctica, 13*(1), 179-194 (http://goo.gl/ttTDLX).
Eysenck, H. J. y Eysenck, S. B. G. (1975). *Manual of the Eysenck Personality Questionnaire.* San Diego: Educational and Industrial Testing Service.
Ezcurra, A. (2011). *Igualdad en educación superior. Un desafío mundial.* Buenos Aires: Institutos de Estudios y Capacitación. Universidad Nacional de General Sarmiento.
Fairstein, G. (2005). Teorías del aprendizaje y teorías de la enseñanza. Documento de cátedra, posgrado "Constructivismo y Educación". Argentina. FLACSO-Universidad Autónoma de Madrid.
Fernández González, O. M.; Martínez-Conde Beluzan, M. y Melipillán Araneda, R. (2009). "Estrategias de aprendizaje y autoestima. Su relación con la permanencia y deserción universitaria". *Estudios Pedagógicos, 35*(1), 27-45 (http://goo.gl/mbS2t8).
Ferrés i Prats, J. (2000). *Educar en la cultura del espectáculo.* Barcelona: Paidós.
Feuerstein, R.; Mayor Sánchez, J.; Martínez Beltrán, J.; Tzuriel, D. y Haywood, H. (1997). ¿*Es modificable la inteligencia?* Madrid: Bruño.
Fierro, A. (2000). Personalidad y aprendizaje en el contexto escolar. En C. Coll, J. Palacios y A. Marchesi (comps.). *Desarrollo Psicológico y Educación. II: Psicología de la Educación* (pp. 175-182). Madrid: Alianza.

Fierro, A. (comp.) (1998). *Manual de Psicología de la personalidad.* Barcelona: Paidós.
Fly Jones, B.; Sullivan Palincsar, A.; Sederburg Ogle, D. y Glyn Carr, E. (comps.) (1987). *Estrategias para enseñar a aprender.* Buenos Aires: Aique.
Furnham, A. (2012). "Learning Style, Personality Traits and Intelligence as Predictors of College Academic Performance". *Journal of Individual Differences Research, 10*(3), 117-128.
Furnham, A.; Monsen, J. y Ahmetoglu, G. (2009). "Typical intellectual engagement, Big Five personality traits, approaches to learning and cognitive ability predictors of academic performance". *British Journal of Educational Psychology, 79,* 769-782.
Gaeta González, M. L. (2006). "Estrategias de autorregulación del aprendizaje: contribución de la orientación de meta y la estructura de metas del aula". *REIFOP. Revista Electrónica Interuniversitaria de Formación del Profesorado, 9*(1), 1-8 (http://goo.gl/gKT9d1).
Gagné, R. M. (1962). "The Acquisition of Knowledge". *Psychological Review, 69,* 355-365.
Gagné, E. (1991). *La psicología cognitiva del aprendizaje escolar.* Madrid: Visor.
García Guadilla, C. (2002). *Tensiones y transiciones. Educación superior latinoamericana en los albores del tercer milenio.* Venezuela: CENDES-Nueva Sociedad.
García Jiménez, E. (1986). *Un estudio de las teorías implícitas de los profesores sobre la evaluación de la enseñanza.* En L. M. Villar Angulo (ed.). *Pensamiento de los profesores y tomas de decisiones. Actas del I Symposium Internacional del Pensamiento de Profesores (La Rábida, Huelva)* (pp. 499-508). Universidad de Sevilla: Servicio de publicaciones.
Gargallo López, B.; Suárez Rodríguez, J.; García Félix, E. y Sahuquillo Mateo, P. (2012). "Autoconcepto en

estudiantes universitarios excelentes y en estudiantes medios". *Revista Iberoamericana de Educación, 60*(1), 1-13 (http://goo.gl/3Llgni).

Gil-Albarova, A.; Martínez Odría, A.; Tunnicliffe, A y Moneo, J. M. (2013). "Estudiantes universitarios y calidad del plan de acción tutorial. Valoraciones y mejoras". *REDU. Revista de docencia universitaria, 11*(2).

Gimeno Sacristán, J. y Pérez Gómez, A. (1993). *Comprender y transformar la enseñanza*. Madrid: Morata.

Giné Freixes, N. (2007). *Aprender en la universidad: el punto de vista estudiantil*. Barcelona: Octaedro.

Giné i Giné, C. (2001). "Inclusión y Sistema Educativo". *III Congreso La atención a la Diversidad en el Sistema Educativo* (pp. 1-10). Salamanca: Instituto Universitario de Integración en la Comunidad (INICO).

Giraldo Reyes, B. H. (2013). "La deserción estudiantil en una región en crisis: una estrategia de afrontamiento desde la Pontificia Universidad Javeriana Cali". *Tercera Conferencia Latinoamericana sobre el abandono en la Educación Superior*.

Glasser, B. y Strauss, A. (1967). *The discovery of grounded theory: Strategies for qualitative research*. Nueva York: Aldine.

Gluz, N. y Grandoli, M. (2009). "¿Democratización o postergación de la selección?". *Congreso ALAS*, Buenos Aires.

González, M. y Difabio de Anglat, H. (en prensa). "Enfoques transversal y longitudinal en el estudio de los patrones de aprendizaje en alumnos universitarios de Ingeniería". *Psykhé*, 17 págs.

González Arreaga, C. (1993). "Atribución causal de la reprobación". *Educación y Ciencia, 2*(8), 61-66.

González Cabanach, R.; Valle Arias, A.; Rodríguez Martínez, S.; García Gerpe, M. y Mendiri Ruiz de Alda, P. (2007). "Programa de intervención para mejorar la gestión de los recursos motivacionales en estudiantes universitarios". *Revista Española de Pedagogía, LXV*(237), 237-256.

Hendriks, J.; Perugini, M.; Angleitner, A.; Ostendorf, F.; Johnson J.; De Fruyt, F.; Hrebicková, M.; Kreitler, S.; Murakami, T.; Bratko, D.; Conner, M.; Nagy, J.; Rodríguez-Fornells, A. y Ruisel, I. (2003). "The Five-Factor Personality Inventory: Cross-Cultural Generalizability across 13 Countries". *European Journal of Personality, 17*, 347–373.

Hernández Sampieri, R.; Fernández-Collado, C. y Baptista Lucio, P. (2006). *Metodología de la Investigación*. México: Mc Graw Hill.

Jiménez Llanos, A. B. y Correa Piñero, A. D. (2002). "El modelo de teorías implícitas en el análisis de la estructura de creencias del profesorado universitario sobre la enseñanza". *Revista de Investigación Educativa, 20*(2), 525-548 (http://goo.gl/80SMgH).

Jiménez Martínez, P. (1999). *De la educación especial a la educación en la diversidad*. Granada: Aljibe.

John, O. P. (1990). "The 'Big Five' factor taxonomy: Dimensions of personality in the natural language and in questionnaires". En L. Pervin (ed.). *Handbook of personality: Theory and research* (pp. 66-100). New York: Guilford.

Karmiloff-Smith, A. (1994). *Más allá de la modularidad*. Madrid: Alianza.

Lanz, M. Z. (2006). Hacia la comprensión del aprendizaje autorregulado. En M. Z. Lanz (comp.). *El aprendizaje autorregulado. Enseñar a aprender en diferentes entornos educativos* (pp. 7-21). Buenos Aires: Noveduc.

Lanz, M. Z. (comp.) (2006). *El aprendizaje autorregulado. Enseñar a aprender en diferentes entornos educativos*. Buenos Aires: Noveduc.

López, C. I. (2004). *Discapacidad y docencia universitaria*. Mar del Plata: Universidad Nacional de Mar del Plata.

Luque Parra, D. J. (2006). *Orientación educativa e intervención psicopedagógica en el alumnado con discapacidad. Análisis de casos prácticos*. Málaga: Editorial Aljibe.

Luque Parra, D. y Luque-Rojas, M. J. (2011). "Conocimiento de la discapacidad y relaciones sociales en el aula inclusiva. Sugerencias para la acción tutorial". *Revista Iberoamericana de Educación, 54(6)*, pp. 1-12 (http://goo.gl/aNKT7O).

Madrid, D.; Gallego, J. A.; Rodríguez, J.; Urbano, B.; Fernández, J.; Manrique, I.; Hidalgo, E. y Leyva, C. (1994). *Motivación, rendimiento y personalidad en el aula de idioma. Actas de las IX Jornadas Pedagógicas para la enseñanza de inglés* (pp. 198-214). Granada: GRETA.

Marsh, H. W. (1990). The Structure of Academic Self-Concept: The Marsh/Shavelson Model. *Journal of Educational Psychology, 82*(4), 623-636.

Martí, E. (1999). "Metacognición y estrategias de aprendizaje". En J. Pozo y C. Monereo (coords.). *El aprendizaje estratégico. Enseñar a aprender desde el currículo* (pp. 111-122). Madrid: Santillana.

Martínez Fernández, J. R. (2004). *Concepción de aprendizaje, metacognición y cambio conceptual en estudiantes universitarios de psicología*. Tesis doctoral. Programa Procesos Cognitivos: Universitat de Barcelona, España (http://goo.gl/jX1Jyt).

Martínez Fernández, J. R. (2007). "Concepción de aprendizaje y estrategias metacognitivas en estudiantes universitarios de Psicología". *Anales de Psicología, 23*(1), 7-16 (http://goo.gl/zAHqqC).

Martínez Fernández, J. R. (2009). "Cognición, motivación y contexto. Auto y co-regulación del aprendizaje". *Pensar la Educación: Anuario del Doctorado en Educación ULA, 3*(1), 49-60.

Martínez, J. R. y Galán, F. (2000). "Estrategias de aprendizaje, motivación y rendimiento académico en alumnos universitarios". *Revista Española de Orientación y Psicopedagogía, 11*(19), 35-50.

Martínez Fernández, J. R. y Rabanaque, S. (2008). "Autorregulación y trabajo autónomo del estudiante en una actividad de aprendizaje basada en TIC". *Anuario de Psicología, 39*(3), 311-331.

Martínez Fernández, J. R.; Tubau, E.; Guilera, Ll.; Rabanaque, S. y Sánchez, E. (2008). "Utilidad de distintas ayudas en la resolución de un problema de *insight* y su relación con las estrategias metacognitivas". *Anales de Psicología, 24*(1), 16-24.

Martínez Fernández, J. R. y García-Ravidá, L. (2012). "Patrones de aprendizaje en estudiantes universitarios del máster en educación secundaria: variables personales y contextuales relacionadas". *Profesorado. Revista de Currículum y Formación del Profesorado, (16)*1, 165-182.

Maslow, A. H. (1980). *El hombre autorrealizado*. Madrid: Kairós.

Mateos, M. M. (1999). "Metacognición en expertos y novatos". En J. Pozo y C. Monereo (coords.). El *aprendizaje estratégico. Enseñar a aprender desde el currículo* (pp. 123-129). Madrid: Santillana.

Mayer, R. (2000). "Diseño educativo para un aprendizaje constructivista". En Reigeluth, Ch. (ed.) *Diseño de la instrucción. Teorías y modelos. Un paradigma de la teoría de la instrucción. Parte I.* 153-171 Madrid: Aula XXI Santillana.

Mayor, J.; Suengas, A. y González Márquez, J. (1993). *Estrategias metacognitivas. Aprender a aprender y aprender a pensar*. Madrid: Síntesis.

Marton, F. (1981). "Phenomenography -describing conceptions of the world around us". *Instructional Science, 10*, 177-200.
Marton, F. y Säljö, R. (1976). "On qualitative differences in learning. I. The outcome and process". *British Journal of Educational Psychology, 46*, 4-11.
Medrano, L. A.; Galleano, C.; Galera, M. y Fernández, R. (2010). "Creencias irracionales, rendimiento y deserción académica en ingresantes universitarios". *Revista de Psicología, 16*(2), 183-191.
Melillo, A. y Suárez Ojeda, N. (2001). *Resiliencia. Descubriendo las propias fortalezas*. Buenos Aires: Paidós.
Meyer, J. H. F. (1991). "Study orchestration: the manifestation, interpretation and consequences of contextualised approaches to studying". *Higher Education, 22*, 297-316.
Meyer, J. H. F. (2000). "The modelling of 'dissonant' study orchestration in higher education". *European Journal of Psychology of Education, 25*(1), 5-18.
Meyer, J. H. F.; Parsons, P. y Dunne, T. T. (1990). "Study orchestration and learning outcome: evidence of association over time among disadvantaged students". *Higher Education, 20*, 245-269.
Millon, T. (1994). *Millon Index of Personality Styles*. San Antonio: The Psychological Corporation. (trad. cast: *Inventario Millon de Estilos de Personalidad*. Buenos Aires: Paidós, 1997).
Ministerio de Ciencia, Tecnología e Innovación Productiva. Instituto Nacional de Estadística y Censos (INDEC). *Alumnos, nuevos inscriptos, reinscriptos y egresados de carreras de pregrado y grado, según instituciones universitarias de gestión estatal. Total del país. Años 2010-2011* (http://goo.gl/Yxeubi).

Miñano Pérez, P. y Castejón Costa, J. L. (2008). "Capacidad predictiva de las variables cognitivo motivacionales sobre el rendimiento académico". *REME. Revista electrónica de Motivación y Emoción, XI*(28), 8-13 (http://goo.gl/vrQICV).

Miras, M. (2007). "Afectos, emociones, atribuciones y expectativas: el sentido del aprendizaje escolar". En C. Coll, J. Palacios y A. Marchesi (comps.). *Desarrollo Psicológico y Educación. II: Psicología de la educación escolar* (pp. 309-329). Madrid: Alianza.

Mischel, W. (1968). *Personality and Assessment*. Nueva York: John Wiley & Sons (trad. cast.: *Personalidad y evaluación*. México: Trillas, 1973).

Mischel, W. (1996). *Personality and Assessment* (2° ed.). New Jersey: Lawrence Erlbaum Publishers.

Mischel, W. (2004). "Toward an Integrative Science of the Person". *Annual Reviews of Psychology, 55*, 1-22 (http://goo.gl/IbS99A).

Mischel, W. y Shoda, Y. (1998). "Reconciling Processing Dynamics and Personality Dispositions". *Annual Reviews of Psychology, 49,* 229-258 (http://goo.gl/N4A7G9).

Monereo, C. (comp.) (1993). *Las estrategias de aprendizaje: procesos, contenidos e interacción*. Barcelona: Edicions Domènech.

Monereo, C. (1997). *Profesores y alumnos estratégicos: cuando aprender es consecuencia de pensar*. Madrid: Pascal.

Monereo, C. y Castelló, M. (1997). *Las estrategias de aprendizaje. Cómo incorporarlas a la práctica educativa*. Barcelona: Edebé.

Monereo, C. y Clariana, M. (1993). *Profesores y alumnos estratégicos.* Madrid: Pascal.

Monereo, C. (coord.); Castelló, M.; Clariana, M.; Palma, M. y Pérez, M. L. (1997). *Estrategias de enseñanza y aprendizaje. Formación del profesorado y aplicación en el aula* (38° ed.). Barcelona: Graó.

Monereo, C. (coord.); Castelló, M.; Clariana, M.; Palma, M. y Pérez, M. L. (1999). *Estrategias de enseñanza y aprendizaje. Formación del profesorado y aplicación en la escuela* (7° ed.). Barcelona: Graó.

Monereo, C. y Pozo, J. (eds.). (1999). *La universidad ante la nueva cultura educativa. Enseñar y aprender para la autonomía*. Madrid: Síntesis.

Morales Vallejo, P. (2008). "Nuevos roles de profesores y alumnos, nuevas formas de enseñar y de aprender". En L. Prieto Navarro (coord.). *La enseñanza universitaria centrada en el aprendizaje. Estrategias útiles para el profesorado* (pp. 17-29). Barcelona: Octaedro.

Morchio, I. L. (2007). *Inventario de concepciones y experiencias de aprender en la universidad (INCEAPU)*. Documento no publicado.

Morchio, I. L. (2011). "Aprender en la universidad". Publicado el 20 de diciembre de 2011 en el área de Educación de la *Plataforma de Información para Políticas Públicas de la Universidad Nacional de Cuyo*. Mendoza, UNCuyo (http://goo.gl/qAP7aP).

Morchio, I. L. (2014). "Inventario de concepciones y experiencias de aprender en la universidad (INCEAPU)". *Revista de Orientación Educacional*, 28(53), 77-95.

Morchio, I. L. (dir.); González, G.; Fresquet, A.; Carrió, M. del C.; Diblasi, L.; Maya, N.; González, M.; García, G.; Gallardo, G. y Pulvirenti, B. (2007). *Aprender en la universidad: representaciones, procesos, estrategias y factores implicados. Análisis desde la perspectiva del alumno y del profesor*. Facultad de Filosofía y Letras. Proyecto 2007-2009, SeCTyP, UNCuyo. Código: 06/G443 (http://goo.gl/IrxfeU).

Morchio, I. L. (dir.); González, G.; Garzuzi, V.; Fresquet, A.; Carrió, M. del C.; Diblasi, L.; Maya, N.; González,

M.; García, G. y Berlanga, L. (2009). *Factores personales y contextuales que se conjugan en el aprender en la universidad. Análisis desde la percepción de sus protagonistas (UNCuyo y UFRJ) y desde archivos documentales (UNCuyo).* Facultad de Filosofía y Letras. Proyecto 2009-2011, SeCTyP, UNCuyo, Código: 06/G524 (http://goo.gl/IrxfeU).

Morchio, I. L. (dir.); González, G.; Diblasi, L.; Garzuzi, V.; Fresquet, A.; González, M. L.; García, G.; Difabio de Anglat, H.; Berlanga, L.; Del Río, A.; Giorda, E.; Alarcón, A. y Vivares, J. (2011). ¿Llega el estudiante universitario a aprender a aprender? Evolución de los procesos, estrategias y actitudes en el transcurso de la carrera. Facultad de Filosofía y Letras. Proyecto 2011-2013, SeCTyP, UNCuyo. Código: 06/G602 (http://goo.gl/IrxfeU).

Morchio, I. L. (dir.); González, G.; Garzuzi, V.; Fresquet, A.; Carrió, M. del C.; Diblasi, L.; Maya, N.; González, M. L. y García, G. (2012). *Claves para comprender cómo aprenden los estudiantes universitarios.* Madrid: Editorial Académica Española.

Morchio, I. L. (dir.); González, G.; Garzuzi, V.; González, M. L.; Diblasi, L.; Difabio de Anglat, H.; Fresquet, A.; García, G.; Berlanga, L.; Del Río, A.; Giorda, E.; Alarcón, A. y Viggiani, A. (2013). *Aprender a aprender como meta de la Educación Superior. Desde la comprensión de cómo aprende el alumno universitario a la promoción del aprendizaje autorregulado.* Facultad de Filosofía y Letras. Proyecto 2013-2015, SeCTyP, UNCuyo. Código: 06/G684 (http://goo.gl/IrxfeU).

Morchio, I. L. y Fresquet, A. (2014). "Aprender en la universidad: análisis de aspectos que lo condicionan desde la perspectiva de profesores y alumnos de la Universidad Nacional de Cuyo (UNCuyo/Argentina) y de la Universidad Federal do Rio de Janeiro (UFRJ/

Brasil)". *Revista Brasileira de Educação, 19*(58), 691-712 (http://goo.gl/RKihKE).

Mosquera Mosquera, J. C.; Mosquera Artamonov, J. D. y Medina Varela, P. D. (2010). "Evaluación del índice de capacidad del proyecto de deserción académica en la Universidad Tecnológica de Pereira (UTP) (2010)". *Revista de Educación en Ingeniería, 9*, 96-103 (http://goo.gl/pguiYC).

Naciones Unidas. ENABLE (2007). *Convención sobre los derechos de las personas con discapacidad* (http://goo.gl/JfhMrD).

Navarro Abal, Y. (2009). "¿Influyen los rasgos de personalidad y el método docente empleado en la percepción del rendimiento académico del alumnado universitario?". *Revista Qurriculum, 22*, 189-206 (http://goo.gl/x1Z0Kk).

Navas, L.; Sampascual, G. y Castejón, J. L. (1991). "La teoría atribucional de Weiner: una revisión teórica sobre su evolución". *Revista de Orientación Educativa y Vocacional, 2*, 9-25.

Nisbet, J. y Shucksmith, J. (1987). *Estrategias de aprendizaje.* Madrid: Santilllana/Siglo XXI.

Novak, J. y Gowin, B. (1988). *Aprendiendo a aprender.* Barcelona: Martínez Roca.

Núñez, B. (2007). *Familia y discapacidad.* Buenos Aires: Lugar.

Núñez, J. C.; Solano, P.; González-Pienda, J. y Rosário, P. (2006). El aprendizaje autorregulado como medio y meta de la educación. *Papeles del Psicólogo, 27*(3), 139-146 (http://goo.gl/S7VmCP).

Nuttin, J. (1968). *La estructura de la personalidad.* Buenos Aires: Kapelusz.

Organización Mundial de la Salud (1989). *CIDDM Clasificación Internacional de Deficiencias, Discapacidades y Minusvalías* (http://goo.gl/6vUjYP).

Organización Mundial de la Salud (2001). *CIF. Clasificación Internacional del Funcionamiento, de la Discapacidad y la Salud* (http://goo.gl/XAyt2o).
Pantano, L. (2007). *La palabra discapacidad como término abarcativo. Observaciones y comentarios sobre su uso. Cuestiones sociales y económicas*. Buenos Aires: Editorial Educa.
Paoloni, P. V. y Rinaudo, M. C. (2009). "Motivación, tareas académicas y procesos de feedback. Un estudio comparativo entre alumnos universitarios". *Revista Electrónica de Motivación y Emoción, XI*(31) (http://goo.gl/8fPhuS y http://goo.gl/w3gdHw).
Parodi, G. (2010). *Alfabetización académica y profesional en el siglo XXI*. Santiago de Chile: Ariel.
Pérez Serrano, G. (1994). *Investigación Cualitativa. Retos e interrogantes. Tomo I: Métodos*. Madrid: La Muralla.
Pérez, E.; Cupani, M. y Ayllón, S. (2005). Predictores del rendimiento académico en la escuela media: habilidades, autoeficacia y rasgos de personalidad. *Avaliação Psicológica, 4*(1), 1-11 (http://goo.gl/HN54H8).
Perona, N.; Sassaroli, V. et al. (2007). "Acceso a la universidad y estructura social. Un estudio comparativo de cohortes de ingreso. U.N.R. Argentina". *XXVI Congreso de la Asociación Latinoamericana de Sociología*, Guadalajara, México.
Piaget, J. (1977). *Seis estudios de Psicología*. Barcelona: Seix Barral.
Pintos, M. E. (2012, 26 de marzo). "En el primer año, el 58% de los estudiantes dejan o cambian de carrera". Diario *Clarín*. Sección "Educación Universitaria".
Pintrich, P. (1995). "Understanding self-regulated learning". *New Directions for Teaching and Learning, 63*(3), 3-12.
Pintrich, P. (2000). "The role of goal orientation in self-regulated learning". En M. Boekaerts, P. Pintrich y M.

Zeidner (eds.). *Handbook of Self-Regulation* (pp. 451-502). San Diego: Academic Press.

Pintrich, P. (2002). "The Role of Metacognitive Knowledge in Learning, Teaching and Assessing". *Theory into Practice*, *41*(4), 219-225 (http://goo.gl/lcPkJY).

Pintrich, P. y De Groot, E. (1990). "Motivational and self-regulated learning components of classroom academic performance". *Journal of Educational Psychology*, *82*(1), 33-40.

Pintrich, P.; Smith D.; García T. y Mckeachie. W. (1991) *A manual for the use of the Motivated Strategies for Learning Questionnaire (MSLQ)*. Michigan: University of Michigan, National Center for Research to Improve Postsecondary Teaching and Learning.

Polaino Lorente, A. (1993). "Procesos afectivos y aprendizaje: intervención psicopedagógica". En J. Beltrán Llera, V. Bermejo, M. D. Prieto y D. Vence. *Intervención psicopedagógica* (pp. 108-142). Madrid: Pirámide.

Pozo, J. I. (1993). *Teorías cognitivas del aprendizaje*. Madrid: Morata.

Pozo, J. I. (1996). *Aprendices y maestros. La nueva cultura del aprendizaje*. Madrid: Alianza.

Pozo, J. I. (2000). "Estrategias de aprendizaje". En C. Coll, J. Palacios y A. Marchesi (eds.). *Desarrollo Psicológico y Educación. II: Psicología de la Educación* (pp. 199-221). Madrid: Alianza.

Pozo, J. I. (2006). *Adquisición de conocimiento*. Madrid: Morata.

Pozo, J. I. y Monereo, C. (coords.) (2000). *El aprendizaje estratégico. Enseñar a aprender desde el currículo*. Madrid: Santillana.

Pozo, J. I. y Monereo, C. (1999). "Introducción. Un currículo para aprender. Profesores, alumnos y contenidos ante el aprendizaje estratégico". En J. I. Pozo y C. Monereo (coords.). *El aprendizaje estratégico. Enseñar a aprender desde el currículo* (pp. 11-25). Madrid: Aula XXI/Santillana.

Pozo, J. I. y Monereo, C. (2009). "La nueva cultura del aprendizaje universitario o por qué cambian nuestras formas de enseñar y aprender". En J. I. Pozo y M. del P. Pérez Echeverría. *Psicología del aprendizaje universitario. La formación en competencias* (pp. 9-28). Madrid: Morata.

Pozo, J. I.; Monereo, C. y Castelló, M. (2007). "El uso estratégico del conocimiento". En C. Coll, J. Palacios y A. Marchesi (eds.). *Desarrollo Psicológico y Educación. II: Psicología de la educación escolar* (pp. 211-233). Madrid: Alianza.

Pozo, J. I. y Postigo, Y. (1993). "Las estrategias de aprendizaje como un contenido del currículum". En C. Monereo (comp.). *Las estrategias de aprendizaje: procesos, contenidos e interacción* (pp. 31-46). Barcelona: Edicions Domènech,

Pozo, J. I. y Scheuer, N. (1999). "Las concepciones sobre el aprendizaje como teorías implícitas". En J. I. Pozo y C. Monereo (coords.). El *aprendizaje estratégico. Enseñar a aprender desde el currículo* (pp. 87-108). Madrid: Santillana.

Pozo, J. I.; Scheuer, N.; Pérez Echeverría, M. P.; Mateos, M.; Martín, E. y De la Cruz, M. (2009). *Nuevas formas de pensar la enseñanza y el aprendizaje.* Barcelona: Graó.

Prieto Castillo, D. y Molina, V. (2001). *El aprendizaje en la Universidad. Especialización en docencia universitaria* (3° ed.). Módulo 2. Mendoza: Ediunc.

Prieto Navarro, L. (coord.) (2008). *La enseñanza universitaria centrada en el aprendizaje.* Barcelona: Octaedro.

Quintana, H.; García-Arroyo, M.; Arribas, M. del C. y Hernández, C. (2010). "La alfabetización académica en las instituciones de educación superior en Puerto Rico en el primer decenio del siglo XXI". En G. Parodi (ed.). *Alfabetización académica y profesional en el siglo XXI* (pp. 21-47). Santiago de Chile: Ariel.

Rinaudo, M. C.; Chiecher, A. y Donolo, D. (2003). "Motivación y uso de estrategias en estudiantes universitarios. Su evaluación a partir del *Motivated Strategies Learning Questionnaire*". *Anales de Psicología, 19*(1), 107-119 (http://goo.gl/v2EgIV).

Roces, C.; Tourón, J. y González, M. C. (1995). "Validación preliminar del CEAM II (Cuestionario de Estrategias de Aprendizaje y Motivación II)". *Psicología, 16*(3), 347-366.

Rogers, C. (1982). *Libertad y creatividad en la educación en la década de los ochenta*. Barcelona: Paidós.

Román Sánchez, J. M. (1993). "Entrenamiento en estrategias de aprendizaje: secuencias, principios y validación". En C. Monereo (ed.). *Las estrategias de aprendizaje: procesos, contenidos e interacción* (pp. 169-187). Barcelona: Edicions Domènech.

Román Sánchez, J. M. (2004). "Procedimiento de aprendizaje autorregulado para universitarios: la estrategia de lectura significativa de textos". *Revista Electrónica de Investigación Psicoeducativa, 2*(1), 113-132 (http://goo.gl/EnUcb4).

Romañach, J. y Lobato, M. (2005). *Diversidad funcional, nuevo término para la lucha por la dignidad en la diversidad del ser humano*. Madrid: Foro de Vida Independiente.

Rosário, P.; Mourao. R.; Núñez, J.; González-Pienda, J.; Solano, P. y Valle, A. (2007). "Eficacia de un programa instruccional para la mejora de procesos y estrategias de aprendizaje en la enseñanza superior". *Psicothema, 19*(3), 422-427 (http://goo.gl/OXLj9Z).

Rubio, P. P. y Martínez, J. F. (2012). "La acción tutorial desde la perspectiva de los alumnos de la Universidad

Autónoma de San Luis Potosí". *Perfiles Educativos*, 34(138), 28-45.

Säljö, R. (1979). "Learning about learning". *Higher Education*, 8(4), 443-451.

San Martín, R. (2008, 16 de marzo). "No aprueba ninguna materia el 25% de los universitarios. Alumnos de distintos niveles descubren que no es su vocación o fracasan en los exámenes". Diario *La Nación*, Sección B, p. 3.

Sánchez de Tagle-Herrera, R.; Osornio-Castillo, L.; Valadez-Nava, S.; Heshiki-Nakandakari, L.; García-Monroy, L. y Zárate-Gutiérrez, Z. Y. (2010). "Rasgos de personalidad, inteligencia y rendimiento académico en estudiantes de la carrera de médico cirujano". *Archivos en Medicina Familiar*, 12, 25-31.

Sarlé, P. (2005). "El análisis cualitativo: un ejemplo de empleo del Método Comparativo Constante (MCC)", 1° parte. *Infancia en Red. Proyecto Margarita* (http://goo.gl/fIj4rF).

Sarlé, P. (2005). "El análisis cualitativo: un ejemplo de empleo del Método Comparativo Constante (MCC)", 2° parte. *Infancia en Red. Proyecto Margarita*.

Scheuer y Pozo (2009) "¿Qué cambia en las teorías implícitas sobre el aprendizaje y la enseñanza? Dimensiones y procesos del cambio representacional". En J. I. Pozo, N. Scheuer, M. P. Pérez Echeverría, M. Mateos, E. Martín y M. De la Cruz. *Nuevas formas de pensar la enseñanza y el aprendizaje* (pp. 375-402). Barcelona: Grao.

Schmeck, R. R. (1988). *Learning Strategies and Learning Styles*. New York: Plenum Press.

Shavelson, R. y Bolus, R. (1981). "Self-concept: The Interplay of Theory and Methods". *Journal of Educational Psychology*, 74(1), 3-17 (http://goo.gl/EfeORS).

Skliar, C. (2001). *Habitantes de Babel. Política y poética de la diferencia*. Barcelona: Laertes.

Solé, I. (1999). "Disponibilidad para el aprendizaje y sentido del aprendizaje". En C. Coll, E. Martín, T. Mauri, M. Miras, J. Onrubia, I. Solé y A. Zabala. *El constructivismo en el aula* (pp. 25-46). Barcelona: Graó.
Strauss, A. y Corbin, J. (1998). Basics of Qualitative Research: Techniques and Procedures for Developing Grounded Theory (2° ed.). Thousand Oaks, CA: Sage Publications.
Suárez Riveiro, J. M.; Anaya Nieto, D. y Fernández Suárez, A. P. (2006). "Referentes para la orientación del aprendizaje desde la perspectiva del aprendizaje autorregulado". *REOP, 17*(1), 19-32.
Tejedor Tejedor, J. (2003). "Poder explicativo de algunos determinantes del rendimiento en los estudios universitarios". *Revista Española de Pedagogía, LXI*(224), 5-32.
Tinto, V. (2004). "Access without support is not opportunity: rethinking the first year of college for low-income students". *Annual Conference of de American Association of Collegiate Registrars and Admissions Officers*, Las Vegas.
Tiramonti, G. (2004). *La trama de la desigualdad educativa. Mutaciones recientes en la escuela media*. Buenos Aires: Manantial.
Tonconi Quispe, J. (2010). "Factores que influyen en el rendimiento académico y la deserción de los estudiantes de la Facultad de Ingeniería Económica de la UNA-PUNO, período 2009". *Cuadernos de Educación y Desarrollo, 2*(1), 1-45 (http://goo.gl/Xlpjzm).
Torrano Montalvo, F. y González Torres, M. (2004). "El aprendizaje autorregulado: presente y futuro de la investigación". *Revista Electrónica de Investigación Psicoeducativa, 2*(1), 1-34 (http://goo.gl/t9FyTe).
Torre Puente, J. C. *Aprender a pensar y pensar para aprender. Estrategias de aprendizaje*. Madrid: Narcea, 1997.
Touraine, A. (1999). *¿Podríamos vivir juntos? Iguales o diferentes*. México: Fondo de Cultura Económica.

Truffello, I. y Pérez, F. (1988). "Adaptación en Chile del 'Inventory of Learning Processes' de R. Schmeck". *B.I. Boletín de Investigación*. Facultad de Educación, Pontificia Universidad Católica de Chile, pp. 109-120.

Truffello, I. y Pérez, F. (2011). "Las estrategias de aprendizaje privado: una teoría y su aplicación en terreno". *Pensamiento Educativo. Revista de Investigación Educacional Latinoamericana, 16*(1), 115-129.

UNESCO (1995, febrero). *Documento sobre Políticas para el Cambio y el Desarrollo de la Educación Superior*. Caracas.

Universidad Nacional de Cuyo (2012). *Proyecto Trayectorias Académicas Estudiantiles (TRACES)*. Ordenanza N° 23/12-CS.

Valle Arias, A.; González Cabanach, R.; Núñez Pérez, J. C.; Suárez Riveiro, J. M.; Piñeiro Aguín, I. y Rodríguez Martínez, S. (2000). "Enfoques de aprendizaje en estudiantes universitarios". *Psicothema, 12*(3), 368-375.

Vázquez, S. M. (2007). *La Filosofía de la Educación. Estado de la cuestión y líneas esenciales*. Buenos Aires: CIAFIC.

Vázquez, S. M. (2010). "Comprensión de textos, auto-regulación del aprendizaje y rendimiento académico". En V. Castel y L. Cubo de Severino (eds.). *La renovación de la palabra en el bicentenario de la Argentina. Los colores de la mirada lingüística* (pp. 1337-1346). Mendoza: Editorial FFyL, UNCUyo.

Vázquez, S. M. (2012). *La Filosofía de la Educación. Estado de la cuestión y líneas esenciales* (2° ed.). Buenos Aires: CIAFIC.

Vela Sánchez, A. (2007). "Acción tutorial sobre un trabajo de investigación colectivo". *Revista de Psicodidáctica, 12*(2), 221-236.

Verdugo Alonso, M. (2001). "Educación y Calidad de Vida: la autodeterminación de alumnos con Necesidades Educativas Especiales". *III Congreso La atención a la Diversidad en el Sistema Educativo*. Salamanca: Instituto Universitario de Integración en la Comunidad (INICO).

Vermunt, J. (1995). "Process-oriented instruction in learning and thinking strategies". *European Journal of Psychology of Education, 10*, 325-349.

Vermunt, J. (1996). "Metacognitive, cognitive and affective aspects of learning styles and strategies: a phenomenographic analysis". *Higher Education, 31*, 25-50.

Vermunt, J. (1998). "The regulation of constructive learning processes". *British Journal of Educational Psychology, 68*(2), 149-171.

Vermunt, J. (2005). "Relations between student learning patterns and personal and contextual factors and academic performance". *Higher Education, 49*(3), 205-234.

Vermunt, J. y Verloop, N. (1999). "Congruence and friction between learning and teaching". *Learning and Instruction, 9*, 257-280.

Vermunt, J. y Vermetten, Y. (2004). "Patterns in student learning: relationships between learning strategies, conceptions of learning, and learning orientations". *Educational Psychology Review, 16*(4), 359-383.

Vygotski, L. S. (1979). *El desarrollo de los procesos psicológicos superiores*. México: Grijalbo.

Vygotski, L. S. (2001). *Psicología pedagógica*. Buenos Aires: Aique.

Vilanova, S.; García, M. B. y Señorino, O. (2007). "Concepciones acerca del aprendizaje: diseño y validación de un cuestionario para profesores en formación". *REDIE. Revista Electrónica de Investigación Educativa, 9*(2) (http://goo.gl/70tdZX).

Vilanova, S.; Mateos Sanz, M. M. y García, M. B. (2011). "Las concepciones sobre la enseñanza y el aprendizaje en docentes universitarios de ciencias". *Revista*

*Iberoamericana de Educación Superior, II*(3), 53-75 (http://goo.gl/whJL2G).

Wehmeyer, M. (2006). "Autodeterminación y personas con discapacidades severas". *Revista Española sobre Discapacidad Intelectual, 37*(220), 5-16.

Wehmeyer, M. (2009). "Autodeterminación y la Tercera Generación de prácticas de inclusión". *Revista de Educación, 349,* 45-67.

Wehmeyer, M. y Schwartz, M. (1997). "Self-Determination and Positive Adult Outcomes: A Follow-Up Study of Youth with Mental Retardation or Learning Disabilities". *Exceptional* Children, *63*(2), 245-255.

Weiner, B. (1974). *Cognitive views of human motivation.* New York: Academic Press.

Weiner, B. (1979). "A theory of motivation for some classroom experiences". *Journal of Educational Psychology, 71,* 3-25.

Wittrock, M. C. (1979). "The cognitive movement in instruction". *Educational Researcher, 8*(2), 5-11.

Zimmerman, B. J. (2002). "Becoming a self-regulated learner: an overview". *Theory into Practice, 41*(2), 64-70.

Zimmerman, B. (2008). "Investigating Self-Regulation and Motivation: Historical Background, Methodological Developments and Future Prospects". *American Educational Research Journal, 45*(1), 166-183.

Zimmerman, B.; Kitsantas, A. y Campillo, M. (2005). "Evaluación de la autoeficacia regulatoria. Una perspectiva social cognitiva". *Evaluar, 5,* 1-21 (http://goo.gl/4YVL4m).

Esta tirada de 100 ejemplares se terminó de imprimir en agosto de 2015 en Imprenta Dorrego, Dorrego 1102, CABA

www.ingramcontent.com/pod-product-compliance
Lightning Source LLC
Chambersburg PA
CBHW031959220426
43664CB00005B/71